比较法视域下的合同解除制度

Research on the Termination System of Contracts from the Perspective of Comparative Law

李 琳 著

法律出版社
LAW PRESS·CHINA
北京

图书在版编目(CIP)数据

比较法视域下的合同解除制度 / 李琳著. -- 北京 : 法律出版社, 2023
ISBN 978-7-5197-8642-7

Ⅰ. ①比… Ⅱ. ①李… Ⅲ. ①合同法-研究-中国 Ⅳ. ①D923.64

中国国家版本馆 CIP 数据核字(2023)第 229258 号

比较法视域下的合同解除制度
BIJIAOFA SHIYU XIA DE HETONG JIECHU ZHIDU

李 琳 著

责任编辑 薛 晗 王 斓
装帧设计 汪奇峰

出版发行 法律出版社
编辑统筹 法商出版分社
责任校对 张翼羽
责任印制 胡晓雅
经 销 新华书店

开本 A5
印张 7.75 字数 186 千
版本 2023 年 12 月第 1 版
印次 2023 年 12 月第 1 次印刷
印刷 唐山玺诚印务有限公司

地址:北京市丰台区莲花池西里 7 号(100073)
网址:www.lawpress.com.cn
投稿邮箱:info@lawpress.com.cn
举报盗版邮箱:jbwq@lawpress.com.cn
销售电话:010-83938349
客服电话:010-83938350
咨询电话:010-63939796

书号:ISBN 978-7-5197-8642-7 定价:58.00 元
凡购买本社图书,如有印装错误,我社负责退换。电话:010-83938349

目录

绪论 …… 1

第一节　问题的提出 …… 1

一、合同解除制度概览 …… 1

二、以《德国民法典》《联合国国际货物销售合同公约》和我国《民法典》的法律比较为视角 …… 3

第二节　研究安排 …… 5

第一章　合同解除权制度的起源及发展 …… 8

第一节　起源 …… 8

第二节　《联合国国际货物销售合同公约》 …… 12

第三节　《德国民法典》——债法改革前后 …… 15

第四节　我国《合同法》到《民法典》 …… 17

第二章　合同解除权现有立法范式 …… 20

第一节　合同解除权内涵界定 …… 20

一、德国民法中的合同解除、合同解除权和合同终止 …… 20

二、《联合国国际货物销售合同公约》中的合同解除 …… 25

三、我国民法中的合同解除、合同解除权与合同终止 …… 26

第二节　合同解除权立法范式 …… 31

一、根本违约模式 …… 31
二、指定宽限期模式 …… 33
三、混合模式 …… 34

第三章　根本违约合同解除 …… 44
第一节　根本违约制度的法律功能 …… 44
一、使合同解除具有正当性 …… 44
二、风险负担的转移 …… 45
第二节　根本违约构成分析 …… 46
案例导入Ⅰ …… 46
一、《联合国国际货物销售合同公约》 …… 48
二、《德国民法典》 …… 56
三、我国《民法典》 …… 65
四、法律比较和小结 …… 73

第四章　具体违约形态下的合同解除 …… 81
第一节　预期根本违约 …… 81
案例导入Ⅱ …… 82
一、《联合国国际货物销售合同公约》 …… 86
二、《德国民法典》 …… 92
三、我国《民法典》 …… 98
四、法律比较和小结 …… 104
第二节　履行不能 …… 109
案例导入Ⅲ …… 110
一、《联合国国际货物销售合同公约》中的履行不能 …… 110
二、《德国民法典》中的履行不能 …… 116
三、我国《民法典》中的履行不能 …… 125

四、法律比较和小结 …… 139
第三节　履行迟延 …… 141
案例导入Ⅳ …… 142
一、《联合国国际货物销售合同公约》 …… 144
二、《德国民法典》 …… 149
三、我国《民法典》 …… 152
四、法律比较和小结 …… 158
第四节　瑕疵履行 …… 159
一、数量瑕疵 …… 159
二、质量瑕疵 …… 163
案例导入Ⅴ …… 163

第五章　合同解除权的行使及其法律效果 …… 184
第一节　解除权的行使 …… 184
一、我国解除权行使主体的厘清 …… 184
二、解除权行使程序 …… 190
三、法律比较和总结 …… 195
第二节　解除权行使的法律效果 …… 197
一、权利义务终止 …… 197
二、违约损害赔偿责任 …… 202
三、返还 …… 204
四、法律比较和小结 …… 210

第六章　总结 …… 212

参考文献 …… 215

绪　论

第一节　问题的提出

一、合同解除制度概览

“契约严守”(*pacta sunt servanda*)是民法最高原则之一,合同当事人应严格按照这一原则,履行约定的合同义务,从而使合同得以圆满执行。当然,这是合同履行的理想状态,在实际操作中,因当事人违约或其他客观事由使得合同履行陷入僵局——履行已不可能或者继续履行已无法实现合同目的时,解除合同可使当事人摆脱合同的约束,减少不必要的损耗,促进资源再优化配置。所以,合同解除制度是履行障碍体系中的重要组成部分,其构成科学合理对一国的民法学建设、司法实践中合同纠纷的解决有着举足轻重的意义。基于合同解除制度的重要性,其一直备受我国民法学界关注,学者们从合同解除与违约损害赔偿的关系、解除的法律效果、解除后的财产返还、约定解除的法律限制等方面进行学术研究，成果斐然〔1〕，尤其在2020年《民法典》颁布之后，学术界对合同解除制度的研究热情空前高涨〔2〕，原因之一是在我国《民法典》合同编的编纂中，合同解除制度的改动最多，变革最大，例如，规定了不定期合同的任意解除权、违约人提起合同解除的权利、主合同解除后的担保责任等，从而在原有的学术争论的基础上，又衍生了新的法学研究讨论的热点问题。

目前，在学术界存在较大争议的合同解除制度相关法律问题主要有：合同解除权的定性，即是否属于对合同守约方的救济；协议解除合同是否应该设有法律限制，基于“契约自由”的原则，当事人在不违反法律法规、公序良俗的前提下可以对合同事项按照双方意志约定，但是根据公平原则，如一方违约的行为显著轻微，合同解除会发生显失公平的后果时，守约方是否还可以根据协议解除合同；法定合同解除权事由将不可抗力和违约情形并列，是否出现体系上的不协调；任意合同解除权是否应和违约合同解除权相区分，从而避免司法实践中请求权基础适用的混乱；违约方解除权的说法是否从理论根源上就存在错误；合同解除后，财产返还问题，如收到货物方通过自己的努力使得货物增值，那么返还的范围是什么；返还中的风险如何负担；返还物因返还义务人的失误而灭

〔1〕 通过知网数据检索，从1988年到2022年合同解除相关主题论文有600多篇，其中载北大核心期刊150篇，载CSSCI期刊127篇；合同解除相关论著33本，但多集中于劳动合同的解除或者建设工程合同解除相关问题研究，从合同法角度进行研究的代表性著作可参见陆青：《合同解除论》，法律出版社2022年版；陈坚：《合同司法解除研究》，法律出版社2012年版；郝磊：《合同解除权制度研究》，中国检察出版社2011年版；陆青：《合同解除效果的意思自治研究：以意大利法为背景的考察》，法律出版社2011年版；李先波：《英美合同解除制度研究》，北京大学出版社2008年版。

〔2〕 因为我国《民法典》的出台，法学界对民法相关制度的讨论热度在2020年达到顶峰，合同解除相关的法学论文达到94篇，为历年最高。

失是否影响合同解除权的实现等。除了学理争议,合同解除在司法实践中也会面临对相关条款的解释问题。因此,合同解除相关法律条文的落地需要司法解释、司法判决、法教义学等多种方面的衔接。

二、以《德国民法典》《联合国国际货物销售合同公约》和我国《民法典》的法律比较为视角

我国《民法典》中的合同解除制度的主要框架和内容还是来源于对我国《中华人民共和国合同法》的继承。我国1999年的《合同法》统一规定了合同解除,结束了我国《经济合同法》《涉外经济合同法》《技术合同法》对合同解除的法律规定不统一、不协调的局面,在吸收了大陆法系、国际立法的有益经验的基础上,根据我国的具体情况,1999年《合同法》规定了合意解除、协议解除和法定解除。因此,本书一方面在纵向上阐述合同解除制度在我国动态的演变和发展,另一方面从横向上与大陆法系的最具有代表性的法典之一《德国民法典》,以及在国际上适用最广、影响力最大的法律规范《联合国国际货物销售合同公约》进行比较研究。

本书选取《德国民法典》作为比较对象之一。民法最早起源于古罗马,而德国民法又是继受和发展罗马法的集大成者。《德国民法典》是对世界民法发展有着深远影响的百年民法典,其潘德克顿"提取公因式"的立法方式使其在适用时没有过多的受所处时代的束缚,可谓亦古亦今,无古无今。其影响力之大,以至世界诸多国家的民事立法都有着《德国民法典》的烙印。而我国民法体系的构建也深受其影响——中国近代民法始于1908年大清民法典编纂,编纂者之一为日本学者松岗义正,在其主持下,《大清民律草案》的编纂体例和总则、物权、债权多参考《德国民法典》,虽然新中国成立前的民法典编纂受政治局势影响,寿命有限,但对西方,尤其是

《德国民法典》的继受,使我国的民事立法有了和传统律例截然不同的民法规则和知识体系。新中国现代合同法发展的重要里程碑——我国 1993 年开始起草,1999 年 3 月 15 日通过的《合同法》也采用了典型的德国立法体系,合同法中的很多原则和制度,如合同的原则、效力、履行等在很大程度上学习了《德国民法典》。将我国合同解除制度与《德国民法典》相比较,可追本溯源,填补立法中的空白;此外在法教义学意义上,可从国际法律横向比较和法律概念纵向发展中深刻诠释合同制度的起源、发展和现状。

本书也选择了《联合国国际货物销售合同公约》作为比较对象之一。在有效的国际合同法律文本中,《联合国国际货物销售合同公约》的适用范围最广,在全球各国的民事立法中也最为有影响力。我国 1999 年的《合同法》除了学习《德国民法典》,也参照了《联合国国际货物销售合同公约》,特别是在违约制度的构建上,我们将"违约"作为合同不履行或不适当履行的统一概念,将拒绝履行、履行不能、迟延履行和瑕疵履行等具体违约形态作为其下位概念加以规定,而且参照公约,规定了实质的根本违约制度。对公约的学习,体现了我国合同立法的科学性和国际性,而对公约的比较研究,可以更好地理解我国合同制度构建的过程和国际上合同制度的发展动态。

因此,本书将我国《民法典》与《德国民法典》《联合国国际货物销售合同公约》相比较,将案例贯穿本书的始终,先对概念理论分析,后比较同一案例在三个不同法律文本的适用下的法律后果,从而加深法律的横向比较,研究我国合同法的优势和规定的空缺之处,旨在为司法中的法律解释以及合同解除制度法教义学的发展贡献绵薄之力。

第二节　研究安排

本书分为六个部分:

第一章,追本溯源。

研究合同解除制度的根源,产生和演变的历史背景以及其背后深层逻辑,从而深入理解合同解除制度的本质和内在机理。通过研究和梳理合同解除制度在本书选取的三个比较对象——《联合国国际货物销售合同公约》、我国《民法典》和《德国民法典》的整体架构和发展演进,从而总结合同解除制度发展的一般轨迹、普遍特征和在不同法律背景下的差异。

第二章,廓清概念、总结现有立法范式。

精准的掌握研究对象的概念是研究得以顺利进行的前提。在阅读文献以及在授课过程中,笔者发现合同解除相关概念的混淆时有发生。例如,我国《民法典》第 580 条第 2 款规定了违约方向人民法院或者仲裁机构申请终止合同的权利,却时常被误认为我国民法赋予违约方合同解除权;此外,我国《民法典》第 563 条第 2 款规定了不定期继续性合同的任意解除权,值得怀疑的是,违约方是否也可任意解除合同?违约状态下的不定期继续性合同的解除和非违约状态下的合同解除,当事人的权利是否相同?解决这些问题的前提是把握合同解除权的真正内涵,其与合同终止、合同解除的区别和联系。

本章另一个重要部分是从横向和纵向对合同解除权的立法范式进行比较总结。从法制史视域以及比较法视域考察,合同解除权的立法范式主要可以归纳为三种:一、以根本违约为判断债权人是否有合同解除权的立法模式;二、以违约 + 指定期间为合同解除要件的立法模式;三、第一种和第二种的混合模式。

第三章,根本违约合同解除。

根本违约为合同解除权产生的重要触发点,最早确立于《联合国国际货物销售合同公约》(以下简称《公约》)。《公约》影响了160多个国家的合同立法,特别是其以根本违约为连接点的合同解除权制度,被很多合同解除制度学习和吸纳。目前根本违约解除成为合同解除权发生的最为重要的事由。本章,笔者从根本违约的法律价值、构成要件等角度对根本违约制度进行法律解构,比较其在三部法律中的异同,指出我国根本违约解除制度的科学性,同时借鉴其他法律规范的精确性,试图为其在我国司法适用时的法律解释提供建议。

第四章,具体违约形态下的合同解除。

虽然合同违约的立法都倾向于采用统一效果进路的立法方式,以一个统一概念,如以"违约""违反义务""不履行"作为履行障碍体系的一级概念统摄全局,同时规定统一的违约责任和合同解除权。但是,因为每一种违约形态除具备违约的共性外,还具备其独有的特性,如履行迟延与履行不能相比,最大的特点为履行具有可能性,所以一般不构成根本违约;瑕疵给付和其他违约形态相比,区别在于已给付;履行不能容易出现合同僵局……所以根本违约合同解除必须按照违约组群分类研究,分析比较,才能为我国预期根本违约、瑕疵履行、迟延履行、履行不能等形态下的合同解除规则的完善提供建议和意见。

第五章,合同解除权行使的法律效果。

本章的研究核心为合同解除权行使的主体、程序以及行使的法律效果,以比较分析的方法去探究合同解除权的行使主体是否只限于债权人、债权人是否可通过诉讼的方式解除合同、合同解除的法律效力是否溯及既往、合同解除如何处理返还物灭失、毁损等情况。

第六章,总结。

通过贯穿前面五章的法律比较,总结我国合同解除制度的科学性和合理性,同时反思其现存的适用缺陷,探讨《德国民法典》和《公约》的合同解除制度的可借鉴性,旨在提出有价值的意见和建议。

第一章　合同解除权制度的起源及发展

第一节　起　源

正如德国法学家耶林所说:“罗马曾三次征服世界,第一次通过武力,第二次通过宗教,而第三次,也是最持久和和平的一次征服,则是通过法律。”当对一个法律制度,特别是私法中的法律制度的起源进行考证之时,人们会习惯性的去罗马法中追本溯源,例如现代合同法中通用的原则——平等、公平、私法自治、契约严守等,都可以在罗马法中一窥其产生、发展的踪迹。然而,合同解除制度在罗马法的考证却尤其困难。在古罗马时期,限于当时奴隶制下简单的商品经济,“契约严守”(*pacta sunt servanda*)为当时交易中信奉的最高准则,对于合同解除的规定实属寥寥。〔1〕

当一方不履行合同义务之时,另一方是否可以解除合同呢?罗马法对此并未有明确的答案。但是,当事人可以在买卖合同中约定“解约款项”(*lex commissoria*),即约定如果买方在购买货物后没有在合理的时间内付款,卖方可以宣布终止合同。〔2〕 除此之外,不履行合同的一方起诉对方当事人履行合同的,被告可以拒绝,这就是后世所称的以契约未履行为理由的异议(*exceptio non adim-*

---

〔1〕 Vgl. Hein Kötz, Europäisches Vertragsrecht, 2Auflage, S. 360.

〔2〕 Vgl. Hein Kötz, S. 361.

pleti contractus)。那这是否意味着,只要一方不履行合同,另一方当事人除了拒绝履行义务外,还可以采取进一步的措施,如退出合同?罗马法对此如何规定很难考证,但是根据德国自然法学派的观点,双务合同中,当事人之间的权利和义务是对等的,一方要求另一方履行义务的前提是自己也必须履行合同约定的义务,如若对方拒绝履行,那么,他甚至可以退出合同。

对于合同的合意解除,其萌芽于公元 1 世纪,主要适用于买卖契约可罗马法中的合意契约,被广泛适用则是在公元 12 世纪。在 12 世纪,通过对罗马教会法的继受,特别是通过释义法学家(Glossator)和法律评论家(Kommentator)的传播,共同法(*Ius Commune*)在欧洲大陆形成,欧洲私法出现了第一次统一[1],这也为 18、19 世纪欧洲大陆各国的民法法典化提供了共同的根源。在共同法期间,当事人可以对基于合意成立的合同再基于磋商达成合意解除,即所谓的相反合意(contrarious consensus)[2],对于相反合意,并没有形式上的约束。此时期所述的合同解除的法律效果与我们现代民法所理解的当事人"退出"合同有所不同,相反合意既可解除合同,也有可能起着修改合同,或者在合伙协议里使得一方当事人"退场"的法律效果。

对于合同解除制度进行体系化和现代化的规定始于欧洲从 18 世纪开始的法典化时期。影响力较大的早期规范为 1804 年《法国民法典》的第 1184 条。根据此条规定,首先,在当事人一方不履行其合同义务的情形下,视为有解除合同的约定(第 1 款)。这也就意味着合同的解除并不具有当然性,只是视为双方约定解除合同。

---

〔1〕 Vgl. Heirbaut Storme, S. 21.

〔2〕 Vgl. Rolf Knütel, Contrarius consensus zur Vertrgsaufhebung im Römischen Recht, S. 523.

其次,债权人可以选择救济方式,或要求对方继续履行,或选择请求违约损害赔偿(第2款)。最后,如果债权人要解除合同,则需要向法院提出,法院会视情况给被告一个宽限期(第3款)。根据第1184条的规定,债权人不能通过通知到达债务人的方式取得合同解除权,而必须由法官根据具体情形进行审判。此外,本条对于合同解除的条件、行使等问题并未做具体的规定,如违约达到何种严重程度当事人才可解除合同、债权人解除合同是否需要给债务人一个合理的宽限期限、解除权行使的时间和方式限制如何、在不可抗力或情势变更情形下当事人是否可以解除合同等,而是把最大的自由裁量权交给法官,由法官根据当时的情况进行判决。法官可以判决解除合同,也可以判决维持合同关系,但是违约方要修理、重做或者对守约方进行违约损害赔偿。且不论将合同是否得以维持的命运交与法官会不会导致同案不同判、司法不公等不利后果,司法介入每个合同解除将会对一国的商业贸易带来重重阻碍。在一方根本违约,另一方当事人的合同目的根本落空的情况下,合同的解除还需要通过复杂的诉讼才能完成,在很长的一段时间,当事人不得不困在合同无法履行的僵局之中,这和合同法的经济效率原则完全相悖。

法国的法官们在司法实践中也觉察出第1184条的不合理性,因此,在司法审判之时并未严格执行此条款。1998年10月13日,法国最高法院作出了对合同解除制度的发展具有里程碑意义的判决——在判决中法官指出,如果一方当事人违反合同义务达到非常严重的程度,另一方当事人也可以单方面解除合同,而不需要司法的介入。[1] 当然,在审判时法官也强调,债权人在单方面解除合同时要自担风险(à ses risques et périls),债务人在收到合同解除通

---

〔1〕 So Civ. 13. Okt. 1998, D. 1999, 198 mit Anm. Jamin.

知之时如果认为合同解除并不合理可向法院提起诉讼,一旦债务人胜诉,债权人单方面解除合同的行为便构成违约,需要向债务人承担相应的违约损害赔偿责任。

2016 年法国债法改革吸收了判例形成的合同解除的规则。根据 2016 年《法国民法典》第 1224 条的规定,合同解除可以是约定解除条款行使的结果,也可以是在严重违约的场合,通过债权人向债务人的通知或者法院裁决来实现。此条正式从法律上赋予债权人的合同解除权,并在第 1225 条至第 1230 条对合同解除进行了细化。第 1225 条对约定合同解除进行了限制,第 1 款规定当事人在约定解除条款时需明确指出可能导致合同解除的义务类型;第 2 款规定债权人只有经过催告债务人履行无效的情形下合同才得以解除,且催告履行的通知必须明确提及约定解除条款才产生上述效力。第 1226 条规定了债权人行使合同解除权的形式,即债权人可以以通知的方式解除合同,并承担由此产生的风险,且除遇紧急状况外,以催告为合同解除的先决条件之一(第 1 款),且在第 2 款对催告的内容做了规定——催告履行通知中,债权人需要明确提出如果债务人不能如约履行,则其将依法解除合同。此外,在第 4 款还规定了债权人的证明责任,如果债务人向法官提出解除异议,债权人需要证明债务人违约的严重程度。第 1227 条规定任何情况下,合同解除请求都可以通过诉讼的方式进行。由此产生的疑问是,违约方是否可以通过诉讼的方式解除合同?法规里面并未明确表明。首先可以明确的是,修订后的《法国民法典》将合同解除权视为对守约方的救济,故债务人并不享有这个权利。其次,根据第 1227 条的规定,任何情况下合同解除的请求都可以诉诸于诉讼,可见立法者并未明确排除违约方通过司法途径申请合同解除的权利。最后,《法国民法典》无论是在债法改革前还是之后,在合同解除制度上都赋予了法官很大的自由裁量权。所以,在法国法中,守约方在另一方当事人严重违反合同之时，可以行使单方合同解除权，以通知的方式解除合同；抑或通过诉讼请法院判决合同解除。不论哪种方式，守约方在违约方提出解除合同异议之时，都需负证明对方违约的严重性之责。与之相比，违约方并不享有合同解除权，但是陷在合同僵局之时，可提起解约之诉，将合同的命运交由法官去自由裁量。

第二节 《联合国国际货物销售合同公约》

早在 1928 年，国际统一私法协会就致力于起草一部国际统一的买卖法〔1〕。第二次世界大战结束后，全球经济亟须重建，国际贸易激增，一部统一的买卖法的出台变得更为必要和紧迫。〔2〕在这种背景下，1951 年第一次海牙国际会议召开，会议组成员将 1939 年的草案作为基础，对详细内容进行了激烈的讨论，1956 年一个成熟的草案得以完成，并在 1963 年公布。1964 年，第二次海牙会议召开，此时已经有 28 个国家参加。在此会议上，国际统一司法协会制定了两部贸易相关的法律，即《国际有体动产买卖法律适用公约》和《国际货物销售合同成立统一法公约》。1966 年 12 月 17 日，联合国委员会成立了联合国国际贸易法委员会（United Nations Commission on International Trade Law，UNCITRAL）。国际贸易委员会在 1968 年 2 月 15 召开了第一次大会，并在会上成立专门起草一部国际统一买卖公约的专家小组。〔3〕在 1969 年的第二次大会上海牙买卖法的基本原则被普遍接受。1976 年，专家小组在此基

〔1〕 Siehe Andreas Trommler, S. 3; Kiene, S. 30.

〔2〕 Vgl. Ziegel, Harmonization of Private Laws, S. 133.

〔3〕 Hannold, aaO. (Fn. 87), S. 6.

础上起草了买卖公约的草案,即"日内瓦草案",经过多次修改,在1977 年发布,称为"维也纳草案"。在国际贸易委员会第十一次会议上,"维也纳草案"被进一步扩展成为"纽约草案",根据联合国成员国的建议,草案被进一步修改,并在1980 年的维也纳会议上被表决,当时联合国有62 个成员国,42 个成员国表示同意〔1〕,《联合国国际货物销售合同公约》自此成立,并于 1988 年 1 月 1 日正式生效〔2〕。目前,《联合国国际货物销售合同公约》已经有95 个缔约国(截至2022 年5 月),并被160 多个国家采纳,成为全球范围内适用最为广泛的合同规范。它为跨国贸易提供了统一的合同法规范,降低了跨国交易的风险和不确定性,加快了国际合同法律规范的融合进程。很多国家的合同法立法都受到《公约》的影响,包括我国 1999 年《合同法》和德国 2002 年的《民法典》债法改革。因此,探讨合同解除制度,《联合国国际货物销售合同公约》是重要的研究和比较对象。

在起草《公约》之时,专家对违约、合同解除以及二者之间的关系做了较长时间的讨论和思考。当时履行障碍体系的立法模式在国际上主要分两种:一种模式是分别规定违约典型的形态——履行不能、拒绝履行、履行迟延和瑕疵履行——法律构成和法律后果,典型代表为债法改革之前的德国法〔3〕;另一种模式是将违约形态抽象成一个统一的概念,如"违约"(breach of contract)或者"不履行"(non - performance),并且对违约的法律后果做统一规定——如继续实际履行、采取补救措施、损害赔偿、减价以及合同解除。

---

〔1〕 Official Records, S. 176, Nr. 3, für die Liste der Teilnehmerstaaten.

〔2〕 1988 年1 月1 日,公约在11 个国家生效,分别是:埃及、阿根廷、中国、法国、意大利、前南斯拉夫、莱索托、赞比亚、叙利亚、匈牙利和美国。

〔3〕 Vgl. Larenz, Schuldrecht I, S. 299.

通过法律比较,专家们发现在各国立法以及判例中不难找出相同的立法和司法趋势,即合同的解除和违约的严重程度总是相关联,而且各种违约形态并不是完全不同,存在一定的共性。[1] 早在 1935 年起草《公约》之时,法学家 Ernst Rabel 就提出,如果债务人严重违约,债权人就可以通过单方声明解除合同,如果违约不严重,那债权人只能向债务人请求其他的诸如继续履行、损害赔偿等补救措施。[2] 在 1956 年,专家小组正式认可了以违约是否严重作为债权人通过声明解除合同的标准,但是对于如何进一步限制解除权产生了争议。在维也纳会议上,专家们对这一问题进行了进一步的讨论,且达成如下共识:首先,判断违约是否具有"严重性"的标准是守约方的合同目的是否实质性的落空(substantial detriment);其次,违约是否严重不取决于损失的大小,而是根据合同的内容以及债权人对合同履行的利益来判断;再次,确定合同的解除不影响守约方向违约方主张损害赔偿的权利;最后,专家小组提出除了客观要件,合同解除也应受到主观要件的限制,提出了"可预见性"原则。最后,《联合国国际货物销售合同公约》采用了第二种立法模式,且是第一部明确提出"根本违约"(fundamental breach of contract)概念的法律规范。

《公约》对合同的解除有着非常严格的规定。一方当事人可以获得合同解除权的要件为另一方根本违约,即其在第 25 条的规定:"一方当事人违反合同导致另一方当事人遭受损害,以至于实质上剥夺了他根据合同规定有权期待得到的东西,即为根本违反合同,除非违反合同一方并不能预见而且一个同等资格、通情达理

---

〔1〕 Vgl. Schlechtriem/Schwenzer/Schroeter, Art. 25, S. 394.

〔2〕 Vgl. Rabel, Rabels Z 9(1935), 171f.

的人处于相同情况中也无法预见发生这种结果。"[1]根据这条规定，只有在一方违约导致另一方合同履行的目的根本落空，且其对这种损害具有可预见性时，另一方才可以解除合同。

第三节　《德国民法典》——债法改革前后

在《德国民法典》债法改革之前，法典里并未规定"违约"这一统一的概念，而是详细规定了履行不能和履行迟延两种履行障碍的形式，而且将"履行不能"作为整个债法履行障碍体系中的脊柱。1900 年《德国民法典》第 275 条规定："(1)债的关系成立后产生不可归责于债务人的事由，致使给付不能的，免除债务人的给付义务。(2)债的关系成立后产生的债务人主观给付不能与债务人客观给付不能法律后果相同。"除了在第 275 条规定了履行不能的构成，还在第 280 条第 2 款规定了履行不能的法律后果，债权人可以请求损害赔偿，也可以根据第 346—356 条的规定解除合同。[2] 与履行不能相比，虽然履行迟延也属于未履行合同约定义务的障碍形式之一，但是它区别于履行不能的关键在于履行的可能性。根据 1900 年《德国民法典》第 326 条第 1 款的规定，履行陷入迟延后，一般情况下债权人需要给债务人适当的宽限期限，故一般不发生

---

[1] 英文原文为：CISG, Article 25：A breach of contract committed by one of the parties is fundamental if it results in such detriment to the other party as substantially to deprive him of what he is entitled to expect under the contract, unless the party in breach did not foresee and a reasonable person of the same kind in the same circumstanceswould not have foreseen such a result。

[2] 1900 年《德国民法典》第 280 条第 2 款：在部分给付不能的情况下，如果部分给付对债权人无利益，债权人可以拒绝尚能履行的部分，而就全部债务的不履行要求损害赔偿。于此准用第 346—356 条关于合同解除权的规定。

解除合同的效果，[1]当然，根据第 2 款的规定，如果履行陷入迟延后债权人对债务人的继续履行不存在任何履行利益的情形除外。[2]

1900 年《德国民法典》中履行障碍体系以债务人的履行行为作为履行不能的判断标准，在适用过程中受到了以施陶布为代表的法学家的猛烈抨击，认为这种范式下瑕疵履行面对着在《民法典》中找不到合适的法律依据的窘态，这也是此种规范模式下的立法漏洞所导致，为作证他的观点，施陶布提出了交付有蛀虫的苹果这一案例：[3]

"对于交付带有蛀虫的苹果的卖方而言，交付没有瑕疵的苹果并不是不可能的，但他仍然交付了瑕疵物。在有瑕疵的苹果已经交付之后，他仍可能以完好的苹果进行替代，所以并不存在履行不能的情况；同样的，卖方已经在合同履行期限之前交付了所有的苹果，所以也并不存在'部分不能'的情况。"

施陶布经此案例提出，《民法典》的履行障碍法体系将履行不能与债务人的履行行为关联在一起，当出现"不适当履行"（Schlechterfüllung）这一履行障碍形态之时，法律规则中的巨大漏洞就显现出来了——因为这种规定范式并未将"不适当履行"纳入其中。这一漏洞在 20 世纪 50 年代被普遍关注，最终在 1953 年通

---

〔1〕 1900 年《德国民法典》第 326 条第 1 款：一方当事人对于由双务合同产生的自己应履行的给付有迟延时，另一方当事人可以为其规定一个适当的履行期限，并声明，逾期将拒绝受领给付。期限届满后，如果一方当事人未及时给付，另一方当事人可以因不履行而要求损害赔偿或者解除合同；其履行请求权即归消灭。期限届满前部分给付未履行时，准用第 325 条第 1 款第 2 句的规定。

〔2〕 1900 年《德国民法典》第 326 条第 2 款：合同迟延履行对另一方当事人无利益的，另一方无须规定期限即享有本条第 1 款规定的权利。

〔3〕 Staub, Positive Vertragsverletzung, S. 12.

过法官判例来予以弥补。[1]判例上的弥补并没有消除法学界对《德国民法典》亟须一场改革的讨论,法学家们认为其他履行障碍的形态,特别是“瑕疵履行”,也需要纳入《德国民法典》的履行障碍法律规则中来。这一讨论在20世纪80年代日臻成熟——当时债法改革的专家代表——乌尔里希·胡贝尔(Ulrich Huber)出具了一份在当时引起广泛关注的专家意见,他在意见书中建议将“不履行”(Nichterfüllung)作为整个债法履行障碍体系的统一的核心概念。[2]这一建议与《联合国国际货物销售合同公约》的履行障碍立法模式相似,符合债法现代化和国际融合统一的趋势,但是因为政治原因被搁置了十年之久。但是随着对欧盟指令的转化需要,以及随着“债法现代化”的呼声越来越高,德国在2002年1月1日完成了这个百年民法典的改革,其以一个统一的概念“违反义务”(Pflichtverletzung)为核心,作为履行障碍体系中的一级概念,然后成阶梯式的在一级统一概念下规定了典型的违约形态——履行不能、履行迟延、瑕疵履行。相应的,对法律后果的效果层面也做了划分——统一规定了合同解除(Rücktritt),同时在323条对不同违约形态下的合同解除做了单独的规定。

第四节　我国《合同法》到《民法典》

我国合同解除制度是随着合同立法的发展而发展的。在20世纪80年代,应改革开放的需求,我国分别制定了《经济合同法》、《涉外经济合同法》以及《技术合同法》,这三部法律根据其所调整

〔1〕 BGHZ 11,80,83.

〔2〕 U. Hubers, Leistungsstörungen, in: Bundesminister der Justiz, Gutachten und Vorschläge zur Überarbeitung des Schuldrechts, S. 617ff.

的合同类型,对合同的解除都作了比较详尽的规定。因为是分别立法、各自为营,三部法律对合同解除的规定除了很多重复性规范,还存在诸多不协调之处,在适用过程中因为适用范围的交叠会导致同案不同判这一不公平的司法结果;此外,合同法三足鼎立的状态也严重阻碍了我国市场的统一和发展。因此,在立法委的努力下,1999 年 3 月 15 日,全国人大九届二次会议通过了《中华人民共和国合同法》,结束了合同法三足鼎立的状态。

1999 年《合同法》集中规定了合同解除权的一般条款,在分则中也针对典型合同的解除作了相应的规定。在编纂合同解除制度的过程中,除了吸收了之前三部合同法的相关内容,也学习了外国的立法经验,其中就包括《联合国国际货物销售合同公约》和《德国民法典》的相关规定〔1〕。《合同法》推进了我国合同解除制度的进一步完善,但是仍有不少规范受到学界的争议:比如,我国合同法将合同解除作为合同终止的原因之一,与清偿、抵销、提存、免除、混同并列,但是《合同法》没有对终止制度进行体系化的规范;将合意解除与约定解除合并规定有不妥之处;未规定情形变更之下的合同解除问题。

因为这些问题,在我国《民法典》编纂的过程中,合同解除制度该如何建构成为争议焦点。2020 年 5 月 28 日,第十三届全国人民代表大会第三次会议审议通过了《中华人民共和国民法典》,这是中华人民共和国立法史上第一部以“典”命名的法律,标志着我国民法的发展进入体系化和制度化的新进程。我国《民法典》的编纂学习了《德国民法典》潘德克顿式的立法模式,以“提取公因式”的方法,将法典分为总则、物权、合同、人格权、婚姻家庭、继承和侵权

〔1〕 参见韩世远:《中国合同法与 CISG》,载《暨南学报(哲学社会科学版)》2011 年第 2 期。

责任7编。其中,合同编占有极为重要的地位——《民法典》共1260条,合同一编便有526条,可见其在整个法典中的重要地位。相较于1999年《合同法》,民法典对合同编作了较为大的修改——体系上,处理了债法总则和合同法通则的关系;合同编在《合同法》基础上增加了137条,删除25条,修改了260条,并创新规定很多条款,例如合同解除制度中的不定期持续合同的任意解除权、违约方打破合同僵局的条款等。我国《民法典》对合同解除制度的变革进一步完善了我国合同解除制度,对我国和世界合同解除的发展都有着深远的影响和意义。

第二章　合同解除权现有立法范式

第一节　合同解除权内涵界定

一般而言,当事人在订立合同时都会相信对方会按照约定的方式履行合同,从而可以实现其订立合同的目的。事与愿违的是,不是所有的合同都能够“寿终正寝”,当一方没有按照合同的约定履行合同时,另一方当事人该如何维护自己的权益?守约方当然可以要求违约方继续履行合同,但是如果继续履行已经对于违约方没有意义呢?比如在德国民法教义学里经常被列举的一个案例——一对未婚夫妻从一个蛋糕店订购了一个结婚用的三层大蛋糕,约定蛋糕在一个具体的时间送达他们举行婚礼的酒店,用来作为婚礼仪式重要的一环。如果婚礼已经结束蛋糕还没有送达,摆在这对新人面前的选择好像只有结束合同了,因为继续履行对他们来说已经毫无意义。这时,值得我们思考的法律问题是,守约方在何种条件下、以何种方式可以解除合同?合同解除的法律后果是什么?回答这些问题的前提是对合同解除权的内涵进行明确的界定,明确区分合同解除权与合同解除以及合同终止的区别和联系。

一、德国民法中的合同解除、合同解除权和合同终止

在德国,“解除”的德语表达为“Aufhebung”,当事人解除合同

也经常被表达为“摆脱合同束缚”，即“Befreiung vom Vertrag”[1]，也有“合同终止”，即“Vertragsbeendigung”，实质上都是不再履行合同约定的义务，只不过表达不同。[2] 在德国民事法律规范中，双务合同的解除被明确地规定为“解除”（Rücktritt），与之相对的，如果当事人要从长期的债的关系（Dauerschuldverhältnis）——如委托合同、租赁合同、借贷合同、合伙合同、保管合同等——解脱出来，则表述为“Kündigung”，可翻译为合同终止。《德国民法典》对合同解除和合同终止的立法范式是呈相互分离的二元结构，这种范式是在充分考虑到继续性合同的特殊性而做出的。债法改革后，法典又纳入了消费者保护的条款，对消费者数字产品合同解除事由和法律后果方面的规定与一时性合同解除和继续性合同终止都有所不同，用语上亦有区别，消费者数字产品合同解除与继续性合同终止和一时性合同解除并立，成三足鼎立之态。为了更直观的进行比较，笔者将《德国民法典》具体法律条文归纳如下，详见表 2－1：

表 2－1　《德国民法典》关于合同解除的规定

合同结束类型	事由及效果
合同解除 （Vertragsrücktritt）	一、合同解除事由 第 313 条第 3 款　交易基础障碍 合同变更不可能或者对一方当事人不可苛责，受到不利一方可以解除合同；如果是长期债务关系，则终止（Kündigung）取代解除权（Rücktrittsrecht）。 第 323 条　因不履行或不按照合同约定履行解除合同 第 1 款：债务人不履行或者不按照合同的约定履行到期的义务，债权人为其指定一个合适的给

[1] Vgl. A. Flessner, Befreiung vom Vertrag wegen Nichterfüllung, ZEuP 1997, 255.

[2] Vgl. Hein Kötz, Europäisches Vertragsrecht, 2Auflage, S. 317ff.

续表

合同结束类型	事由及效果
	付或者再履行期间后债务人仍不履行的，债权人可以解除合同。 第2款：下列情形下无须指定期间： 1. 债务人认真地且最终拒绝给付； 2. 虽然债权人在订立合同之前告知债务人，或者根据合同订立的情形债务人可知按约定时间给付对债权人的利益很关键，但债务人仍未在合同约定的期日或者未在指定的期间内履行给付； 3. 在债务人未按照合同履行给付时存在特殊事由，根据特殊事由衡量当事人双方的利益，债权人立即解除合同具有正当性。 第3款：由于违约的性质无法指定期间，则以警告替之。 第4款：当解除合同的事由已经非常明显（offensichtlich）之时，债权人可在履行期限届满之前解除合同。 第5款：当债务人部分履行其义务，但是债权人对部分履行毫无利益，债权人可以解除整个合同。当债务人未按照合同的约定进行给付，但是违约微不足道（unerheblich）之时，债权人不能解除合同。 第6款：如果债权人对合同解除的事由负有全部或大部分责任；或者债务人不承担责任的情况发生在债权人履行迟延之时，则排除合同解除。 第324条　因违反第214条第2款规定解除合同； 当债务人违反本法第214条第2款规定的义务，从而使债权人遵守合同不可苛求时，债权人可以解除合同。 二、合同解除法律后果 第346条　解除后果 第1款：合同一方当事人保留了退出合同的权利或者有法定合同解除权，那么在解除合同时应返还给付以及所得的益处。

续表

合同结束类型	事由及效果
	第2款:在下列情形下折价补偿替代恢复原状或者返还: 1. 根据所得物的性质排除恢复原状或返还; 2. 收到的合同标的已经被使用、出售、负担、加工或重新设计; 3. 收到的标的物损害或者灭失,正常使用下的损耗除外。
合同终止 (Vertragskündigung)	一、合同终止事由 第313条第3款　交易基础障碍 合同变更不可能或者对一方当事人不可苛责,不利一方可以解除合同;如果是长期债务关系,则终止(Kündigung)取代解除权(Rücktrittsrecht)。 第314条　继续性债的终止事由 第1款:继续性合同的任何一方当事人因重大事由都可以终止合同,无须遵守合同履行期限。一个重大的事由是,考虑到所有具体情况并在衡量双方的利益后,继续合同关系直至双方对合同结束达成协议或者终止期限届满对欲终止的一方不可苛责。 第2款:一方当事人违反合同约定,在指定期间届满或者警告之后仍未采取补救措施;无须指定期间或者警告的规定适用本法第323条第2款第1和第2项;当特殊事由出现,衡量双方利益后,立即终止合同具有正当性。 第3款:终止应该在获悉终止事由后在合理的期限内提出。 二、合同终止的法律效果 第314条第4款　终止合同并不排除请求损害赔偿的权利。
消费者数字产品合同结束 (Vertragsbeendigung)	一、合同结束事由 第327m条　当数字产品有缺陷时,消费者可以根据本法第327o条结束合同: 1. 再履行请求根据本法第327L条第2款排除的;

续表

合同结束类型	事由及效果
	2. 消费者再履行的请求未按照本法第 3271 条第 1 款履行的； 3. 商家再履行后仍然有缺陷的； 4. 缺陷严重到立即解除合同具有合理性的； 5. 商家拒绝第 3271 条第 1 款第 2 句所规定的继续履行的； 6. 显而易见的，商家不会根据第 3271 条第 1 款第 2 句所规定的继续履行的； 如果缺陷微不足道，消费者不得解除合同。 二、合同解除的法律效果 第 327o 条　通知和合同解除的法律后果 第 1 款：消费者结束合同的通知到达商家后合同解除。本法第 351 条相应规范可适用。 第 2 款：在合同结束时，商家必须向消费者偿还消费者为履行合同而支付的款项。 第 3 款：与上一款后半句不同的是，商家持续性提供的数字产品合同结束时，商家仅需向消费者偿付数码产品缺陷期间其支付的款项。 第 4 款：第 2 和第 3 款所指偿付适用本法第 327n 条第 4 款第 2 到 5 项规定。 第 5 款：商家最晚可在合同结束后的 14 天内向消费者要求其寄回数字产品的载体，寄回运费由商家承担。适用本法第 348 条相应规定。

如表 2 - 1 所示，在德国民法中，合同解除、合同终止、消费者数字产品合同结束为三个有共性却不相同的概念。共性体现在，三者都为形成权，在结束合同的意思到达对方后生效，皆有从合同义务中退出，未履行的合同义务不再履行的法律效果。区别在于：首先，适用的对象不同——合同解除适用于一时性合同，合同终止适用于继续性合同，而消费者电子产品合同结果顾名思义适用于以数字产品为合同标的的消费者合同。其次，法律效果不同——

根据《德国民法典》第 346 条的规定可知，合同解除后当事人有恢复原状的义务，合同解除的同时触发债权债务的反转，进入到返还之债；而合同终止一般只消灭未履行的权利义务，一般不发生对已履行给付的返还；消费者数字产品合同结束则需依据数字产品的特性，如果是一时性交付使用的数字产品合同，根据《德国民法典》第 327o 条，合同结束后当事人需要返还已经收到的给付和所获取的利益，结束合同之时商家负有偿还消费者为履行合同支付的款项的义务；如果电子产品是继续性交付使用的产品合同，商家只需偿还产品有缺陷期间消费者为履行合同支付的费用。

二、《联合国国际货物销售合同公约》中的合同解除

《联合国国际货物销售合同公约》在第 1 条第 1 款规定公约适用于跨国货物贸易，即买卖合同，不涉及租赁、承揽、劳动等持续性的合同，因此并未如《德国民法典》一般规定合同终止。《公约》将合同解除（《公约》中解除的表达为 avoidance）规定在第三部分——第 49 条卖方违约时的买方救济以及第 61 条买方违约时的卖方救济。《公约》的基本原则为履行合同，当一方违约时债权人可以要求再履行，因此，其对合同解除的条件进行了严格的限制，将它设置为债权人最后的救济手段[1]（*ultima ratio*），只有在其他的救济措施无法保护债权人的合法利益之时才能行使解除的权利。

因此，根据《联合国国际货物销售合同公约》，合同解除即为债权人在其他救济手段不能弥补其损失时才能行使的权利，属于《公约》规定的救济手段之一，也是法律授予守约方的权利。

---

〔1〕 Vgl. Schlechtriem/Schwenzer/Müller - Chen, Art. 49, Rn. 2; Vgl. MüKo/Huber, Art. 49, Rn. 3; Vgl. CISG – online, Nr. 135; Vgl. BGHZ, 132, 290.

三、我国民法中的合同解除、合同解除权与合同终止

迄至我国《民法典》实施之前，我国民事法律体系中涉及合同解除制度的法律规范主要集中在1999年的《合同法》（已废止），以及与《合同法》配套的司法解释，即最高人民法院《关于适用〈中华人民共和国合同法〉若干问题的解释》（二）［简称为《合同法司法解释》（二）］、《最高人民法院关于审理买卖合同纠纷案件适用法律问题的解释》（简称为《买卖合同司法解释》）以及《全国法院民商事审判工作会议纪要》（简称为《九民纪要》）。具体条文见表2－2：

表2－2 《民法典》实施前我国民事法律制度中的合同解除规范

法律及文件	规定内容
《合同法总则》	第93条　当事人协商一致，可以解除合同。当事人可以约定一方解除合同的条件。解除合同的条件成就时，解除权人可以解除合同。 第94条　有下列情形之一的，当事人可以解除合同：（一）因不可抗力致使不能实现合同目的；（二）在履行期限届满之前，当事人一方明确表示或者以自己的行为表明不履行主要债务；（三）当事人一方迟延履行主要债务，经催告后在合理期限内仍未履行；（四）当事人一方迟延履行债务或者有其他违约行为致使不能实现合同目的；（五）法律规定的其他情形。 第95条　法律规定或者当事人约定解除权行使期限，期限届满当事人不行使的，该权利消灭。法律没有规定或者当事人没有约定解除权行使期限，经对方催告后在合理期限内不行使的，该权利消灭。 第96条　当事人一方依照本法第九十三条第二款、第九十四条的规定主张解除合同的，应当通知对方。合同自通知到达对方时解除。对方有异议的，可以请求人民法院或者仲裁机构确认解除合同的效力。法律、行政法规规定解除合同应当办理批准、登记等手续的，依照其规定。

续表

法律及文件	规定内容
	第97条　合同解除后，尚未履行的，终止履行；已经履行的，根据履行情况和合同性质，当事人可以要求恢复原状、采取其他补救措施，并有权要求赔偿损失。
《合同法分则》	第164条　因标的物的主物不符合约定而解除合同的，解除合同的效力及于从物。因标的物的从物不符合约定被解除的，解除的效力不及于主物。 第231条　因不可归责于承租人的事由，致使租赁物部分或者全部毁损、灭失的，承租人可以要求减少租金或者不支付租金；因租赁物部分或者全部毁损、灭失，致使不能实现合同目的的，承租人可以解除合同。 第410条　委托人或者受托人可以随时解除委托合同。因解除合同给对方造成损失的，除不可归责于该当事人的事由以外，应当赔偿损失。
《九民纪要》	第46条　【通知解除的条件】审判实践中，部分人民法院对合同法司法解释（二）第24条的理解存在偏差，认为不论发出解除通知的一方有无解除权，只要另一方未在异议期限内以起诉方式提出异议，就判令解除合同，这不符合合同法关于合同解除权行使的有关规定。对该条的准确理解是，只有享有法定或者约定解除权的当事人才能以通知方式解除合同。不享有解除权的一方向另一方发出解除通知，另一方即便未在异议期限内提起诉讼，也不发生合同解除的效果。人民法院在审理案件时，应当审查发出解除通知的一方是否享有约定或者法定的解除权来决定合同应否解除，不能仅以受通知一方在约定或者法定的异议期限届满内未起诉这一事实就认定合同已经解除。 第47条　【约定解除条件】合同约定的解除条件成就时，守约方以此为由请求解除合同的，人民法院应当审查违约方的违约程度是否显著轻微，是否影响守约方合同目的的实现，根据诚实信用原则，确定合同应否解除。违约方的违约程度显著轻微，不影响守约方合同目的的实现，守约方请求解除合同的，人民法院不予支持；反之，则依法予以支持。

续表

法律及文件	规定内容
	第 48 条 【违约方起诉解除】违约方不享有单方解除合同的权利。但是,在一些长期性合同如房屋租赁合同履行过程中,双方形成合同僵局,一概不允许违约方通过起诉的方式解除合同,有时对双方都不利。在此前提下,符合下列条件,违约方起诉请求解除合同的,人民法院依法予以支持:(1)违约方不存在恶意违约的情形;(2)违约方继续履行合同,对其显失公平;(3)守约方拒绝解除合同,违反诚实信用原则。 人民法院判决解除合同的,违约方本应当承担的违约责任不能因解除合同而减少或者免除。 第 49 条 【合同解除的法律后果】合同解除时,一方依据合同中有关违约金、约定损害赔偿的计算方法、定金责任等违约责任条款的约定,请求另一方承担违约责任的,人民法院依法予以支持。 双务合同解除时人民法院的释明问题,参照本纪要第 36 条的相关规定处理。
《合同法司法解释》(二)	第 24 条 当事人对合同法第九十六条、第九十九条规定的合同解除或者债务抵销虽有异议,但在约定的异议期限届满后才提出异议并向人民法院起诉的,人民法院不予支持;当事人没有约定异议期间,在解除合同或者债务抵销通知到达之日起三个月以后才向人民法院起诉的,人民法院不予支持。 第 26 条 合同成立以后客观情况发生了当事人在订立合同时无法预见的、非不可抗力造成的不属于商业风险的重大变化,继续履行合同对于一方当事人明显不公平或者不能实现合同目的,当事人请求人民法院变更或者解除合同的,人民法院应当根据公平原则,并结合案件的实际情况确定是否变更或者解除。
《买卖合同司法解释》	第 25 条 出卖人没有履行或者不当履行从给付义务,致使买受人不能实现合同目的,买受人主张解除合同的,人民法院应当根据合同法第九十四条第(四)项的规定,予以支持。

1999年《合同法》奠定了我国合同解除制度体系，结合司法解释和《九民纪要》上述这些规定可以看出，我国的合同解除包括合意解除、约定解除、违约解除和司法解除。我国《民法典》在此基础上做了如下修正，见表2-3。

表2-3 《民法典》对合同解除制度的修改

情形	内容
情势变更下合同解除	第533条　合同成立后，合同的基础条件发生了当事人在订立合同时无法预见的、不属于商业风险的重大变化，继续履行合同对于当事人一方明显不公平的，受不利影响的当事人可以与对方重新协商；在合理期限内协商不成的，当事人可以请求人民法院或者仲裁机构变更或者解除合同。人民法院或者仲裁机构应当结合案件的实际情况，根据公平原则变更或者解除合同。
持续不定期合同任意解除	第563条第2款　以持续履行的债务为内容的不定期合同，当事人可以随时解除合同，但是应当在合理期限之前通知对方。
维约方申请合同解除	第580条　当事人一方不履行非金钱债务或者履行非金钱债务不符合约定的，对方可以请求履行，但是有下列情形之一的除外：(一)法律上或者事实上不能履行；(二)债务的标的不适于强制履行或者履行费用过高；(三)债权人在合理期限内未请求履行。有前款规定的除外情形之一，致使不能实现合同目的的，人民法院或者仲裁机构可以根据当事人的请求终止合同权利义务关系，但是不影响违约责任的承担。

通过上面表2-2和表2-3可得出，《民法典》在原《合同法》的基础上进一步拓宽了合同解除的外延，规定了情势变更下以及违约方打破合同僵局时司法机关介入的合同解除、持续性不定期合同的任意解除。由此可见，在我国合同解除不仅包括法律赋予守约方的权利——合同解除权，其外延大于法定合同解除权：首

先，合同解除并不以违约为要件，当事人可以合意解除或者约定解除；其次，在不可抗力发生之时当事人可以解除合同，情势变更情形下当事人可以请求法院解除合同，违约方也可以申请法院解除合同；最后，与《德国民法典》不同的是，我国立法并未明确区分合同终止和合同解除，二者在我国法律中的内涵和法律效果呈趋同化〔1〕——都是当事人从某种债权债务关系中退出，不再履行尚未履行的合同，权利义务就此终止。

因此，在我国民法中，合同解除为合同权利义务终止的事由之一，包括合意解除、约定解除、法定解除、持续不定期合同任意解除，以及司法机关介入的司法解除；合同终止为合同解除的上位概念，在我国民法中指合同消灭〔2〕，除合同解除外，还包括已履行、抵销、提存、免除、债权债务关系混同；合同解除权多指法定合同解除权，即第563条规定的情形。

综上所述，1900年《德国民法典》采取合同终止、合同解除二元结构的立法范式，合同终止指持续性合同的结束，一旦终止权利义务消灭，不溯及既往；合同解除为解除一时性合同，一旦解除，当事人从合同的拘束力中解脱出来，但是需承担恢复原状的义务。在债法改革后，《德国民法典》又加入了消费者数字产品合同的结束这一新的规定，数字产品合同按照产品是否为不定期持续性的给付发生合同终止或者合同解除的法律效果。《联合国国际货物销售合同公约》中合同解除和《德国民法典》中的合同解除含义类似，都是在一方违约时守约方的救济手段，因《公约》适用的范围仅限于跨国的货物贸易合同，无须区分一时性合同和持续性合同的不同，因此并未有如《德国民法典》中的合同解除和合同终止的二元

〔1〕 参见崔建远：《合同法总论》，中国人民大学出版社2012年版，第565页。
〔2〕 参见王文军：《论继续性合同的解除》，载《法商研究》2019年第2期。

划分。在我国，合同解除的法律效果是否具有溯及力取决于合同的性质，《民法典》中并未以合同是否为一时性还是继续性合同为标准对其权利义务的终止分别加以规定。因此，我国民法中合同解除的外延大于《德国民法典》和《联合国国际货物销售合同公约》规定的合同解除，它不仅包含法定合同解除权，即《德国民法典》和《公约》中规定的合同解除权，也包括不定期持续性合同的任意解除权、司法解除等。

第二节 合同解除权立法范式

合同解除权制度是合同法不可或缺的重要组成部分，无论是在我国民法体系中，还是《德国民法典》，甚至是以“合同严守”为法律规范制定准则的《联合国国际货物销售合同公约》，都对合同解除权的事由、行使和法律效果作了详细的规定，当然，三部法律规范的立法模式并不完全相同。从法制史视域以及比较法视域考察，合同解除权的立法范式主要可以归纳为三种：一、以根本违约为判断债权人是否有合同解除权的立法模式；二、以违约 + 指定期间为合同解除要件的立法模式；三、第一种和第二种的混合模式。

一、根本违约模式

合同法的主要价值功能在于保护合同双方当事人之间的合法利益，为了实现这一功能，维护合同的稳定性十分重要，因此，要严格限制合同的解除的条件。而根本违约可以作为合同解除的牵连点，[1]正是对合同的解除设置了很高的门槛——其立法模式是指违约只有达到一定的“严重程度”，以致另一方合同当事人对合同

---

〔1〕 参见杜景林：《合同解除的体系建构》，载《法商研究》2020 年第 3 期。

的坚持已经不可苛责之时，另一方才有解除合同的权利。[1]

根本违约最早源于英国法。在英国，只有一方当事人的违约行为具有“严重性”，以致合同已经是“实质性的未履行”，那么守约方才有权利解除合同，而且，只有违反了“重要”的合同义务时，违约行为才具有严重性。为了能够准确地区分重要的合同义务和非重要的合同义务，英国判例法将合同约定分为“担保”（warranties）和“条件”（conditions）。如果违约方违反的义务属于“担保”性承诺时，守约方可以请求损害赔偿，但是仍受合同的约束；反之，如果违约方违反的义务构成“条件”时，守约方则有权利选择结束合同关系，从合同拘束中解脱。这是根本违约解除制度的雏形。

根本违约制度在《联合国国际货物销售合同公约》中才被正式确定下来——《公约》是第一部明确将“根本违约”作为法律概念进行规定的法律规范。其在第 25 条的规定：“一方当事人违反合同导致另一方当事人遭受损害，以至于实质上剥夺了他根据合同规定有权期待得到的东西，即为根本违反合同，除非违反合同一方并不能预见而且一个同等资格、通情达理的人处于相同情况中也无法预见发生这种结果。”在这条法律规定中，根本违约的判断标准除了违约造成的实质性损害、以致守约方目的落空外，《公约》还设置了“可预见性”作为主观的限制标准[2]，即在一方当事人的违约行为已经给另一方当事人造成了实质性的损失以致其合同目的落空，且违约方可预见或者应当可以预见这种后果时，守约方才有合同解除权。对“实质性损害”、“合同目的落空”以及“可预见性规

〔1〕 Vgl. Schiedermair/Bosch/Abraham, S. 30.

〔2〕 Vgl. Bertrand Botzenhardt, S. 179. Im Vertragsgesetz VG wird das subjektive Kriterium jedoch nicht übernommen.

则”的探讨将放在第三章进行探讨。

二、指定宽限期模式

指定宽限期的合同解除立法模式（Nachfristmodell）是指在一方当事人违约时，另一方当事人应当为其指定一个合理的给付或者再履行期间，期间届满其还未履行合同义务的，另一方当事人可以解除合同。指定期间在债务人违约后，债权人给其最后的“矫正”的机会，一旦债务人履行合同义务，合同履行仍可能回归正轨，最终被“完美”地履行〔1〕，债权人也可得到所期待的给付。这种源于《德国民法典》的模式也被很多国家合同解除制度立法所学习和采纳。〔2〕

指定宽限期模式与根本违约立法模式的不同点在于，指定期间模式为债权人程序性的救济，只要债权人为债务人指定一个合理的期间，而根本违约则需要对违约程度进行实质性的判断。在指定期间模式下，期间的长度必须具有“合理性”。但是，是不是所有的违约情形下债权人都需要为债务人指定给付或者再履行期间呢？正如本书前面所举的婚礼蛋糕的案例，在一方履行迟延、另一方继续履行已经毫无意义的情形下，显然不能苛责守约方为违约方指定一个再履行期间。此外，如果一方当事人已经最终拒绝履行合同，指定宽限期也稍显多余。值得疑问的是，如果卖方迟延交货，买方制定了14天的宽限期，在此期间，货物价格突然暴跌，那么买方是否可以解除合同？德国通说认为债权人应该承担价格波动的风险，因为即使合同按照约定履行，债权人还是以同样的高价

---

〔1〕 参见王利明：《合同法研究》（第2卷），中国人民大学出版社2011年版，第303页。

〔2〕 例如《奥地利普通民法典》第918条，《葡萄牙民法典》第808条，《希腊民法典》第383条。

取得标的物。[1] 这也意味着在合理的宽限期间内,债权人也承受着法律风险。但是如果合同涉及转卖的,且卖方在订立合同之时已经知道买方订立合同是为转卖的目的的,卖方就需要承担因为其履行迟延给买方造成的损失。

并不是所有的违约情形下债务人都可被指定宽限期,所以宽限期的立法模式中必须规定例外情况。而对这些例外情况进行总结的话,不难发现它们存在一个共性,即违约的情形已严重到合同立马解除具有正当性,这与根本违约模式有异曲同工之处。

三、混合模式

根本违约模式为违约严重到一定程度之时债权人具有立即解除合同的正当性和合法性,如果债务人违约并没有达到根本违约的严重程度,比如陷入履行迟延,债权人可为债务人指定宽限期;指定期间模式为债务人违约时债权人为其指定合理期间,但是如果违约致使债权人彻底失去合同的履行利益,债权人可以立即通知债务人解除合同,无须再指定宽限期。所以根本违约模式和指定期间模式的实质内涵并无太大差别,二者为互补,故现在很多合同解除制度选择二者皆采的混合模式,有的立法以根本违约模式为主,指定宽限期为例外,有的则反之,以指定宽限期模式为主,以根本违约为例外。《联合国国际货物销售合同公约》虽然将根本违约设置为合同解除中心点,但是也规范了指定宽限期作为根本违约合同解除的补充;1900 年《德国民法典》采取的为典型的指定宽限期模式,但在 2002 年债法改革时顺应国际私法融合的趋势,在宽限期模式设置了可立即解除合同的条款;我国《民法典》在第 563 条呈现了三种合同解除的事由,这三种事由之间并无层层递进或

---

〔1〕 Vgl. Hein Kötz, Europäisches Vertragsrecht, 2 Auflage, S. 329.

者补充的关系,在司法适用中有较大的解释空间。

(一)《联合国国际货物销售合同公约》

《联合国国际货物销售合同公约》中合同解除权制度区分了买方的合同解除权和卖方的合同解除权,以根本违约为解除的连接点,但同时也规定了指定期间的合同解除。

1. 买方合同解除权

《公约》在第 49 条规定了买方的合同解除权,第 1 款为卖方不履行时买方的合同解除权,第 2 款为卖方已履行时买方的合同解除权。

不履行包括履行不能和迟延履行,履行不能通常与"根本违约"挂钩[1],与之相比,履行迟延仍有履行的可能性,只有在满足一定的要件下,才能构成根本违约。二者与根本违约的联系在《公约》立法中亦有体现。根据第 49 条第 1 款第 1 项规定,如果卖方未能履行《公约》规定或者合同约定的任何给付,则等同于根本违约,买方可宣告合同解除;第 1 款第 2 项对卖方"未交货"则分为两种情形,一种情形是卖方履行迟延后,买方按照本法第 47 条[2]的规定为其规定了宽限期,卖方在宽限期届满后仍未交货,这一规定即指定宽限期的立法模式;另一种情形是卖方明确声明他不会在宽限期内履行给付,在这一情形下,买方无须等待宽限期届满便可宣布解除合同,因为拒绝履行已经属根本违约,这属于在宽限期间的根本违约,当事人立即解除合同具有正当性和合法性。

---

〔1〕 Vgl. Gruber, § 18, Rn. 19; Vgl. H. Honsell/Gsell, Art. 25, Rn. 28.

〔2〕 第 47 条第 1 款:"买方可为卖方履行给付指定合理的宽限期。"第 2 款:"除非买方收到卖方的通知,声称他将不在所规定的时间内履行义务,否则买方不得采取其他救济措施或者解除合同。但是,买方并不因此丧失他对卖方迟延履行可能享有的要求损害赔偿的任何权利。"

如果卖方已经履行,基于"合同严守"原则,即使履行有瑕疵,一般并不构成根本违约,第 49 条第 2 款的规定就体现了这一立法理念,此款首先肯定,如果卖方已经履行交付义务,原则上买方不可以解除合同,然后规定了这一原则的例外情形:债务人知道他未在合理期间内交付货物(第 1 项);除了履行迟延,在合理期间内债务人还违反了合同的其他约定时,如果卖方知道或者应当知道他违反了约定(第 2 项第 1 目),且在买方根据本法第 47 条第 1 款设立的合理期限内未再履行或者明确拒绝再履行(第 2 项第 2 目),或者,卖方未在按照本法第 48 条第 2 款[1]的规定的卖方指定的给付期间内给付,或者买方声明他不会接受卖方的履行。

《公约》以根本违约为主要立法模式还体现在部分履行中。如果卖方部分履行,根据《公约》第 51 条的规定,买方原则上不能解除合同,除非部分履行构成了根本违约。

2. 卖方合同解除权

卖方解除合同的权利规定在《公约》第 64 条,也是采取根本违约模式为主,指定宽限期模式为补充的立法方式。根本违约模式体现在第 64 条第 1 款第 1 项,如果买方未按照《公约》或者合同的约定履行给付,构成根本违约,则卖方可解除合同,与《公约》第 49 条一样,当事人获得合同解除权的关键点都是违约行为是否构成根本违约。第 1 款第 2 项买方违约行为未构成根本违约,但是其在卖方根据第 63 条第 1 款[2]指定的合理期限内未付款或者未接收货物的,或者买方明确拒绝在指定的宽限期履行合同的,卖方可解除合同。与买方解除权规定类似,如果买方已经付款,卖方原则上

---

[1] 第 48 条第 2 款:"如果卖方要求买方告知他是否愿意接受给付,但买方在合理期间内未答复卖方,那么卖方可以在其指定的期间履行给付。买方在这一期间不能采取与卖方的履行不一致的补救措施。"

[2] 第 63 条第 1 款:"卖方可以为买方的再履行指定合理的宽限期间。"

不可解除合同,除非买方的履行已经超出合理的期限(第63条第2款)。

《联合国国际货物销售合同公约》的合同解除模式为典型的根本违约模式,无论是买方还是卖方的合同法定解除权都以根本违约为实质的连接点。但是在一个完整的合同解除制度中,以根本违约为标准区分合同是否可以解除亦存在问题,特别是在履行迟延出现时。如果履行期日或者期间对另一方当事人没有根本性的意义,那么迟延并未使另一方当事人合同目的落空,这就意味着守约方不能解除合同,如果违约方一直不给付,那么整个合同关系就处于悬而未决的状态,守约方会被束缚其中,不得解脱。所以,虽然《联合国国际货物销售合同公约》采取的是根本违约为主的合同解除模式,但是还是以指定宽限期为补充,二者结合成为完备的合同解除权体系。

(二)《德国民法典》

与《联合国国际货物销售合同公约》以根本违约为合同解除的主要立法范式不同,《德国民法典》则是典型的以指定宽限期模式为主的立法范式。

根据第323条第1款的规定,债务人不履行或者不按照合同的约定履行到期的义务,债权人为其指定一个合理的给付或者再履行期间后债务人仍不履行的,债权人可以解除合同。这是《德国民法典》中指定宽限期解除合同的核心条款,适用的对象为不履行和瑕疵履行。广义的不履行包括了履行不能、拒绝履行和履行迟延,毫无疑问,履行迟延情形下适用宽限期为合同继续履行、当事人合同目的实现提供了最后的机会。但是,如果履行已经陷入不能或者违约方明确拒绝履行时,宽限期已经毫无意义。因此,就如根本违约立法模式无法建构起一个完整合理的合同解除权制度,指定宽限期模式亦如此。德国立法者们显然意识到这一问题,并在法条设计了解决方案:在《民法典》第 323 条第 2 款,立法者列出了三种不需要指定期间的情形。首先,当债务人拒绝履行,而且拒绝是认真的且是最终的,债权人可以立即解除合同。其次,严守履行期间对债权人合同利益的实现具有关键性的意义,且债务人对此亦知晓,一旦超过此履行期间,当事人的合同目的无法实现,这种情形下,债权人亦无须指定期间可立即解除合同。虽然债权人在订立合同之前告知债务人或者根据合同订立的情形债务人可知晓按约定时间给付对债权人的利益很关键,但债务人仍未在合同约定的期日或者未在指定地期间内履行给付。最后,为兜底条款,即在债务人未按照合同履行给付时存在特殊事由,根据特殊事由衡量当事人双方的利益,债权人立即解除合同是否具有正当性,当然,如果债务人对立即解除合同提出异议,债权人应承担证明责任。

如果将《德国民法典》第 323 条第 2 款规定的设立宽限期的 3 个例外条款放在一起来总结其背后的共性,不难得出,都是合同不履行或瑕疵履行等违约行为已经对守约方构成了严重的损害,以致他的合同目的已经落空,再指定宽限期不仅对合同的履行毫无意义,对守约方亦是一种苛责和不公平。这和根本违约的内涵——违约方的行为给守约方带来实质性的损害,以致其合同目的不能实现——本质上没有什么不同[1]。因此可以得出,德国民法的合同解除制度的立法范式为指定宽限期为主,根本违约为辅。

(三)我国《民法典》

《联合国国际货物销售合同公约》和《德国民法典》所述的合同解除权在我国民法中大致为法定合同解除权。单从立法模式上来

---

〔1〕 Vgl. Hein Kötz, Europäisches Vertragsrecht, 2Auflage, S. 329.

说，我国法定合同解除权的立法既未选择《联合国国际货物销售合同公约》以根本违约为主、以指定宽限期为补充的立法模式，亦未采用《德国民法典》以指定宽限期为主，以实质上的根本违约为补充的立法模式。我国《民法典》合同解除权制度的重要基础规范为第 563 条，此条规定了四种合同可法定解除的事由，即不可抗力致使合同目的不能实现、拒绝履行、迟延履行主要债务以及催告后仍未履行、迟延履行债务或有其他违约行为致使合同目的不能实现。此种法定合同解除权模式有一定的争议性，有学者认为第 563 条的规定思路较为不清晰，存在一定的逻辑不合理和规范缺漏。[1] 这种质疑主要源于第 563 条规定的四种解除事由从体系上缺乏逻辑性、无法自洽。笔者将这四种情形逐一分析，探讨我国这种立法模式的优势和缺漏。

1. 不可抗力

无论是理论界还是实务界，我国对不可抗力的内涵都无实质性争议，即不能预见不能避免且不能克服的客观情况。[2] 除民法总则编在第 180 条对不可抗力进行了规定，合同解除、风险负担、情势变更等制度中亦有不可抗力的相关规定，在本章中，笔者主要讨论合同解除与不可抗力。

对于第 563 条规定的不可抗力致使不能实现合同目的中的"合同目的"的内涵界定争议较大，主要有以下两种观点：第一种观点认为，此处的合同目的不能实现指不可抗力已经严重影响了合同成立的基础和环境，且影响已经严重到合同履行不能的程度。

---

〔1〕 参见赵文杰：《论法定解除权的内外体系——以〈民法典〉第 563 条第 1 款中"合同目的不能实现"为切入点》，载《华东政法大学学报》2020 年第 3 期。

〔2〕 《民法典》第 180 条规定"不可抗力是不能预见、不能避免且不能克服的客观情况"；学界观点见王利明：《合同法研究》（第 2 卷），中国人民大学出版社 2015 年版，第 535 页。

若合同仍能履行,则按照情势变更相关规范。[1] 第二种观点认为,此处合同目的不能实现不仅指合同履行不能,致使合同目的不能实现,还应该包括其他违约形态,例如不可抗力导致当事人迟延履行,但是合同履行的期限对另一方当事人合同利益的实现具有关键意义,又比如不可抗力导致当事人部分履行不能,当事人全部合同利益落空等。[2]

根据第一种观点,合同解除的事由是不可抗力导致的合同履行不能。但履行不能不仅可由不可抗力引起,也可能是由于当事人或第三人原因致使标的物灭失,或是实际上的履行不可苛责等多种原因导致,不论何种原因引起的履行不能,都可使债权人取得合同解除权,而区别在于责任的承担。事实上我国《民法典》也设置了不可抗力免责条款,即在第 590 条第 1 款规定:"当事人一方因不可抗力不能履行合同的,根据不可抗力的影响,部分或者全部免除责任,但是法律另有规定的除外。因不可抗力不能履行合同的,应当及时通知对方,以减轻可能给对方造成的损失,并应当在合理期限内提供证明。"因此,不可抗力引起的履行不能和其他原因导致的履行不能都可使当事人取得法定解除权,对于当事人是否免责则需引用《民法典》第 590 条就可解决。因此,单独规定不可抗力引起的履行不能作为合同解除的事由并不妥当,也不具有必要性。所以对此项的第一种解释并不合理。如果引用排除法,那么看起来第二种观点是为必选项。根据第二种观点,无论不可抗力是否导致合同不能履行或者延迟履行都不重要,关键在于这些会不会使当事人"合同目的落空"。此种解释看似合理,但是如

---

〔1〕 参见崔建远:《完善合同解除制度的立法建议》,载《武汉大学学报(哲学社会科学版)》2018 年第 2 期。

〔2〕 参见韩世远:《合同法总论》,法律出版社 2018 年版,第 659 页;参见李昊、刘磊:《〈民法典〉中不可抗力的体系构造》,载《财经法学》2020 年第 5 期。

果我们用体系解释的方法去考察，不免会质疑这条规定是否多余。《民法典》第 563 条第 1 款第 4 项规定“当事人一方迟延履行债务或者有其他违约行为致使不能实现合同目的”，另一方当事人取得合同解除权。此项为包容性条款，不论是哪种违约形态，只要使当事人“合同目的落空”，当事人就可解除合同。这一规定是学者认为我国实质上采取根本违约法律制度的依据，在我国也已经达成共识。那么第 1 项，因不可抗力导致的合同目的落空，也可吸纳到此条款中。根据我国《民法典》第 577 条的规定，违约是“当事人一方不履行合同义务或者履行合同义务不符合约定”，并不以主观要件为判断标准。所以即使一方当事人不履行或者不按照合同约定履行义务是因为不可抗力引起的，他也构成了违约，在违约行为使当事人目的落空之时，另一方当事人可解除合同，尽早从合同的拘束中解脱出来，从而减少损失，促进资源的重新配置。至于因无过错免除责任的承担，则可引用《民法典》第 590 条的规定。

综上所述，笔者认为将不可抗力放置在我国《民法典》第 563 条第 1 款法定合同解除事由之中并不具有必要性，合同是否可以解除的关键连接点在“合同目的不能实现”，以法律效果论之，何种原因引起违约，对于合同是否解除并不重要。

2. 预期根本违约

我国《民法典》第 563 条第 1 款第 2 项规定，“在履行期限届满前，当事人一方明确表示或者以自己的行为表明不履行主要债务”，另一方当事人可以解除合同。这一条规定是我们学习英美法系的预期违约制度而创设的，如果当事人一方在合同履行期限届满之前就显而易见的不会履行合同义务了，另一方当事人可以立即解除合同，这里的预期违约包括明示的预期根本违约与默示的预期根本违约。在学习英美法系的预期违约之时，我们的立法也吸收了大陆法系的不安抗辩权——《民法典》第 527 条规定：“应当先履行债务的当事人,有确切证据证明对方有下列情形之一的,可以中止履行:(一)经营状况严重恶化;(二)转移财产、抽逃资金,以逃避债务;(三)丧失商业信誉;(四)有丧失或者可能丧失履行债务能力的其他情形。当事人没有确切证据中止履行的,应当承担违约责任。"

两大法系的预期根本违约制度与不安抗辩权制度在我国民法中的相遇并未产生 1+1>2 的效果,反而"消化不良",导致法律选择适用的混乱和困难〔1〕。预期根本违约与不安抗辩的法律后果都是合同解除,区别在于是立即解除还是需要给对方最后一个履行机会——如第 528 条的规定:"当事人依据前条规定中止履行的,应当及时通知对方。对方提供适当担保的,应当恢复履行。中止履行后,对方在合理期限内未恢复履行能力且未提供适当担保的,视为以自己的行为表明不履行主要债务,中止履行的一方可以解除合同并可以请求对方承担违约责任。"二者适用中的混乱在于对预期根本违约中"默示根本违约"与不安抗辩中当事人的一些预期违约的行为容易混淆,在适用中法律依据的选择上会产生不确定。《联合国国际货物销售合同公约》在第 71 条规定了预期根本违约时另一方当事人的合同解除权,但是同时在第 72 条规定,如果时间允许,债权人应该通知债务人,给予他最后一次履行的机会。

所以,在司法适用中应注意预期根本违约和不安抗辩的综合运用。在一方当事人默示地不履行主要债务时,另一方当事人可以解除合同,但是如果时间和条件允许,应为违约方指定一个宽限期,给予其履行合同最后的机会。

---

〔1〕 参见张俊浩主编:《民法学原理》,中国政法大学出版社 2000 年版,第 665 页。

3. 迟延履行

在《民法典》第 563 条规定了两种迟延履行的情况，一个是第 1 款第 3 项中的迟延履行主要债务，另一个是第 1 款第 4 项中的迟延履行致使合同目的不能实现。在迟延履行主要债务时，我国立法采取的是指定宽限期的模式，此时迟延的后果无须达到"合同目的不能实现"，只要债务人在宽限期内未履行给付义务，债权人即可解除合同。对于"主要债务"，我国学者认为是主要的给付义务，实现合同目的必须履行的义务〔1〕；第 4 项为兜底条款，只要违约行为达到了"合同目的不能实现"的严重程度，债权人可立即解除合同，这条规定也被认为是实质性的根本违约。对于"合同目的不能实现"的内涵界定笔者将在本书第三章"根本违约合同解除"中进行探讨。

综上所述，我国《民法典》的合同解除权规则既有指定宽限期，又有根本违约，虽然在立法体系上未体现是以指定宽限期为主还是根本违约为主，但在司法实践中，违约行为是否构成根本违约是守约方是否可以解除合同的最重要的判断依据。所以，我国合同解除权的立法范式也是以根本违约为主，同时规定了迟延履行主要债务时指定宽限期的模式。

〔1〕 参见崔建远：《合同法》，法律出版社 2016 年版，第 193 页。

第三章　根本违约合同解除

第一节　根本违约制度的法律功能

在第二章合同解除的立法范式中已经提到,根本违约为合同解除权产生的重要触发点。根本违约制度最早萌芽于英国法,后在《联合国国际货物销售合同公约》中被以法律概念的形式确定下来。《公约》影响了 160 多个国家的合同立法,特别是其以根本违约为连接点的合同解除权制度,被很多合同解除制度学习和吸纳。

根本违约制度的法律功能主要有两个:

一、使合同解除具有正当性

当事人都是抱着特定目的去缔约的,比如说某建筑商为了盖房子与砖厂订了一吨红砖,他的目的很明确,就是能在约定的期间收到红砖,不耽误盖房的进度,同样,砖厂的目的就是通过销售红砖取得利润。所以在合同订立之时,双方都希望合同可以完满履行,同时基于对合同稳定性的信赖,即使在履行的过程中遇到挫折,合同也不会轻易地被解除,各国立法也对合同的解除设置了严格的条件,尽管表述不同,其背后的内涵却呈统一化,即一方违约致使另一方当事人合同目的落空，合同继续履行对其已经毫无利益，[1]而这也是根本违约概念的基本内涵。

根本违约成为合同是否可以解除的一个关键点，如果一方当事人的违约的严重性未达到根本违约的程度，那么他只能选择要求对方继续履行、损害赔偿等救济措施，反之，那么守约方就获得了立即解除合同的正当性，除了解除合同，他也可以根据自身的利益需求，选择减价、徒然费用的偿还、替代履行等救济措施，这些救济都以根本违约为适用前提。合同的稳定性和根本违约的概念在商业和法律领域都扮演着至关重要的角色，因为它们为合同当事人提供了保护和指导，以确保合同能够按照双方的期望顺利履行。这一概念不仅有助于明确违约情况下的权利和责任，还促使当事人在签署合同时更加谨慎，以最大程度地降低合同解除的风险。

二、风险负担的转移

当一方当事人的违约行为的严重程度未构成根本违约时，虽然守约方可以要求违约方继续履行、损害赔偿，但合同的状态不受影响；而根本违约发生之时，守约方可在法律所规定的所有救济措施中进行选择。[2] 除了救济措施的不同，合同违约的严重程度也影响着风险发生之时的负担，即风险发生之时，产生的损失应该由谁承担的问题。比如，甲商场从乙空调生产商处定制了 1000 台 H 型号的空调，乙在规定的时间将一批 M 型号的空调交给承运人丙，随后将发货清单电邮给甲。甲看到清单后提出乙发错了空调的型号，声明要解除二者之间的买卖合同。此时丙运送空调的车在路上遇到山洪暴发，货物毁损。根据风险负担的规则，通常货物交给

---

〔1〕 Vgl. Schiedermair/Bosch/Abraham, S. 30.

〔2〕 Vgl. Bertrand Botzenhardt, S. 178.

承运人时风险随着转移给买方。在这一宗货物买卖合同中，在货物转交给丙之时，甲是否需要负担货物毁损产生的损害呢？如果发错空调型号无法构成根本违约，那么甲就没有解除合同的权利，此时，甲需要承担空调毁损的后果。尽管甲可以向乙请求瑕疵履行的损害赔偿，或者采取其他的救济措施，但是这些都无法弥补货物毁损带来的损失，而且在请求乙赔偿其损害时，甲还需负担证明其实际损失的责任。但是如果乙将甲定制的H型号的空调发成M型号的行为构成了根本违约，那么在甲通知乙解除合同，乙收到通知之时合同得以解除，双方的合同权利义务终止。乙需要退还甲支付的款项以及赔偿给甲造成的损失，而尚在途中的货物则重新归乙所有，这也意味着货物在途中发生的风险重新转移到乙，乙需要承担货物毁损产生的损失。[1]

因此，根本违约制度在整个合同法中起着重要的作用，它不仅是合同是否可以解除的关键触点，也关系到当事人风险负担的分配，值得体系化地研究和探讨。

第二节 根本违约构成分析

案例导入 I[2]

A[3]和B[4]签订了一份买卖合同，B在2003年1月15日在A处以4713欧元的价格订购了软件G，TM，以及M，U，T，软件要安装在合同第三人下奥地利州政府办公室，办公室要求5个软件

〔1〕 Vgl. Stephan Lorenz, Acp(2012), S. 782.

〔2〕 改编自OGH, 21. 0. 2005, CISG - online 1047。

〔3〕 案例分析中也称为债务人。

〔4〕 案例分析中也称为债权人。

必须全部且有效的安装。B将下奥地利州政府的要求告知了A。A随后在2003年年底将一个载有合同要求的CD发送给B。B的工作人员在安装软件时发现,CD上并不包含所有的软件程序,他并没有发现U和T。虽然B要求A立即将所有的软件程序按照合同的约定在一周内全部发给他,但是A还是将程序U和T通过电信传送给了B的顾客——下奥地利州政府。A传送给政府的程序虽然也称为"型号T",但和奥地利通用的T并不相同,在奥地利无法安装使用。根据行业惯例,通常情况下此类型软件在德国和奥地利州型号一致。因为无法全部安装,政府办公室解除了和B之间的合同。

因此,B要求立即解除和A之间的软件买卖合同,并要求A赔偿其所受的损失。但是A拒绝了B的请求,并且要求B支付所有的价款。A认为,B订购的软件确实包含"型号T"程序,他已经交付了"型号T"程序,不能安装是他完全无法预见的。他已经按照B的要求将包含所有程序的软件交付给了州政府,所以他按照合同完成了自己所有的给付,B应该也履行自己的合同义务,即支付所有的价款。

本案审理的争议焦点在于A交付的符合德国标准但在奥地利并不适用的"型号T"是否属于根本违约,B是否可因此解除合同。

为了分析比较国际上、德国和我国相关法律规范的异同,在不考虑法律适用范围的前提下,笔者将依据《联合国国际货物销售合同公约》、《德国民法典》和我国《民法典》的相关规范分别对案例进行解析,分析的重点在于A的行为是否构成根本违约,根本违约在《公约》和我国《民法典》中的构成分析以及法律比较,德国现有的履行障碍体系与根本违约的区别和内在关联。

一、《联合国国际货物销售合同公约》

(一)《联合国国际货物销售合同公约》中的根本违约构成

根据《公约》第25条的规定,根本违约为"一方当事人违反合同导致另一方当事人遭受损害,以至于实质上剥夺了他根据合同规定有权期待得到的东西,即为根本违反合同,除非违反合同一方并不能预见而且一个同等资格、通情达理的人处于相同情况中也无法预见发生这种结果。"根据此条规定可推导出,根本违约的构成要件为违约、损害和可预见性三个标准。[1]

1. 违约

(1)违约概览

没有或者没有按照法律规定或合同的约定履行义务,则构成违约。[2] 虽然在不同的法律制度中的规定不同,但违约法律制度是所有的合同法体系中不可或缺的部分。对不同法律制度中的违约进行分析,可以总结出两种主要的立法模式:一种是详细地规定各种违约形态及其相应的法律后果,如拒绝履行、迟延履行、瑕疵履行、履行不能;另一种是将违约的各种形态归纳于一个抽象的统一概念,譬如"不履行""违约"等。[3] 第一种立法模式的优势在于法律详细地规范了每一种经典违约形态的构成以及法律后果,在教义学中更有利于理解和掌握,在司法实践中也不容易引起混淆。但是正如每个硬币总有其两面,这一种立法模式的缺点也很明确——列举式的立法模式在法律刚制定之初适用问题不大,但是

---

〔1〕 Vgl. Schlechtriem/Schlechtriem, Art. 25, Rn. 7 – 10; Vgl. Honsell/Gsell, Art. 25, Rn. 11 – 18.

〔2〕 Vgl. Medicus/Lorenz, Schuldrecht AT, Rn. 332; Vgl. Medicus, Schuldrecht AT, Rn. 363.

〔3〕 Vgl. Felix Hütte/Marlena Helbron, Schudrecht AT, S. 119.

随着社会的发展总会出现新的违约形态,这时就会出现无法律依据可适用的尴尬局面,法官们不得不为填补法律漏洞绞尽脑汁。第二种立法模式可以对所有的违约形态“一网打尽”,因为足够抽象,所以其适用可谓无古无今,亦古亦今。但是,过于抽象的法律规范对于法教义学是一个极大的挑战,如何让未来的法学界中流砥柱们对同一个条文不会出现南辕北辙的理解是对法律注释者一个极大的挑战。同时,在司法实践中法官也缺乏统一的裁量标准,容易导致适用的混乱和同案不同判的司法不公。

因为以上两种立法模式各有缺陷,现在的立法开始倾向于第三种模式:规定一个统一的概念为一级概念,然后在一级概念下规定具体的违约形态作为二级概念。这样既可以避免新的违约形态出现后无法可依,出现法律漏洞,同时又可以为法律的适用提供详细的法律规范。

(2)《联合国国际货物销售合同公约》中的违约

根据《联合国国际货物销售合同公约》第 45 条第 1 款的规定,当卖方未按照法律规定或者合同的约定履行合同义务,则构成违约。这是《公约》对卖方违约的规定,买方违约的概念实质和卖方违约并没有太大差别,在此不再赘述。值得注意的是,第 45 条只规定了违约的概念,至于不履行哪些义务会构成违约,《公约》并未详细规定。但是通说认为,只要违反了义务就构成违约,不论违反的是合同主义务还是从义务,抑或是附随义务。[1] 这一观点在《欧洲共同买卖法提案》中得到印证——欧洲的立法者以《公约》为基础起草了一部属于欧洲的《共同买卖法》,对《公约》很多有争议的地方进行了补足,虽然这部法律最终因为政治原因夭折,但是其

---

〔1〕 Vgl. Bertrand Botzenhardt, S. 184; Dirk Güllemann, Internaionales Vertragsrecht, S. 151.

价值却不容忽视。《欧洲共同买卖法提案》在第 87 条第 1 款第 a 项列举了违反义务的行为:未交付货物或其相关的文件、延迟交付、未按照合同要求交付、交付约定物以外的物(Aliud – Lieferung)或者交付不足,等等。当然,这两部国际性法律中的违约构成都不依赖当事人的主观状态,无论当事人是否有故意或者过失等过错,只要未按照法律规定或者合同约定履行义务,即构成违约。[1]

2. 损害

根据《联合国国际货物销售合同公约》第 25 条的规定,一方当事人的行为只有给另一方当事人造成损害,以至于其主要的合同利益落空(实质落空),才构成根本违约。对“损害”这一根本违约的构成主要有两个疑问:一个是如何确认损害具有严重性;另一个是损害是否必须是实际已经发生的。

考察损害的严重性时,通常人们以损害的实际大小为标准。但是,在构建根本违约体系时,《公约》的立法者们认为违约的严重性并不取决于损害的大小,而是需要用一个主观的标准去衡量,即损害的严重程度首先取决于当事人的合同期待。必须在具体的案例里去考察债权人对合同的期待是否因为债务人的违约行为严重受损,甚至落空,而考察债权人的期待则需要衡量合同中双方当事人的利益状态。[2]

关于第二个问题,学界普通认可的观点是,构成根本违约的损害不必实际已经发生,只要是迫在眉睫就足够了。[3] 曾发生的一

---

〔1〕 Vgl. Cämmerer/Schlechtriem/Huber, Art. 45, Rn. 11; Dirk Güllemann, Internationales Vertragsrecht, S. 151.

〔2〕 Vgl. von Caemmerer/Schlechtriem/ Schlechtriem, S. 47, 211, 212.

〔3〕 Vgl. Schlechtriem/Schwenzer/Schroeter, Art. 25Rn. 22; Vgl. Ferrari, IHR 2005, S. 1 – 9.

个案例[1]也说明了这点:原告是一个德国的鞋子销售商,他从一个意大利鞋子制造商那定制了一批皮鞋,并且在皮鞋上要制作原告的商标“M”。尽管原告已经明确地告知被告,这个商标对他来说十分重要,被告只有在经过原告的允许才能展示或使用这个商标,被告还是在未经过原告同意的情况下带着这批原告定制的带有“M”商标的鞋子参加了一个展览会。原告得知后要解除和被告之间的合同,并且要求被告返还其价款,赔偿其损失。被告认为他只是将鞋子带去展览会,并未销售给第三人,也未给原告带来实际损害,原告不能解除合同。法院最后支持了原告的诉讼请求。法官认为,合同义务包括给付义务和附随义务,本案中被告的主要给付义务是按照原告的要求交付制作好的鞋子,附随义务是未经原告的允许不可以使用或展示“M”商标。被告将带有标志的鞋子陈列在展览会上,是违反了其附随义务,违反附随义务也有可能构成根本违约。虽然被告展示鞋子的行为暂时没有给原告带来实际损害,但是也为“M”商标被冒用留下了隐患。被告的行为严重损害了原告对他的信任,以致原告继续履行合同的重要利益即保护商标不被泄露落空。因此,原告可以根据《联合国国际货物销售合同公约》第25条,以被告根本违约为由解除合同。

在此案例中,被告的行为并未给原告造成实际的损失,但是如果已经威胁到了原告的重要利益的实现以致他不能再信任被告,和被告保持合同关系,那么被告的行为也构成根本违约。

在实践中,衡量债权人的重要利益是否被损害并不是一件简单的事情。如果买方从卖方处收到的货物并不是他所期待的质量,是否构成根本违约呢?或者说货物的瑕疵达到何种程度才能构成根本违约?《公约》也无法为所有的争议提供一个统一的答

---

[1] CISG－online, Nr. 28.

案,这需要对案件所有的事实进行一个深度的考量,特别是确定当事人订立合同的目的和希望通过合同履行实现的利益。现今,在货物买卖合同里,越来越多的当事人试图在合同里明确约定什么样的违约行为是"根本违约",[1]或者写明他的根本目的和利益是什么,这是十分值得推荐的。

3. 可预见性

可预见性规则最早由法国学者迪穆兰在其1546年所著《对于物的利益论》(Tractatus de eo quod interest)一书提出,在英国法判例中使用,[2]随后在《联合国国际货物销售合同公约》被广泛传播,对各国的合同立法产生了重要的影响。《公约》第25条也规定了可预见性标准:即使债权人因债务人的违约行为主要合同目的落空,但是只要债务人没有预见到此结果且一个通情达理的第三人在同等的情况下也无法预计,那么债权人就无法解除合同(unless the party in breach did not foresee and a reasonable person of the same kind in the same circumstances would not have foreseen such a result)。而对于可预见的"结果"到底是什么,《公约》并未明确规定。在《公约》的起草的过程中对"可预见性"的定义几经修改。立法者最早参考1964年《国际货物买卖统一法公约》第10条[3]的

---

[1] Vgl. Schlechtriem/Schwenzer, Art. 25, Rn. 21.

[2] 可追溯到英国法院判例 Hadley v. Baxendale:原告经营一家磨坊,他将磨坊损坏的磨轴交给被告运送到修理厂修理。被告迟延了运输,在第5天才将磨轴送到修理厂。原告请求被告赔偿300英镑作为磨坊停业的损失费,一审法官判决被告赔偿50英镑,二审法官认为原告在将磨轴交给被告承运时未告知被告没有磨轴磨坊便无法营业的事实,被告无须为其无法预见的损失承担责任。二审法院将案件发回一审法院重审。

[3] 《国际货物买卖统一法公约》第10条规定:"一方当事人的违约行为可以认定为根本违约,当他在合同订立时就知道或者应当知道,一个理性的同另一方当事人处于同一位置的第三人如果能预料到他从事此违约行为就不会再签订合同。"

规定对可预见的内容进行规范，即债务人没有预见或者不应当预见的是他的行为对债权人产生了实质性的损害。随后学者对“实质性损害”产生了质疑，立法者们开始把重点放在“债权人的合同利益”上，而“实质性损害“不再作为可预见的客体。最后由于时间的紧迫，立法者没有再明确规定可预见的“客体”，也未对可预见的举证责任进行分配。考察《公约》第 25 条的规定不难看出，“可预见性”被设置为根本违约的主观限制性条款，违约方借以阻止守约方解除合同的依据，因此应该由违约方承担证明责任。[1]

除了对可预见的“客体”规定不明，《公约》也没有规定可预见的时间点，但是这对违约行为是否构成根本违约十分关键。在《公约》颁布之前的维也纳会议上也有学者不停提出质疑，是在什么时间违约方没有预见到其违约的后果才能被认定为可预见性标准，是合同成立之前、之时，或者是违约行为做出之时？大会上未对此问题做出最终的回应，直到现在还存在着对这一问题不同的看法。《公约》的注释者在评注第 25 条时，以及司法者们在司法实践中解释此条时，通常将合同订立的时间点作为可预见性规则的时间节点——即违约方在合同成立之时就应当预见其行为对守约方带来的不利后果。[2]

“可预见性”为主观标准，为了让标准更具有客观性和合理性，立法者们在《公约》的第 25 条规定了“第三人”作为限制条件，即“一个同等资格、通情达理的人处于相同情况”。对同等资格、相同情况的具体含义《公约》并未说明。与之相比，《欧洲共同买卖法》列举了界定标准——习惯、同一行业的惯例等，可以作为对第 25

〔1〕 Vgl. Bianca/Bonell/Gsell, Art. 25, Anm. 2. 2. 1; Enderlein/Maskow/Strohbach, Art. 25, Anm. 4. 1.

〔2〕 Vgl. MüKoBGB/Gruber, Art. 25, Rn. 38 – 44.

条“第三人”适用时进行解释的参考依据。有专家认为,很难对“可预见性规定”设定详细的标准,但是可以设定一个包含很多标准的框架。[1]

(二)《联合国国际货物销售合同公约》对案例 I 的适用分析

根据《联合国国际货物销售合同公约》第 25 条的规定,当满足违约、损害、可预见性三个构成要件时,根本违约成立。如果债权人 B 可以解除和债务人 A 之间的合同,那么 A 的行为应该构成根本违约。在上述案件中,A 并未向 B 交付符合合同约定的软件程序 U 和 T ,因此 A 的行为构成违约,此时根本违约的第一个要件被满足。之后 B 对 A 进行了催告,要求其在一周内交付两个缺漏的程序,A 直接将程序交付给了州政府,直接对第三人履行,给付完成。但是,A 交付的程序 T 不符合合同约定的可以在奥地利适用的型号 T。A 为瑕疵给付,构成违约。第一个要件被满足。

然后,需要继续考察违约是否已经严重到损害了债权人的根本利益,以致不能再苛责债权人坚持合同履行的程度。此时的关键在于债权人的合同期待。为了确定债权人对合同履行的期待,首先需要考察债权人和债务人之间的合同约定,且考察的关键为双方当事人是否在合同里明确约定了债务人此违约行为的严重程度。在上述案例中,债权人很明确地告知过债务人,他从债务人处购置的软件是为了下奥地利州政府使用,软件必须要有 M、U、T、TM、G 5 个软件程序,且必须能够全部安装使用。但是被告交付给原告的是德国型号的 T,这和奥地利能使用的 T 为不同型号。因此,债务人只履行了合同约定的部分义务。根据《联合国国际货物销售合同公约》第 51 条第 2 款的规定,在卖方履行了部分义务的

[1] Vgl. Füller William, The Reliance Interest in contract damages, S. 52 –96.

情况下，买方只有在不完整履行合同构成根本违约的前提下才能解除合同。因为缺少型号T的程序，导致软件无法正常安装，合同的第三方和债权人解除了合同。由此可以得出，软件和其上面的程序为一个整体，只有全部交付软件才能安装使用，满足合同第三人下奥地利州政府的要求。部分交付对于债权人来说毫无价值，因此，A虽然交付了软件及其他程序，但是没有按照约定交付程序T，导致债权人B的利益全部落空。因此根本违约的第二个构成要件——损害，以致债权人实质上失去了对合同履行的期待，被满足。

第三个要考察的是可预见性，即债务人A是否在订立合同的时候就知道后者应当知道完整给付的重要性。因为B在订立合同的是否告知A，软件要装在下奥地利州政府办公室的电脑上，5个软件程序缺一不可，因此，A明确地知道要按照合同的约定交付所有的程序，但是A漏交付了型号为U和T的程序，B对A进行了催告，A陷入履行迟延。在收到B的催告后，A在合理期间内之间向本合同的第三人交付了程序U和T，但是此程序与奥地利的程序T并不是同一型号，无法使用，此时需要明确的是，A是否知道或者应当知道德国的程序T与奥地利称为T的程序不是同一个，他交付的德国型号T在奥地利是无法安装使用的。根据行业惯例，B从A定制的软件一般在德国和奥地利的名称一致，一个和A处于同等资格、同等行业、一样情况的通情达理的第三人也无法知道德国的程序T在奥利力不适用。如果A能够预见此后果，他或许就不会和B订立合同。所以债务人A对其行为的法律后果并没有也不应当预见。

因此，A的行为不构成根本违约，债权人B不可解除与A之间的合同。

二、《德国民法典》

(一)理论分析

1.《德国民法典》第323条概览

《德国民法典》在2002年债法改革后虽然采取了“违约”作为统一的一级概念规定在法典中,但是并没有采纳“根本违约”这一概念。

如在第二章立法规范所述,《德国民法典》所选择的合同解除的立法范式是指定宽限期为主的模式。根据第323条第1款的规定,债务人不履行或者不按照合同的约定履行到期的义务,债权人为其指定一个合理的给付或者再履行期间后债务人仍不履行的,债权人可以解除合同。关于期间的长短,当事人当然可以约定。[1]但如果二者对此无法达成合意,则需要根据案件的具体情形去判断期间的“合理性”(Angemessenheit)。因为宽限期是为债务人提供最后一次履行合同约定义务的机会,所以其时长也必须满足一般情况下债务人再履行所需要的时间,太短的宽限期是没有效力的。[2]第2款是对不需要指定宽限期就可以解除合同的情形,将在下文进行讨论。第3款是在根据违约的性质指定宽限期不现实时,可以以警告(Abmahmung)代替,最为常见的是债务人违反了不作为的义务或者附随义务。[3]第4款是在合同履行期限届满前的拒绝履行,此款的功能和《联合国国际货物销售合同公约》中的预期根本违约相似,都是债权人可在履行期限届满前宣布解除合同。

---

〔1〕 Vgl. Stürner, JK 2017, S. 113.

〔2〕 Vgl. Felix Hütte / Marlena Hütte, Schuldrecht AT, S. 162.

〔3〕 Vgl. ErmanBGB/H. P. Westermann, § 323, Rn. 16; Vgl. Stürner/Prütting/Wegen/Weinreich, § 323, Rn. 28.

此处的拒绝履行必须是认真且最终的拒绝，对于默示的拒绝，条件允许的情况下应给债务指定期限，让其提供担保。[1]第5款是对部分履行的规定。当债务人已经履行了部分合同义务，债权人一般不能解除整个合同，除非部分履行对其毫无利益。为了维护合同的稳定，限制解除权的使用，立法者在第5款第2句规定，如果违约行为微不足道（unerheblich），债权人不能解除合同。例如，甲雇佣乙为其清扫花园，除了一个小角落，乙已经把花园的其他地方都清理干净了。此时甲告诉乙，他必须在一天内将花园未清理的角落清理干净，否则他将解除二者之间的合同。如果乙在一天内未清理此角落或者已经拒绝甲清理此角落，甲也不能解除合同，因为乙已经履行了大部分的义务，其违约行为微不足道。当然，此时甲可以采取扣除乙相应的报酬、雇佣他人替代履行、损害赔偿等救济措施。第6款是对合同解除的主观限制——如果解除的事由主要归责于债权人或者是在债权人迟延履行之时发生的，那么债权人不可解除合同。

通过对《德国民法典》第323条的分析可以发现，立法者将违约行为分为三个不同的等级[2]：第一等级是可以立即解除合同的违约，即拒绝履行或者因特殊事由，如定期交易（Fixgeschäft），在衡量当事人的利益后债权人立即解除合同具有正当性；第二等级是违约行为并没有严重到立即解除合同的程度，债权人必须为债务人指定履行的宽限期，宽限期届满或者债务人明确拒绝在宽限期内履行时，债权人才获得合同解除权；第三等级是违约行为微不足道，此时当事人不可解除合同。

---

〔1〕 Vgl. Jauernig BHB Kommentar/ Stadler, § 323, Rn. 15.

〔2〕 Vgl. Peter Vogg, S. 30.

2.《德国民法典》第 323 条第 2 款——无须指定宽限期的合同解除

德国合同解除制度的立法模式是以指定宽限期为主，但是第 323 条第 2 款规定了例外情形。如在第二章所述，德国此款规定的无须指定宽限期的情形的本质内涵和根本违约趋同。此处笔者将具体分析此款的适用条件。

(1)违约

根据《德国民法典》第 281 条第 1 款的规定，如果债务人未履行到期给付义务或者未按照应该履行的方式履行，则构成违约。此处“违约”为履行障碍的统一概念，包括不履行和瑕疵履行等各种违约形态。[1]除了第 281 条第 1 款规定的违反合同义务的违约，第 241 条第 2 款还规定了当事人的通知、照看、保管等附随义务。违反附随义务也构成违约。因为在第 241 条第 2 款单独规定了附随义务，所以按照体系解释的方法，《德国民法典》第 281 条第 1 款所规定的违约仅指给付义务，给付义务包括主给付义务和从给付义务，因此违反给付义务还有违反主合同义务和从合同义务之分。相对于从合同义务，债权人合同利益是否能够实现重要取决于主给付义务的履行，[2]因此，如果债务人违反从给付义务，债权人一般不能解除合同。当然，如果债务人违反从给付义务的行为使得债权人的合同利益落空，债权人也可以行使合同解除权。比如甲和乙签订合同，约定从乙处订购一匹纯种的阿拉伯马，甲明确告知乙，交付马匹的时候需要一起交付马匹的血统证明文件，这是他能将马高价卖给第三人丙的关键。此案中交付阿拉伯马为主给付义

---

[1] Vgl. Schulz, Leistungsstörungsrecht, S. 17 ff; MükoBGB/Ernst, § 280, Rn. 10.

[2] Vgl. Metzler – Müller, Schuldrecht AT, S. 58, 59; Vgl. Brox/Walker, Allgemeines Schuldrecht, S. 9 ff; Vgl. Grüneberg/ Palandt, § 241, Rn. 5.

务，交付马匹的血统证明书为从给付义务，但是马匹的血统证明书是否可以交付关系到甲的合同目的是否实现，因此如果乙虽然交付了马匹但是拒不交付马匹的血统证明书，甲仍然可以向乙宣告解除合同。

(2)设置期限的不必要性

根据《德国民法典》第 323 条第 2 款的规定，债权人在三种情形下无须指定宽限期便可直接解除合同。第一种情形是第 2 款第 1 项规定的拒绝履行。在债务人明确拒绝履行之时，为其指定再长的宽限期也没有意义。当然，只有债务人认真的且最终的拒绝履行才构成债权人立即解除合同的事由，如果债务人只是含糊其词，或者只是声明合同到期之时他还不会履行债务，并不构成第 323 条第 2 款第 1 项的拒绝履行。[1]

第二种情形是第 2 款第 2 项规定的定期交易。与拒绝履行或者履行不能相比，履行迟延最大的特点是履行尚具有可能性。因此，履行迟延一般不构成债权人直接解除合同的事由，但是定期交易除外。在定期交易中，债权人的合同利益取决于债务人是否按照合同约定的时间及时履行了给付。在德国民法中，定期交易又分为绝对的定期交易(absolutes Fixgeschäft)以及相对的定期交易(relatives Fixgeschäft)。绝对的定期交易是指当事人必须在约定的时间点或者时间段履行给付，一旦期限届满仍未履行，则履行变成永久的不可能。比如甲在十一期间去云南大理旅游三天，从乙汽车租赁公司租了一辆某品牌汽车用来自驾游，结果乙汽车租赁公司延迟了三天才交车。在这种情形下，甲和乙订立的合同就属于绝对的定期交易，乙履行给付，即交车的时间点对甲的合同目的——在大理自驾三天——的实现至关重要，乙延迟三天交车，此

[1] BGH Urteil vom 14. Juni 2012 Az. VII ZR 148/10.

时车对于即将离开大理的甲已经毫无用处,合同已经没有继续存在的必要了,所以甲可以毫不迟延地解除和乙之间的合同。与绝对的定期交易相比,在相对的定期交易中,债务人未在约定的时间及时给付严重损害了债权人的利益,但是债权人的利益又不像绝对的定期交易中那样因履行期限届满而完全丧失。比如甲为其心爱的妻子定制了乙商场的一架钢琴作为其生日礼物,结果钢琴在其妻子生日过后才送达。在这一案例里,因为乙的迟延履行,甲的合同目的——以钢琴为妻子庆生——不能实现,但是钢琴对甲不是全无用处,所以乙迟延交付钢琴不构成实质上的履行不能,甲不可援引《德国民法典》第275条解除合同,但是可依据第323条第2款,以债务人未按照约定的时间给付,其合同利益落空的违约宣告合同的解除,当然,他也可以选择请求债务人承担损害赔偿责任,合同继续履行。

第三种情形是特殊事由出现,此款为宽限期例外的兜底条款。特殊事由需要衡量债权人和债务人之间的利益关系。衡量的标准德国民法中并未规定。笔者认为,立即解除合同的根本原因和根本违约下解除合同的原因一样,都是因为债权人合同履行利益受到严重损害,继续履行已经无法苛责。所以考察的首要标准为债权人的利益状态;其次,在德国民法中,如果债务人的违约行为主要归责于债权人,债权人也不可解除合同,所以需要考察债务人的过错程度。[1]

3.《德国民法典》第324条——违反附随义务的合同解除

当事人在缔约之时,协商的重心在于合同给付义务,特别是主给付义务,一般对附随义务鲜有涉及。附随义务主要是在债发生

---

〔1〕 Vgl. Medicus, Schudrecht AT, Rn. 483; Vgl. Ermann BGB/ Westerman, § 324, Rn. 6, 7; Vgl. Soergel BGB/Gsell, § 324, Rn. 16.

和发展中基于诚实信用原则产生的,在合同履行过程中,一方当事人对另一方当事人所负有保护其权利(Rechte)、财产(Rechtsgüter)和利益(Interessen)的义务。例如,在一个载人合同里,承运人的义务不仅是将乘客送到其指定的目的地(此为主给付义务),还需要保证运输途中乘客的人身和财产安全。[1] 同样的情况也发生在买方在购买某物之时,卖方未提示其该标的物的性能和合适的用法:甲购买了乙的二手汽车,乙交付汽车以及行驶证等相关证件,并协助甲办理了汽车过户登记,但未告知甲此汽车的刹车踏板需要连续踩两次才能刹车,此案例中乙就违反了附随义务。当然,在很多案例中违反附随义务和侵权产生了竞合,债权人应选择哪一规范作为请求权基础并不是一个实质性的问题,而是程序性问题,其可分别进行法律检索和分析,从而选择出保护其利益的最佳路径。[2]

《德国民法典》的立法理念深受罗马法和《法国民法典》的影响,基于"契约严守"的基本原则,合同"法锁"不可轻易冲破,因此在立法中将合同解除的行使限制在双方互负牵连性义务的严重违反。[3]但是在司法实践中,法律工作者们逐渐发现在合同履行过程中债务人的行为侵害了债权人的合法利益,例如因承运人不遵守交通规则导致乘客被摔伤,此时合同解除权便有了其适用的余地——此种情形下,如何能苛责乘客继续乘坐承运人的交通工具直到目的地呢?因此,《德国民法典》的债法改革肯定了债权人在债务人违反附随义务时的合同解除权,于第 324 条规定,当双务合同的一方当事人违反了本法第 241 条第 2 款规定的附随义务,以致不能苛求债权人坚持履行合同,债权人可解除合同。由此可见,德

---

〔1〕 Vgl. Medicus/Lorenz, Schuldrecht I (19. Aufl. 2010) § 16 II 1.

〔2〕 Vgl. Hein Kötz, Europäisches Vertragsrecht, 2Auflage, S. 155.

〔3〕 参见刘毅强:《附随义务侵害与合同解除问题研究——以德国民法典第 324 条为参照》,载《东方法学》2012 年第 3 期。

国民法对附随义务的规定采“法定统一保护关系”,〔1〕合同解除的范围从牵连性主给付义务的侵害扩大到附随义务。

合同法的原则之一是保护民事主体的合法利益,而合同履行最大的价值为满足当事人的给付利益,所以如果通过合同履行给付利益具有实现的可能之时,债权人一般不得以固有利益的完整性被侵害为由主张解除合同,其损失可通过损害赔偿等救济措施得以弥补。因此,对违反附随义务应设置严格的解除条件,在此条件发生之时,继续履行合同给债权人带来的不利益可能远远大于合同履行的利益。《德国民法典》第 324 条以“不可苛责”(unzumutbar)作为合同是否可以解除的标准,即当债务人违反附随义务以至于无法再苛责债权人维持合同时,债权人可解除合同。

考察债权人的“不可苛责”不应该局限于债权人的主观感受,还需要考量侵害的严重程度、违反的义务类型、侵害的范围和持续时间、侵害是否反复等因素,除此之外,当事人缔约合同的信赖基础也是重要的判断标准。有疑问的是,是否应当将当事人的过错作为衡量的标准?在现代债法中,无论是《联合国国际货物销售合同公约》还是我国《民法典》的合同解除制度都未采用过错标准,德国的债法改革也不再规定过错为违约的构成要件。但是在考量债权人是否“不可苛责”之时,主观过错也应作为参考。原因如下:

第一,与违反给付义务不同,违反附随义务为债务人对债权人固有利益的积极侵害,其主观是否具有恶意与这种侵害会不会重复发生息息相关。比如,甲乘坐了乙司机的出租车,因为乙在运输过程中频频与他人打电话聊天,导致出租车发生轻微车祸,甲在此车祸中碰撞到了手部。虽然甲的完整利益并未受到严重侵害,但

〔1〕 参见汪倪杰:《论〈民法典〉中合同与侵权的开放边界——以附随义务的变迁为视角》,载《法学家》2022 年第 4 期。

是其仍可解除与乙的合同。因为乙存在严重的疏忽大意的过错，使得甲已经不再相信乙能严格遵守交通规则认真履行运输合同，甲的人身安全和财产安全在接下来的行程中仍有被侵害的危险。

第二，《德国民法典》在重新构建合同解除制度时，并未完全排除主观过错对合同解除权的影响。根据第323条第6款的规定，如果债权人对解除合同的事由负全部或者大部分责任，或者不可归责于债务人的合同解除事由发生在债权人接受给付迟延之时，债权人的合同解除权被排除。故在考量债权人是否可因债务人违反附随义务解除合同时，也需要考量债权人的主观过错。如果导致债权人固有利益受损的事由主要归责于债权人，那么其合同解除权也应被排除。

（二）《德国民法典》对案例Ⅰ的适用分析

债权人如果要解除和债务人之间的合同，或许可以援引《德国民法典》第323条第1款的规定。

根据第323条第1款的规定，当债务人不履行合同义务或者履行合同义务不符合法律规定或者合同约定时，债权人可以为债务人指定一个合理的宽限期，在合理的宽限期内债务人仍未履行给付或者瑕疵履行给付，债权人可以解除合同。

本案中，根据《德国民法典》第433条的规定，债权人和债务人订立了一个双务合同。债权人是否可以解除合同，首先要考察债务人是否未履行合同的义务或者履行义务不符合双方当事人的约定。债权人在2003年1月15日从债务人处订立了软件程序M、U、T、TM、G，双方未约定具体的交付期间。根据《民法典》第271条第1款的规定，债权人要求债务人履行之时合同履行期限届满。本案中债务人未经债权人要求便在2003年1月底交付，未迟延履行，但是漏交了程序T和U，构成不完全给付违约。随后债权人为债务人制定了一周的时间作为宽限期,债务人在一周内交付,故债务人在指定宽限期履行了给付义务,但是,因为其交付的程序 T 并不是合同约定的可以在奥地利使用的程序 T,在奥地利无法安装使用,所以债务人的再履行给付的行为构成瑕疵给付(Schlechtleistung)。因此,债务人在部分给付后经过债权人的催告交付了所有的程序,但是其再给付属于瑕疵给付,构成《德国民法典》第 323 条第 1 款规定的债务人在合理的指定期限内瑕疵给付的情形,故债权人 B 可以解除和 A 之间的合同。

问题是,债权人 B 的合同解除权是否根据《德国民法典》第 323 条第 5 款或者第 6 款被排除。

根据第 323 条第 5 款的规定,当债务人部分给付时,债权人只有在对部分给付毫无利益的情形下才能解除整个合同,瑕疵给付时,如果瑕疵是微不足道的,则债权人不可解除合同。本案中,债务人 A 给付的程序 M、U、TM、G 符合合同的约定,但是程序 T 无法使用,且债务人当时无法交付能在奥地利使用的此型号的程序,故债务人的给付大部分有效。故考察的核心在于,债权人 B 是否对此大部分履行毫无合同利益。在合同订立之时,B 已经告知 A 此软件程序是给下奥地利州政府办公室使用,办公室明确要求要完整地、正确地安装安装 5 个程序,在 A 没有给付可安装的程序 T 时,政府办公室解除了和 B 之间的合同,从而使得债权人 B 订立合同的目的落空,对 A 的部分给付毫无利益,因此,债权人 B 的合同解除权没有被排除。

根据第 323 条第 6 款的规定,如果债权人对解除的事由负全部或者大部分责任的,或者债务人的可导致合同解除的违约行为是在债权人迟延接受给付的时间内发生的,则债权人合同解除权被排除。本案中债权人已经在合同订立之时明确告知债务人合同的主要目的,并没有可归责于债权人的事由发生。因此,债权人的合同解除权没有被排除。

因此，债权人 B 可以根据《德国民法典》第 323 条第 1 款的规定解除和债务人 A 之间的合同。

三、我国《民法典》

（一）我国民法中的根本违约制度之核心——合同目的落空

1.“合同目的”内涵界定

我国《民法典》中并未明确规定“根本违约”这一概念，但是在我们学界和司法适用中已经没有争议的是，《民法典》第 563 条规定的“当事人一方迟延履行债务或者有其他违约行为致使不能实现合同目的”实质上就是对根本违约的规定，视为根本违约的一般条款。[1] 而判断债务人行为是否构成实质性的根本违约从而可解除合同的关键在于“合同目的落空”。

我国学界对“合同目的”内涵的界定有两种主要的观点：一种是较为早期的观点，认为当事人在订立合同时的财产性目的，如买卖合同中卖方通过出卖货物给买方而获得价款，买方则获得合同的标的物；[2] 另一种是当事人订立合同所要实现的包括经济利益、精神利益、社会利益等在内的所有利益。[3] 现在较为流行的是第二种观点，可以将其抽象为合同订立的“主观目的”和“客观目的”。

---

〔1〕 参见杜景林：《合同解除的体系建构》，载《法商研究》2020 年第 3 期。

〔2〕 参见邱聪智：《民法研究》（一），中国人民大学出版社 2002 年版，第 41 页；参见江平主编：《中华人民共和国合同法精解》，中国政法大学出版社 1999 年版，第 126 页。

〔3〕 参见王利明：《合同法研究》（第一卷），中国人民大学出版社 2002 年版，第 435 页；参见赵文杰：《“〈合同法〉第 94 条（法定解除）评注”》，载《法学家》2019 年第 4 期。

主观目的是指当事人缔结合同时主观上欲实现的利益,即当事人订立合同的动机。客观目的是指订立此类合同所实现的法律效果,一般而言,同种类型的合同的客观目的是一样的。比如,甲从乙处购买了一个品牌包,准备在其女友生日之时给其一个惊喜。此合同属于买卖合同,甲的客观目的和其他买卖合同中当事人的客观目的一样,即取得合同所约定的标的,他的主观目的则是给女友生日惊喜。一旦出现纠纷,法院可以根据公平、诚实信用、行业惯例等标准确定当事人的客观目的,而主观目的,即当事人缔约动机的确定却并非易事,在司法裁判中,有法官认为不应对主观目的进行判断[1]。但是这种观点难免过于武断——在甲买包送女友的案例里,如果乙出现履行迟延,例如双方约定在2022年5月5日交货,因为5月6日为甲女友生日,但是乙在5月7日才将包交付给甲,此时甲订立合同的客观目的——获得其指定的品牌包一个,已经实现,但是对甲的主观目的,送给其女友一个生日惊喜却落空了。此时如果甲主张解除合同,法院应予以支持,因为显而易见的是,甲订立买包合同的基础是给女友买生日礼物,主要目的是要满足其精神利益——给女友生日惊喜,包迟延交付,甲订立合同的目的落空。当然,甲负有证明他在订立合同之时就已经告知卖方乙他的缔约动机的义务。

合同是当事人自己的立法,考察当事人真实的缔约意图最为重要,所以主观目的和客观目的都属于要确定的对象。如果当事人在合同中对自己订立合同的真实意图的表达模糊不清,则需要借助文义解释、体系解释、当然解释、客观目的论解释等多种解释

[1] 参见《最高人民法院公报》2017年第9期,(2015)启开民初字第01662号判决。

方法[1]，在民法的基本原则——诚实信用、公平、平等、公序良俗等基础上对其订立合同的目的进行解释。

2.“不能实现合同目的”内涵界定

笔者对我国《民法典》出现的“不能实现合同目的”相关条文进行了梳理和总结，一共出现7处，其中合同编总则出现4处，分则出现3处。具体条文见表3－1。

表3－1　我国《民法典》中的“不能实现合同目的”相关规定

合同编总则	合同编分则
第563条第1款第1项：“因不可抗力致使不能实现合同目的；”	第610条：“因标的物不符合质量要求，致使不能实现合同目的的，买受人可以拒绝接受标的物或者解除合同。买受人拒绝接受标的物或者解除合同的，标的物毁损、灭失的风险由出卖人承担。”
第563条第1款第4项：“当事人一方迟延履行债务或者有其他违约行为致使不能实现合同目的；”	第633条第1、2款：“出卖人分批交付标的物的，出卖人对其中一批标的物不交付或者交付不符合约定，致使该批标的物不能实现合同目的的，买受人可以就该批标的物解除。 出卖人不交付其中一批标的物或者交付不符合约定，致使之后其他各批标的物的交付不能实现合同目的的，买受人可以就该批以及之后其他各批标的物解除。”

[1] 民法解释的目的和方法可参见杨代雄：《民法总论》，北京大学出版社2022年版，第65～73页。

续表

合同编总则	合同编分则
第 580 条第 2 款："有前款规定的除外情形之一，致使不能实现合同目的的，人民法院或者仲裁机构可以根据当事人的请求终止合同权利义务关系，但是不影响违约责任的承担。"	第 729 条："因不可归责于承租人的事由，致使租赁物部分或者全部毁损、灭失的，承租人可以请求减少租金或者不支付租金；因租赁物部分或者全部毁损、灭失，致使不能实现合同目的的，承租人可以解除合同。"
第 587 条："债务人履行债务的，定金应当抵作价款或者收回。给付定金的一方不履行债务或者履行债务不符合约定，致使不能实现合同目的的，无权请求返还定金；收受定金的一方不履行债务或者履行债务不符合约定，致使不能实现合同目的的，应当双倍返还定金。"	

通过表 3－1 可以较为直观地发现，我国《民法典》"不能实现合同目的"的立法功能主要有三个：一是不可抗力事由出现时当事人解除合同的标准，不论合同因不可抗力履行不能或者部分履行抑或是迟延履行，只要使当事人的合同目的落空，合同就可得以解除；[1]二是对违约程度的界定，和《联合国国际货物销售合同公约》中第 25 条规定的"根本违约"功能相同，违约达到"不能实现合同目的"的严重程度当事人可解除合同，具体条文为合同编总则第 563 条第 1 款第 4 项的总括条款、第 587 条的定金罚则，合同编分则第 610 条买卖合同中的瑕疵给付、第 633 条的部分给付以及第

〔1〕 参见王俐智、孙学致：《论违约方解除合同的条件——兼评〈民法典各分编（草案）·合同编〉第 353 条第 3 款》，载《交大法学》2020 年第 1 期。

729 条的租赁合同中租赁物毁损；三是我国《民法典》合同编与 1999 年《合同法》相比具有创新性的规定，即打破合同僵局。为了维护合同的稳定性和其社会价值、经济价值，各国立法都对合同解除规定了严格的限制条件，合同解除权也被视为对守约方最后的法律救济，违约方没有合同解除的权利。《民法典》颁布后，有学者认为第 580 条第 2 款是赋予违约方合同解除权的条款，实属误解，因为为守约方设置的救济手段如果逆向转到违约方，则违反了合同法的公平的原则，更不符合司法公平的理念。[1] 此项规定赋予给违约方的是申请人民法院解除合同的权利，而且设置了严格的条件，即合同履行已经陷入僵局，至于是否要解除合同则需要法官基于案件事实，衡量当事人双方的利益后进行裁决。

“不能实现合同目的”和根本违约制度中的“合同目的落空”背后的本质含义并无区别，都是债权人对合同继续履行已经无利益。无论合同目的不能实现还是当事人合同目的落空或是债权人对合同继续履行无利益，都在我国以及国际民事立法中无法找到统一的标准，需要和违约的具体形态相结合根据案件的具体事实去判断，笔者将在具体违约形态一章详细阐述。在我国司法实践中，“不能实现合同目的”与合同解除制度紧密相连。截至 2023 年 9 月 20 日，在中国裁判文书网以“不能实现合同目的”为关键词搜索，出现民事事由 380718 项，其中与合同解除相关的共有 210639 条，可见我国司法实践中也将“不能实现合同目的”作为合同解除的关键考量因素。

3. 可预见性规则的缺失——我国合同制度体系化的必然选择

“不可预见”规则在我国《民法典》中共出现三处，第一处是在第 180 条作为不可抗力构成要件，第二处是在第 533 条作为情势变

---

〔1〕 参见郝丽燕：《走出违约方解除权的误区》，载《南大法学》2020 年第 3 期。

更的构成要件,第三处是在第584条作为限制损害赔偿范围的主观条件。无论是我国《民法典》第563条的总括条款,还是合同法分则中的买卖合同、租赁合同以“不能实现合同目的”为由的合同解除,抑或是第580条第2款的违约方打破合同僵局,都未规定可预见性作为合同解除的前提条件,而且司法实践中法官也多不以此作为标准限制合同的解除,而是直接将“不能实现合同目的”等同于“根本违约”。有学者认为这种规定过于简单、抽象,应采纳《联合国国际货物销售合同公约》对根本违约的界定三要素:违约、损害及可预见性规则。[1] 但是笔者认为,未采纳“可预见性规则”是我国合同解除制度体系化、合理化的必然选择。理由如下:

首先,在根本违约制度中,可预见性规则是为了限制守约方的合同解除权,避免违约方为其不可预料的后果买单,这是在将合同解除作为债权人救济手段的立法中的合理选择。与之相比,合同解除在我国的概念外延更大,其设置在合同权利义务终止一章,除违约情形下守约方的合同解除权,还规定了合同的司法解除,不定期持续性合同的任意解除以及违约方申请合同解除,由此可知,我国合同解除制度的立法价值更多在于打破合同僵局的状态,在合同履行已经不能或者不可苛责之时,使当事人可从糟糕的合同状态中解脱,从而提高效率,促进资源的优化配置。其次,我国第580条第2款规定的打破合同僵局,使得债务人在合同履行已经不能或者不可苛责之时也可申请司法机关解除合同。这款最大的争议就在于他打破了学界对合同解除制度功能的一贯认知——即合同解除应作为对守约方最后的救济。如果违约方都可申请司法机构

---

〔1〕 参见王利明:《民法分则合同编立法研究》,载《中国法学》2017年第2期;王利明:《合同编解除制度的完善》,载《法学杂志》2018年第3期。

介入解除合同,而守约方在违约方严重违约致使其合同目的落空的情形下,特别是在违约方履行不能之时,还需受可预见性规则的控制——如果违约方不能预见其违约后果的严重性,守约方就没有解除合同的权利,还要陷入合同履行不能的僵局里,明显不符合法律公平、诚实信用以及保护当事人合法民事利益的原则。最后,基本上所有的合同纠纷最后都要落在赔偿范围的确定上面,很多情形下,合同解除只是手段,获得经济赔偿才是目的。《民法典》虽然没有将可预见性规则作为限制债权人合同解除权的主观要件,但是却将其规定在第 584 条用以限制债务人的赔偿范围。根据此条,债务人对债权人的赔偿"不得超过违约一方订立合同时预见到或者应当预见到的因违约可能造成的损失",此处的可预见的客体主要是损害的类型和损害的程度。[1]

综上所述,我国《民法典》在合同解除制度中未规定可预见性规则,而是将其作为损害赔偿范围的主观限制,使得第 563 条的总括条款和合同解除的其他规定相互呼应,创建了一个合理的、科学的合同解除制度体系,体现了我国民法很强的实际操作性,反映出我国的《民法典》是人民的民法典,切实解决人民在生活中遇到的实际问题。

(二)我国《民法典》对案例Ⅰ的适用分析

根据我国《民法典》第 563 条第 1 款第 3 项的规定,当事人一方迟延履行主要债务,经催告后在合理期限内仍未履行的,另一方当事人可以解除合同。前述案例中,债权人在 2003 年 1 月 15 日从债务人处订立了软件程序 M、U、T、TM、G,双方未约定具体的交付

---

〔1〕 参见孙维飞:《〈民法典〉第 584 条(违约损害赔偿范围)评注》,载《交大法学》2022 年第 1 期。

期间。根据《民法典》第601条的规定,“出卖人应当按照约定的时间交付标的物。约定交付期限的,出卖人可以在该交付期限内的任何时间交付”。债务人在2003年1月底交付了程序M、U、TM,故债务人A的合同履行时间为2003年1月底。但债务人此次给付漏交了程序G和T,债权人对债务人进行催告,要求其一周内交付G和T,债务人的履行陷入迟延。在债权人B催告后,A在一周内交付了程序G和T,履行了自己的债务,因此不可适用第563条第1款第3项。

债务人A在债权人B催告后给付的程序T并不是奥地利所称的T,无法在奥地利安装使用,且A无法给付出合同约定的可适用于奥地利的程序T,所以A属于部分给付。根据我国《民法典》第633条的规定,出卖人分批交付标的物的,出卖人对其中一批标的物不交付或者交付不符合约定,致使该批标的物不能实现合同目的的,买受人可以就该批标的物解除。问题是,债务人A部分给付的行为是否使债权人B不能实现合同的目的。上述案例中,在合同订立之时,B已经告知A此软件程序是给下奥地利州政府办公室使用,办公室明确要求要完整地、正确地安装安装5个程序,在A没有给付可安装的程序T时,政府办公室解除了和B之间的合同,从而使得债权人B订立合同的目的落空,对A的部分给付毫无利益。

因此,债权人B可根据我国《民法典》第633条解除和债务人A之间的合同。

四、法律比较和小结

(一)根本违约制度在《联合国国际货物销售合同公约》与我国《民法典》的比较分析

1. 规范比较

我国《民法典》中关于根本违约的实质性规定来源于对 1999 年《合同法》的继受。和原《合同法》一样,我国《民法典》并未直接规定“根本违约”这一法律概念,而是使用“不能实现合同目的”的表达,其实质内涵以及法律后果和根本违约在《联合国国际货物销售合同公约》并无明显差别。

我国实质根本违约的总括条款——《民法典》第 563 条第 1 款第 4 项,与《联合国国际货物销售合同公约》根本违约条款第 25 条最大的区别有两个:一是对损害严重性的界定,我国采用的是“不能实现合同目的”,而《公约》是“实质上剥夺了债权人根据合同规定有权期待得到的东西”;二是我国《民法典》并未选择将可预见性规则作为根本违约的构成要件。

第一个区别是对损害的严重性不同的表达,无论是“不能实现合同目的”还是“实质上剥夺了债权人根据合同规定有权期待得到的东西”的表述,规范的重点都在于债务人的违约行为给债权人带来的后果,其本质意思都是违约行为导致即使合同继续存在,债权人订立合同的主要目的也不可能实现。相对于《公约》第 25 条的表达,我国法律规范的表述更为简洁明了。[1]

相对于第一个区别主要体现在用语表达方面,第二个区别为两个法律规范中根本违约制度构建的实质性区别。笔者在上述第

---

〔1〕 参见韩世远:《根本违约论》,载《吉林大学社会科学学报》1999 年第 4 期。

3 部分(可预见性规则的缺失——我国合同制度体系化的必然选择)一段探讨了我国根本违约制度不以“可预见性规则”作为根本违约构成要件的科学性和合理性,这是我国整个合同解除制度的立法价值和立法选择所决定的。当然,笔者并不是完全否定不可预见制度的价值,确定地说,不可预见性制度在《联合国国际货物销售合同公约》中亦有其存在的道理。事实上,欧盟在前几年的立法尝试——《欧洲共同买卖法》也选择将可预见性作为根本违约的构成要件,其在第 87 条第 2 款第 a 项规定了预见的主体为违约方,预见的内容为违约行为的严重损害后果。[1]

德国著名法学家施罗德(Schroeter)指出不可预见性规则在大多数案件中都发挥着重要作用,[2]除非在订立合同时,一方当事人对另一方当事人订立合同的目的已经知悉或者应当知悉,并列出了两种情形:第一种是当事人在合同中清晰明确地约定了义务并进行解释。合同是当事人自己的法,在不违反法律法规以及公序良俗等民法基本原则的前提下,当事人可以对合同义务或者义务类型进行明确的约定。此种情形下债务人便无法以不可预见为由排除债权人解除合同的权利。第二种是当事人虽然没有在合同中明确表达自己订立合同的主要目的,但是在订立合同时告知了另一方当事人其订立合同的动机,当然,他需要进行举证。此种情形下,债务人也无法以不可预见为由来逃脱合同被解除的命运。例如,甲到乙鞋店预定一双跑鞋,他告知店员他将参加 9 月 7 日在杭州举行的马拉松。那么乙鞋店必须在 9 月 7 日之间交付甲预定的跑鞋,在此案例中,可预见性规则也无用武之地。除了这两种情形,施罗德(Schroeter)认为其他情形下可预见性规则有存在的必

---

〔1〕 Vgl. Peter Stiel, S. 56 ff.

〔2〕 Siehe Schlechtriem/Schwenzer/Schroeter, Art. 25, Rn. 26 –31.

要性。在考察违约方是否可预见时,他认为首先应该考察一个通情达理的第三人在同等情形下是否预见或者应当可以预见违约的法律后果。然后探究债权人是否提示过债务人或者债务人通过其他渠道得知,其违反某种义务会使得债权人对合同可期待利益落空。债权人对此应负证明义务。

2. 案例分析比较

是否将可预见性规则作为根本违约的构成要件关系着债权人是否可解除合同这一法律后果。上述案例Ⅰ中的债权人 B 要解除与债务人 A 的合同,他是否可解除合同的前提是债务人 A 的行为是否构成根本违约。根据《联合国国际货物销售合同公约》第 25 条的规定,只有债务人预见或者应当可以预见其行为的法律后果时债权人才可解除合同。但是案件中债务人 A 没有预见其给付的程序 T 不是奥地利通用的程序 T,且一个理性第三人在同一情形下也无法预见,所以债权人 B 的合同解除权被排除。但如果案件适用我国《民法典》,法律结果则截然不同。根据我国《民法典》第 563 条第 1 款第 4 项以及第 633 条的规定,A 给付的程序 T 无法在奥地利安装使用,所以下奥地利州政府办公室和 B 解除了合同,从而使得 B 订立合同的目的——将软件程序卖给州政府——彻底落空。所以债权人 B 可以解除和债务人 A 的合同。

此案如适用《联合国国际货物销售合同公约》第 25 条和第 49 条的规定,则合同不可解除。但回溯到案件事实本身,因债务人 A 无法给付一个在奥地利可以适用的程序 T,陷入履行不能,而合同第三人,下奥地利州政府办公室因债务人 A 的违约行为解除了和债权人 B 的合同,B 此时与 A 订立合同可期待的利益已经完全落空。合同不能解除,进而陷入僵局,当事人的权利义务仍未终止,对债务人而言,他仍背负着给付能在奥地利适用的程序 T 的义务,但对 B 而言,此程序即使在未来能给付也无法带给他利益了,因为州政府已经结束了和他之间的合同，而且因他和A之间的合同不能解除，B不能向A要求返回价款，此时B成为合同没有完满履行的最大受害者。这个处理结果显然是不合理的。反观我国《民法典》第563条第1款第4项和第633条在此案件的适用，债权人因债务人的违约行为不能再实现合同目的，因此可解除和A之间的合同，合同解除后B需返还A给付的软件程序，而A需返还B的价款，双方当事人权利义务终止。至于违约损害赔偿，无论是《公约》还是我国《民法典》都采用可预见性规则来限制损害赔偿的范围，债务人仅为他预见或者应该可以预见的损害后果承担责任，[1]故无论适用哪部法律，A都不需要对B给付违约损害赔偿。

（二）《德国民法典》违约解除与《联合国国际货物销售合同公约》、我国《民法典》根本违约解除的比较分析

"根本违约"是解除权发生原因的中心概念，[2]这是《联合国国际货物销售合同公约》合同履行障碍体系的立法模式，我国也在吸纳此种立法模式的基础上创建了适合我们自己的违约体系。德国在债法改革时虽然为了法律融合和统一也学习了《公约》的部分内容，但并未采纳以一个统一的中心概念作为合同解除权发生事由的立法模式。除此之外，《德国民法典》规定了违反附随义务的合同解除权，将合同解除的范围从牵连性的双务合同的严重违反扩大到了附随义务。

德国民法虽然是以指定宽限期为主，立即解除为补充的立法模式，但是依据《德国民法典》考察债权人是否有合同解除权时一般以逆向顺序来判断，即违约非常严重——违约严重——违约微

---

〔1〕 Vgl. H. Honsell/Gsell, Art. 25 CISG, Rn. 18.

〔2〕 Vgl. Claas Kiene, S. 67.

不足道的顺序进行检索,具体来说需要三步走:第一步,首先考量债权人是否可因债务人的违约行为立即(无须指定宽限期)解除合同;如果不可以,第二步考察债权人是否指定了合理的宽限期;如果满足了指定合理宽限期且债务人未在宽限期内有效再履行,那么第三步需要看合同解除权是否被排除。排除又分为两个原因,一个是债务人的违约行为微不足道,另一个是合同解除的事由是否可归责于债权人。第一步和第二步与根本违约合同解除没有本质差别,但在第三步,《德国民法典》在选择主观要件时并未选择可预见性规则,而是将债权人过错作为限制合同解除的标准。

由此可见,三部法律中对合同解除的条件的规范虽表达不同,但在本质上无根本差别,[1]都是按照违约的严重程度将违约分为根本违约(无须指定宽限期可立即解除合同)和严重违约(需要指定宽限期)以及微不足道的违约(不可解除合同),而违约程度的判断主要在于违约行为对债权人产生的影响,是否导致债权人的合同目的不可实现。

虽然三部法律在违约合同解除制度上存在着重要的相似点,但也并不是毫无差别,特别是通过案例分析可以发现,依据我国《民法典》和《德国民法典》的相关规定,上述案例中的债权人 B 可以解除合同,但是根据《联合国国际货物销售合同公约》相关规范,其合同解除权却因债务人 A 对违约后果的不可预见性而被排除。案例结果的差别主要是限制合同解除权主观要件的不同所导致的。《公约》设置了可预见性规则,《德国民法典》以债权人可归责作为合同解除权排除事由,即解除事由是由债权人引起,和债务人

〔1〕 参见卢谌、杜景林:《论合同解除的学理及现代规制——以国际统一法和民族国家为视角》,载《法学》2006 年第 4 期。

无紧密的因果关系,学界称其为因果关系理论。[1] 而我国没有采纳任何的主观要件,以违约行为致使债权人不能实现合同目的为合同解除的要件。无论是《公约》的可预见性规则,还是《德国民法典》的债务人可归责,本质上都是对合同损害风险的分配。[2] 根本违约中的可预见性规则主要立法目的是免除债务人为自己不可预见的损害承担解除合同的不利后果,而德国民法则是以相当因果关系来防止债务人负担非因其之过产生的损害。两种规范模式的不同根源于整个法律体系的差异以及配套的法律规范的不同。

(三)小结

通过法律规范的比较和对同一案例的法律适用,可发现在合同解除事由上,除了限制合同解除权的主观要件不同,《德国民法典》和《联合国国际货物销售合同公约》以及我国《民法典》对合同解除的条件的规范并无实质性差别,这也意味国际上对合同解除事由的立法已经达成了四个基本共识:第一,在双务合同中,只有守约方,也称债权人才有合同解除权,合同解除权是对债权人的救济措施之一;第二,债权人的合同解除权只有在债务人的违约行为达到一定的严重程度之时才可行使,一般以“合同目的落空”为判断违约行为严重程度的标准;第三,当债务人的违约行为未构成重大的根本性违约时,债权人可通过为债务人指定宽限期的方式解除合同;第四,当债务人的违约行为微不足道时,债权人的合同解除权被排除。[3]

---

〔1〕 Vgl. Peter Huberin: Münchener Kommentar zum BGB, Auflage. 2019CISG Art. 74, Rn. 27.

〔2〕 参见徐建刚:《规范保护目的理论在违约损害赔偿中的适用——对可预见性规则的反思》,载《清华法学》2021 年第 4 期。

〔3〕 Hein Kötz, Europäisches Vertragsrecht, 2Auflage, S. 330.

但在基本共识的大趋势下也存在很多不同。与另外两部法律规范主要将行使合同解除的权利赋予债权人不同，我国《民法典》除了规定债权人的合同解除权（第 563 条第 1 款），也规定了继续性合同的任意解除权（第 563 条第 2 款），还规定了两种司法解除的情形，即违约方打破合同僵局（第 580 条）、情势变更下的合同解除（第 533 条）。除此之外，我国民法中的债权人解除合同的权利并不受主观要件的限制。如上文所述，我国《民法典》对合同解除制度的规范更为简洁易操作，充分体现了法典是人民的民法典，相对于衡量当事人流于表面的利益，我国《民法典》更重视问题的解决，比如在只要债权人的合同目的不能实现时，无论何种原因，债务人是否可预见或者是否可归责于债务人，债权人都可解除合同。因为此时合同已经陷入僵局，继续维持合同只会让债权人进退维谷，对社会稳定、经济发展以及当事人利益的实现毫无利益。

当然，《联合国国际货物销售合同公约》和《德国民法典》中合同解除制度的规范亦有我国《民法典》在司法适用和解释中可借鉴的地方：

第一，对合同解除权应进行限缩解释，仅指对债权人的法律救济，将任意合同解除权可解释为持续性合同的终止，对债务人打破合同僵局条款解释时侧重点在其申请解除的权利，从而和合同解除权进行区分，以避免在法教义学和司法实践中产生概念的混淆。第二，对第 563 条第 1 款第 4 项规定中的“其他违约行为”应进行扩张解释，除主给付义务和从给付义务的违反行为应该也包括违反我国《民法典》第 509 条所规定的附随义务的行为——“当事人应当遵循诚信原则，根据合同的性质、目的和交易习惯履行通知、协助、保密等义务。当事人在履行合同过程中，应当避免浪费资源、污染环境和破坏生态”。而违反附随义务以致可解除合同的标准可采纳德国民法规定的“对债权人坚持合同的不可苛责”。因为在某些情形下，违约方违反附随义务以致债权人的固有利益严重受损，但是合同的主要目的仍有通过合同履行实现的可能。例如，中国某明星甲和一知名国际品牌乙签订了代言合约。在合约存续期间乙品牌辱华，恶意贬低中国人民的形象。虽然乙的这一行为没有直接影响甲签订合同的主要目的的实现——从乙处得到代言费以及提升自己在国际的知名度，但是乙品牌的辱华行为使中国代言人甲有理由质疑品牌方合作的诚意，也有理由相信合同继续履行会贬损代言人的信誉和形象，此时继续履行合同对于代言人过于苛责，其解除合同具有正当性和合理性。

第四章　具体违约形态下的合同解除

第一节　预期根本违约

追溯预期违约制度的起源不得不提英国1853年的Hochster v. De la Tour[1]，审理此案的英国大法官Campbell认为，在履行期限届满之前一方当事人拒绝履行义务的，另一方当事人除可免除合同履行的义务，在履行期限届满之前也可提起违约损害赔偿之诉。此案打破了以往履行期限届满之前不得提起违约之诉的僵硬教条，债权人可尽早地终止对债务人的信赖投资，有效地降低其时间成本和经济成本的损失，[2]合理的衡量和维护了双方当事人的合法利益，因此在很多法律制度中被采纳，其中就包括《联合国国际货物销售合同公约》、《德国民法典》和我国《民法典》。

拒绝履行是指即使对债务人来说履行其合同义务是可能的，

---

〔1〕在此案中，原告和被告于1852年4月订立契约，约定从当年的6月至9月原告受雇于被告，陪伴被告在欧洲大陆旅游。然而在当年的5月11日，被告告知原告他不再需要原告的服务了。收到告知后，原告于5月22日提起诉讼。

〔2〕See Jody S. Kraus & George G. Triantis, "Anticipatory Repudiation Reconsidered", in Festschrift to Charles J. Goetz and Robert E. Scott, Charlottesville, University of Virginia School of Law, 2003, p. 64.

但他仍明确地拒绝履行。[1] 如果一方当事人拒绝履行其合同义务，那么他明显违反了“契约严守原则”，此时法律应为债权人提供可以保障其合法权益的救济措施，[2]包括赋予债权人主动提前解约止损的权利。而当一方当事人在合同期限届满前以明示的方法明确地且最终地拒绝履行其合同义务，另一方当事人可以要求其继续履行合同，当然，他也可以不设宽限期限地立即解除合同，并请求对方承担违约损害赔偿之责。[3] 有争议的是，如果债务人以自己的行为表明不履行义务，或出现客观事实使得债务人在未来不履行合同义务的可能性极大，债权人是否可立即解除合同？本节将采用案例分析法以及法律比较方法，论述《联合国国际货物销售合同公约》《德国民法典》和我国《民法典》对预期根本违约特别是默示的预期根本违约的立法模式的规范异同，旨在为预期根本违约在我国司法中的解释和适用提供意见和建议。

案例导入Ⅱ[4]

2015年4月20日，华汇公司与东方科技公司签订了合同号为QDHHETI20150114的《可降解防护服处理设备进口合同》，合同约定了华汇公司向东方科技公司采购可降解废物处理设备2套，合同价格为94.8万美元（折合人民币为732万元），合同价格为供方交货到需方指定地点的到货价格，包括但不限于合同产品的生产成本、包装费、运输费、装卸费、保险费、技术服务费、培训费、各种资料费、安装调试费、税费等供方履行本合同义务所需的全部费

〔1〕 Vgl. Medicus/ Lorenz, Schuldrecht AT, S. 154.

〔2〕 Vgl. Ulrich Huber, Leistungsstörungen, S. 59.

〔3〕 Vgl. U. Huber, Leistungsstörungen (1999) § §51 –53.

〔4〕 山东省高级人民法院民事判决书，(2019)鲁民终1414号。

用。但合同价格不包括中国海关关税及增值税、代理销售佣金、设备由东方科技公司中国工厂运至最终用户的内陆运输及相关保险费用。在违约责任方面约定，供方未按合同规定的格式和日期提供发货通知，一次性支付违约金2000元；供方未按照合同规定提交供货文件或供货文件不完整，一次性支付违约金2000元；供方未按合同规定提交合同进展报告，每份支付违约金500元。合同的附件A技术附件、附件B通讯接口及质保附加条件、附件CETI公司与福清业主的保密协议为本合同的组成部分，与合同正文具有同等法律效用。2015年6月2日，双方签订补充协议约定，第一笔付款方式为：合同签署后，需方在收到用户的支付款项后，在5个工作日内向供方支付合同总价的6.8%；第二笔付款方式为：在供方提交了设备文件后，需方在收到用户的支付款项后，在5个工作日内向供方支付合同总价的61%。合同签订后，东方科技公司向华汇公司提供了部分文件资料，买卖合同已经开始履行。

华汇公司自认其在诉状中将合同价款94.8万美元（折合为人民币732万元），是按照汇率6.59，再加上增值税之后得出的价格。华汇公司庭后根据汇率换算，比照其在田湾项目的费用支出，计算出如果合同要实际履行，其要支出的上述费用为人民币150余万元，扣除履行本合同的总成本人民币7 748 154.73元，华汇公司预期可得利益为人民币1 911 845.27元。

其中，华汇公司与东方科技公司之间自2013年6月至2015年1月就设备价格及利润构成进行了反复的邮件磋商。2015年1月15日，华汇公司给东方科技公司发送电子邮件，对福清项目的基本利润构成进行了阐述，且注明了田湾项目和福清项目不同，特别注明了关于福清项目，根据代理协议，代理佣金是10%，即37 800美元。

2015年10月14日，华汇公司给东方科技公司发送邮件称华汇公司仍处于向银行申请保函的过程中,申请程序和审核程序出乎意料地费时,因此华汇公司尚未从中核电公司收到福清项目的付款。2015 年 11 月 3 日,东方科技公司给华汇公司发送电子邮件,讨论关于福清项目的付款问题。2015 年 11 月 24 日,东方科技公司给华汇公司发送邮件,询问6.8%的预付款和61%的预付款问题,并称在与华汇公司的合同中已经满足了福清合同付款的条件。2015 年 11 月 25 日,华汇公司给东方科技公司发送邮件,谈到6.8%的第一笔付款,华汇公司没有收到预付款,如果东方科技公司着急,华汇公司可以提前支付。关于福清合同的第 2 笔预付款,基于当前合同的执行状况,华汇公司要求东方科技公司提供银行保单。2015 年 12 月 4 日,东方科技公司给华汇公司发送邮件,认为华汇公司要求东方科技公司签署保函来接受付款并不包含在华汇公司与东方科技公司之间的合同中,根据协议约定,东方科技公司没有必要签署任何形式的保函,并提出东方科技公司已经满足了第一笔和第二笔预付款的要求,要求华汇公司于 2015 年 12 月 25 日前解决任何存在于华汇公司与中核电公司间的支付问题并支付给东方科技公司。12 月 9 日,东方科技公司给华汇公司发送邮件,声称拒绝开具银行保函,华汇公司与中核电公司的合同问题应该由华汇公司解决,重审华汇公司与东方科技公司之间的合同从未包括银行保函,希望华汇公司遵守合同约定,希望不要因为拖欠付款而造成合同延迟。12 月 10 日,华汇公司给东方科技公司发送邮件,称因为田湾项目的处理器上出现了各种问题,决定在给东方科技公司预付款之前,要求东方科技公司提供银行保函,并称相信所有的合同条款是可协商的,如果福清合同的付款条件不能协商成功,这个合同也许只能终止,或寻求法律诉讼等途径。还写明东方科技公司在邮件中提到希望华汇公司帮助东方科技公司决定是否要终止合同,华汇公司不能代替东方科技公司做出决定,至少华汇公司目前没有终止合同的意图,如果东方科技公司想要终止合同,请正式通知华汇公司。东方科技公司提出在这个时候强烈认为应终止合同,并将会告知华汇公司。12 月 27 日,东方科技公司告知华汇公司已经通过联邦快递把一封正式信寄给华汇公司,华汇公司与东方科技公司的代理协议下周到期,东方科技公司将不会续签代理协议。东方科技公司将继续履行现有的合同,请求华汇公司根据目前的这些合同支付东方科技公司所应该支付的款项。2016 年 1 月 6 日东方科技公司发送电子邮件给华汇公司,告知华汇公司不再续签 2015 年 12 月 31 日商务代理协议,同时将终止与华汇公司签订的编号 QDHHETI20150114 的合同及其补充协议。1 月 7 日华汇公司回复东方科技公司,不同意东方科技公司单方面终止合同,要求东方科技公司继续履行合同。1 月 11 日,东方科技公司向华汇公司发送终止协议的正式通知函,并声明保留在适当时候对华汇公司的商业行为所有申诉赔偿的权益,提醒华汇公司保证田湾合同执行的合规。1 月 15 日华汇公司回复东方科技公司,不同意东方科技公司单方面解除合同。2016 年 2 月 4 日,华汇公司、东方科技公司、中核电公司举行会议,三方围绕福清 5、6 可降解项目合同进行讨论并形成了会议纪要,东方科技公司再次明确表示已经终止与华汇公司签订的合同,为降低对项目造成的影响,建议东方科技公司与中核电公司直接签署合同;华汇公司认为其与东方科技公司的合同并没有终止,即使要分割合同,也要保证华汇公司的利润人民币 234 万元,因为合同没有终止,东方科技公司应继续向华汇公司提供相关文件,以保证项目的进展;东方科技公司要求中核电公司在 2016 年 2 月底之前作出最终决定,因为东方科技公司没有立场在无有效合同的情况下持续提供接口信息及相关文件。2016 年 2 月 4 日,华汇公司给东方科技公司发送电子邮件,要求东方科技公司按照合同约定向华汇公司提交最新版本的设计文件,并附有文件清单。

本案争议点为:华汇公司未履行合同义务并提出由东方科技公司提供银行保函作为支付货款的付款条件是否构成预期根本违约。

为了分析比较国际上、德国和我国相关法律规范的异同,笔者将按照对案例Ⅰ的分析方法,不考虑法律的适用范围,分别使用《联合国国际货物销售合同公约》、《德国民法典》和我国《民法典》对此案例进行解析,分析的核心在于当事人行为是否构成预期根本违约,预期根本违约在《公约》、《德国民法典》和我国《民法典》中的构成分析以及法律比较。

一、《联合国国际货物销售合同公约》

(一)《联合国国际货物销售合同公约》中的预期根本违约

《联合国国际货物销售合同公约》第72条规定了预期根本违约下的合同解除。

根据第72条第1款的规定,如果在合同期限届满之前一方当事人显而易见地(clear)会从事根本违约行为,那么另一方当事人可解除合同。依据此规定,必须有显而易见的严重的事由表明债务人在将来会从事根本违约行为。[1] 为了维护合同的稳定性以及遵守"契约严守"的原则,《公约》审慎地在第72条第2款限制了债权人的合同解除权——如果时间和条件允许,债权人在解除合同前应对债务人合理地发出通知,允许债务人为其履行合同提供足够的担保(adequate assurance)。第72条第3款为第2款的抗辩条

〔1〕 Vgl. Schlechtriem/Schwenzer/Fountoulakis, Art. 72, Rn. 14; Vgl. Schlechtriem/Leser/Hornung, Art. 72, Rn. 11; Vgl. Brunner/Hurni, Art. 72, Rn. 4; Vgl. P. Huber/Mullis/P. Huber, S. 345; Vgl. CISG – online, 916.

款，根据此规定，如果债务人明确宣布他不会履行合同义务，债权人则无须通知债务人提供履行担保，可以立即声明解除。解除合同的声明无须遵守任何形式，可以电子的方式、信件的方式、口头等方式做出，只要到达债务人即可，但是声明必须是认真的、明确的、毫不迟疑的。[1]

对《公约》第 72 条第 1 款进行法律解构，可发现其规定的预期根本违约包括两种形式：一种是以明确告知的方式表明其将不履行合同义务，另一种为以告知以外的方式显而易见地表明其不会履行义务，在实践中又被称为默示的拒绝履行。例如买方在卖方的多次警告下仍拒绝提供信用证。[2]值得注意的是，判断默示预期根本违约的关键在于当事人拒绝履行的意图是显而易见的，如甲在乙处订购了齐白石先生的一幅名画，约定合同订立后十日内交付，结果在合同订立后的第三天，甲得知乙将画又卖给了丙。在此案例中，乙虽然未宣告拒绝交付甲订购的画，但是他一物二卖的行为已经明确表现出合同期限届满之时他很有可能不履行交付的义务。与乙明确地宣布他不会交付甲画作不同，此案例中乙以其行为表现出他在将来不履行合同给付义务的极大可能性，虽然二者都属于预期根本违约，但是前者作为明示的根本违约，已经排除了合同履行的可能性，此时债权人对合同继续存在的坚持已经无任何意义可言，因此甲有权利立即解除和乙之间的合同；后者乙的行为并未完全杜绝其履行合同义务的可能性，此时如果时间和条件允许，甲负有通知义务，以便给乙最后一次机会表现其对坚持履行合同的意愿，以此来确定乙的真实意图。[3] 此外，此通知义务可以

---

〔1〕 Vgl. Brunner/Hurni, Art. 72, Rn. 11; Vgl. Schlechtriem/Schwenzer/Fountoulakis, Art. 72, Rn. 35.

〔2〕 Vgl. CISG – Online, 587.

〔3〕 Vgl. H. Honsell/Brunner/Hurni, Art. 72, Rn. 8.

防止甲过于轻率和急切地结束合同。[1] 当然,《公约》第 72 条第 2 款规定的通知义务并不是根本违约的构成要件,即使债权人在时间和条件都允许的情形下也未通知债务人提供履行担保,他也不丧失合同解除权。[2] 为了平衡债权人和债务人之间的利益,在实践中,债务人可以对债权人未对其履行通知义务对合同解除进行抗辩,要求债权人撤销合同解除的声明,债务人当然也负有提供履行担保或者履行合同的义务。[3]

值得注意的是,《公约》第 72 条的预期根本违约需要与第 71 条规定的债权人中止履行的事由进行区分。根据第 71 条第 1 款的规定,在合同签订之后履行期限届满之前,如果一方当事人履行合同的能力不足或者信用欠缺,或者其准备履行合同或履行合同时的行为,使得另一方当事人明显感觉到他可能不会履行合同的主要义务,那么另一方当事人有权利中止履行其合同义务。此条款与第 72 条的不同在于,出现第 71 条规定的事由,债权人仅可中止履行合同义务,但是合同是继续有效的;而第 72 条规定的预期根本违约的事由出现之时,债权人可选择解除合同作为救济措施。虽然第 72 条第 2 款规定债权人可给予债务人合理的通知,但以"时间和条件允许"为前提。而根据第 71 条第 3 款的规定,一旦债权人决定中止履行合同,必须无例外的,毫不迟延地通知债务人。

预期合同解除(预期根本违约 + 预期合同中止)在《联合国国际货物销售合同公约》的构架如图 4 - 1 所示:

---

〔1〕 Vgl. Schlechtriem/Schwenzer/Fountoulakis, Art. 72, Rn. 17.

〔2〕 Vgl. Schlechtriem/Schwenzer/Hornung/Fountoulakis, Art. 72, Rn. 19.

〔3〕 Vgl. H. Honsell/Brunner/Hurni, Art. 72, Rn. 9.

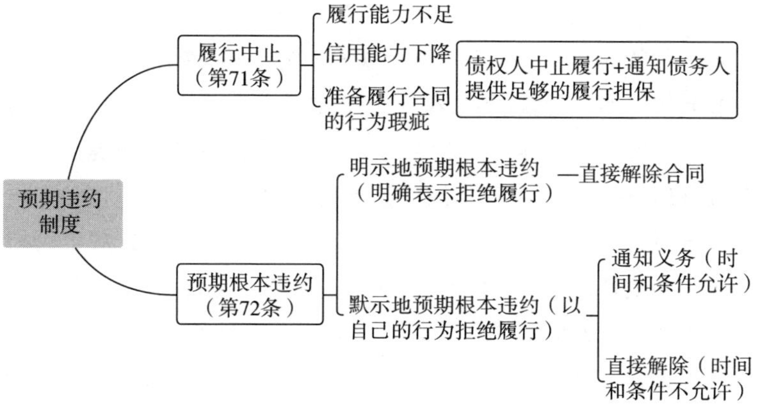

图 4－1　预期违约制度

(二)《联合国国际货物销售合同公约》对案例Ⅱ的适用分析

案例Ⅱ中华汇公司怠于向东方科技公司付款以及要求其提供银行保函的行为根据《公约》第 72 条第 1 款的规定或许构成预期根本违约。

如果华汇公司根据《联合国国际货物销售合同公约》第 72 条第 1 款的规定构成预期根本违约,需满足以下要件:

第一,二者之间应该存在一个有效的合同。在案例Ⅱ中,华汇公司与东方科技公司于 2015 年 4 月 20 日签订了设备进口合同,合同双方对标的物的数量价格等达成合意,未违反法律法规、公序良俗等,二者之间成立了一个有效的买卖合同。

第二,华汇公司应该已经明确宣告或者以其行为明确表明其不履行合同的主要义务。在上述案例中,华汇公司未明确宣告他不会履行合同义务,因此不存在明示的预期根本违约。问题是,华汇公司是否以行为明确表明其不履行合同的主要义务。华汇公司和东方科技公司于 2015 年 6 月 2 日签订了补充协议,此为对合同内容的变更,基于二者合意达成,因此此协议有效。在协议中二者约定了付款的方式——第一笔付款方式为:合同签署后,华汇公司在收到用户的支付款项后,在5个工作日内向东方科技公司支付合同总价的6.8%;第二笔付款方式为:在东方科技公司提交了设备文件后,华汇公司在收到用户的支付款项后,在5个工作日内向供方支付合同总价的61%。但直到2015年10月14日,华汇公司因未收到案外第三人的付款,因此未达成履行条件,且华汇公司一直积极和第三人请求价款的支付,故其未构成违约。

那么,华汇公司在2015年11月25日要求东方科技公司提供银行保函的行为或许根据《联合国国际货物销售合同公约》第72条第1款构成预期根本违约。本案中,华汇公司一直处于向银行申请保函的过程中,申请程序和审核程序出乎意料地费时,因此华汇公司尚未从第三人即中核电公司收到福清项目的付款,所以华汇公司没有达到第二笔款项的付款条件——"在受到案外第三人支付款项后,在5个工作日内向供方支付合同总价的61%"。所以华汇公司请求东方科技公司提供银行保函是为了能尽快从案外第三人中核电公司获得付款。此项请求为华汇公司意图变更它与东方科技公司的合同,但是二者未能达成合意。华汇公司要求东方科技公司提供银行保函,并声称如果东方科技公司无法提供保函,那么"这个合同也许只能终止,或寻求法律诉讼等途径",可见华汇公司的支付能力有一定的不足,但是根据当事人双方对合同付款方式的变更达成的合意,衡量华汇公司是否可以履行主给付义务的主要标准不是其公司本身的支付能力,而是华汇公司是否收到案外第三人的付款,只有第三人明确表示不付款或解除和华汇公司的买卖合同,且华汇公司欠缺支付能力时,才能构成根本预期违约。本案中第三方并未解除与华汇公司的合同,但一直未支付货款且提出需东方科技公司提供银行保函从而证明华汇公司和东方科技公司的合同执行情况下他才会履行付款义务。所述案件事实体现了华汇支付能力的欠缺以及华汇与案外第三人合同履行障碍,东方科技公司可依据《联合国国际货物销售合同公约》第71条第1款第1项的规定中止履行,但不得解除。之后华汇公司也写邮件给东方科技公司不希望终止二者之间的合同,可见华汇公司在意图变更合同失败后并没有要解除现存的合同的意思。从华汇公司的行为中无法明显推断出其不会再履行合同主要义务的意图,因此华汇公司要求东方科技公司提供银行保函的行为不构成《联合国国际货物销售合同公约》第72条第1款规定的预期根本违约,正如第一审法院判决所述,"华汇公司在第一笔付款条件未成就的情况下,就第二笔付款索要保函的行为应当视为对付款条件提出的协商,东方科技公司可以作出同意或者不同意的答复,但不能将华汇公司的这一行为视作根本违约,从而据此解除合同"[1]。

因此,华汇公司的未履行付款义务,且要求东方科技公司提供银行保函的行为不构成根本违约,东方科技公司不可单方面解除合同。

东方科技公司或许可依据《公约》第71条的规定中止履行,并要求华汇公司支付价款或提供担保。案例中华汇公司一直未给付价款,且与第三人中核电之间的合同也处于悬而未决的状态,由此充分说明其给付能力存在明显缺陷,符合《公约》第71条的规定。东方核电确实于2015年12月4日对华汇公司发出通知,要求其在2015年12月25日前解决任何存在于华汇公司与中核电公司间的支付问题并支付给东方科技公司。到期后,华汇公司未履行。但问题是,第71条并未规定债务人不提供担保的法律后果,东方科技公司不能因此解除合同。

---

〔1〕 山东省青岛市中级人民法院民事判决书,(2016)鲁02民初183号。

二、《德国民法典》

(一)《德国民法典》中的预期违约

拒绝履行规定在《德国民法典》第 323 条,其中第 2 款第 1 项是对期限届满的义务拒绝履行的规定,第 4 款是包括履行期届满前拒绝履行在内的预期严重违约。根据第 2 款第 1 项的规定,当债务人认真地且最终地拒绝履行到期合同义务时,债权人可以无须指定宽限期,立即解除合同,此违约形态下债务人必须明确表示其不再履行合同义务,且这必须是债务人对履行合同义务最后的态度(das letzes Wort)。[1] 此外,债务人拒绝履行债务的意愿必须是永久不履行,而不是暂时因主客观原因无法履行。[2] 债权人是否可以债务人拒绝履行为由解除合同与债务人拒绝的方式、拒绝的时间并无太大关联,而取决于拒绝是否是债务人认真的、对合同履行最终的决定。

在实践中并不罕见的是,在履行期限届满之前就可以显而易见地推断出债务人不会再履行合同主要义务,即第 323 条第 4 款所规定的预期严重违约。一般而言,在履行期限届满之前当事人并不承担给付义务,所以另一方当事人并没有解除合同的权利。但是特殊情况下,如果显而易见的(Offensichtlichkeit),债务人在将来即履行期限届满后也不会再履行合同,此时债权人会继续陷入一个绝对不会履行的合同沼泽之中,这对其极不公平,因此法律赋予债权人也无须履行约定义务的权利,且可合理地选择合同法规定

---

〔1〕 Vgl. Palandt/Grüneberg, § 323, Rz. 18; Vgl. Urteil des BGH vom 13.07.2011, VIII ZR 215/10.

〔2〕 Vgl. Prütting/Wegen/Weinreich/Stürner, § 323, Rz. 30.

的救济措施，包括解除合同。[1]判断债务人会不会在将来不履行主要义务需要债权人的预测决定(Prognoseentscheidung)，预测判断的标准不是债权人的主观感受，而是根据债务人的对合同履行的态度的表达、行为、信用能力和给付能力等多种因素判断第 323 条第 1 款规定的合同解除事由出现的概率是否很高，[2]以及一个理性的第三人在同等情况下也毫无疑问地相信债务人在将来绝对不会履行其合同义务。[3]

预期严重违约包括两种情形：一种是债务人在合同履行期限届满之前认真且最终拒绝履行，符合第 323 条第 2 款第 1 项“拒绝履行”的构成；另一种是债务人在将来不履行债务的意图并未十分明显地表现出来，而是债权人从债务人的行为中推断得来，比如债务人在合同订立以后提出新的条件来变更合同的内容，如果债权人不同意变更，那么债务人就不愿意履行合同义务。在第一种情形下，债权人可毫无迟延地解除合同，因为债务人不履行合同的意图已经足够确定；在第二种情形下，德国学界通常认为债权人不得立即解除合同，而是应该按照第 323 条第 1 款为债务人指定合理的宽限期。[4]

《德国民法典》在第 321 条规定了不安抗辩权(Unsicherheitseinrede)，也被称为先履行义务人的履行拒绝权(Leistungsverweigerungsrecht)。根据此条规定，如果一方当事人在一双务合同中负有先履行的义务，但在合同订立后发现另一方当事人有缺陷

〔1〕 Vgl. Soergel Komm zum BGB/Gsell, § 323, Rn. 97.

〔2〕 Vgl. Soergel Komm zum BGB/Gsell, § 323, Rn. 134; Vgl. MüKoBGB/Ernst, § 323, Rn. 134.

〔3〕 Vgl. MüKoBGB/Ernst, § 323, Rn. 99.

〔4〕 Vgl. Bamberger/Roth/Grothe, § 323, Rn. 21; Vgl. Soergel Komm zum BGB/Gsell, § 323, Rn. 97.

的履行能力不足以保证其对待给付时，先履行义务人可以拒绝履行自己的义务。先履行义务人行使不安抗辩权后根据债务人的行为会产生两种法律后果：在合理的期限内，如果债务人履行合同或者提供足够的担保，先履行义务人需继续履行合同，合同状态得以“修复”；如果债务人未履行合同或提供担保，先履行义务人在指定的合理期限届满后可根绝第 323 条解除合同。而此时合同解除又分两种情况：一种是债务人认真且最终地拒绝履行或提供担保，债权人则可按照第 323 条第 4 款的规定直接解除合同；另一种是债务人未明确表达拒绝，但是行为上未履行或提供担保，这时债权人需按照第 323 条第 1 款的规定再次为债务人指定合理的宽限期。

综上所述，《德国民法典》规定了债权人预期违约解除合同的两种路径：一种是第 321 条规定的不安抗辩权作为“防御型”救济路径；另一种是第 323 条第 4 款的“进攻型”路径，第 323 条第 4 款和第 323 条第 1 款结合使用，债权人可在合理宽限期后解除合同，第 323 条第 4 款和第 323 条第 2 款第 1 项结合使用，债权人可立即解除合同。具体构架如图 4 – 2 所示：

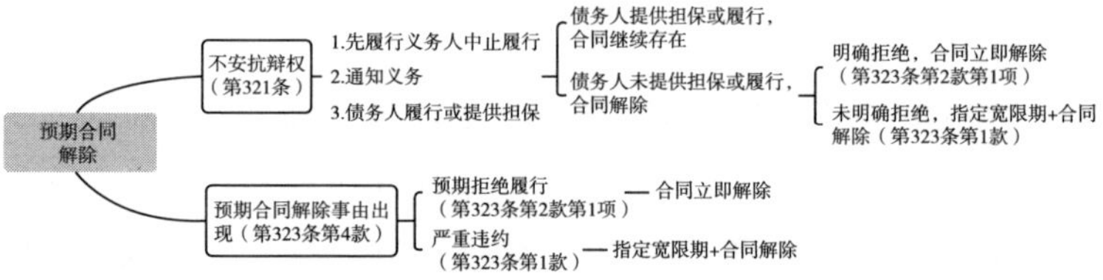

图 4 – 2 《德国民法典》预期合同解除

（二）《德国民法典》对案例Ⅱ的适用分析

上述案例华汇公司怠于向东方科技公司付款以及要求其提供银行保函的行为根据《德国民法典》第 323 条第 4 款和第 323 条第 1 款的规定或许构成合同解除的事由。

如果华汇公司的行为构成第 323 条第 4 款和第 323 条第 1 款的规定的预期严重违约,需满足以下要件:

第一,根据第 323 条第 1 款的规定,二者之间应该存在一个有效的双务合同。在案例Ⅱ中,华汇公司与东方科技公司于 2015 年 4 月 20 日签订了设备进口合同,合同双方对标的物的数量价格等达成合意,未违反法律法规、公序良俗等,二者之间成立了一个有效的买卖合同。

第二,根据第 323 条第 4 款的规定,应有显而易见的,第 323 条第 1 款规定的合同解除事由在履行期限届满出现。

首先需要考察的是,华汇公司一直未支付东方科技公司货款的行为是否为严重违约。华汇公司和东方科技公司于 2015 年 6 月 2 日签订了补充协议,此为对合同内容的变更,基于二者合意达成,此协议明确约定了华汇公司对东方科技公司付款的方式——付款分为两笔进行,第一笔付款方式为:合同签署后,华汇公司在收到用户的支付款项后,在 5 个工作日内向东方科技公司支付合同总价的 6.8%;第二笔付款方式为:在东方科技公司提交了设备文件后,华汇公司在收到用户的支付款项后,在 5 个工作日内向供方支付合同总价的 61%。根据变更后的条款,只有在华汇公司的用户,即本案案外第三人给付给华汇公司款项后,才达成华汇公司向东方科技公司支付合同总价的 6.8% 履行条件,履行的期限为案外第三人向华汇公司支付后的 5 日内;支付合同总价的 61% 的履行条件在案外第三人给付给华汇公司款项且东方科技公司提交设备文件后才得以满足,履行的期限为履行条件满足后的 5 日内。因为第三人一直未向华汇付款,因此华汇公司无须向东方科技公司支付货款,其不给付的行为也不构成违约。

其次需要考察的是,华汇公司要求东方科技公司提供银行保函的行为是否构成预期严重违约。华汇公司在邮件里告知东方科技公司,其一直处于向银行申请保函的过程中,申请程序和审核程序出乎意料的费时,因此华汇公司尚未从第三人即中核电公司收到福清项目的付款。故提出了合同的第二次变更的要约即要求东方科技公司提供银行保函,东方公司拒绝,第二次变更双方当事人未达成合意,变更失败。东方科技公司拒绝提供保函后,华汇公司于12月10日发邮件给东方科技公司,声称如果东方科技公司不提供银行保函,就无法达成第三人中核电公司向华汇公司付款的条件,那么华汇公司可能就要中止与东方科技公司的合同,但是又表明其没有终止双方合同的意图。那么首先需要判断,华汇公司要求东方科技公司提供银行保函的行为是否构成第323条第2款第1项所规定的拒绝履行。根据此项规定,债务人的拒绝必须是认真的且最终的。华汇公司虽然在邮件里声称如果东方科技公司不提供银行保函,二者的合同就可能终止。但是随后又声明想要终止合同的为东方科技公司,华汇公司一直没有终止合同的意思。由此可见,华汇公司所说的终止合同并不是其最终的表态,因此不构成第323条第2款第1项的拒绝履行。

最后需要判断,华汇公司要求东方科技公司提供银行保函的行为是否构成第323条第1款规定的合同解除事由,即华汇公司在将来可能不履行合同或者不按照合同的约定履行合同。本案中东方科技公司与华汇公司达成合意,华汇公司收到第三人中核电的付款后再付款给东方科技公司,但因为中核电一直未付款,故华汇公司履行合同的条件一直未达成。问题是,在签订合同的六个月后,华汇公司不但一直未给付东方科技公司货款,且要求其提供银行的保函,在东方科技公司拒绝后,其还发出过“如果东方科技公司不提供银行保函,可能终止二者合同”的言论。从华汇公司的邮件表达以及其事实行为可以推断出,其给付能力明显有瑕疵。问题是,华汇公司的给付能力瑕疵是否可构成第323条第4款结合

第 323 条第 1 款规定的指定宽限期的合同解除的事由，即华汇公司是否因瑕疵的给付能力有极大的可能性在将来不履行合同义务或者履行合同义务不符合约定。此时需要用体系解释的方法对履行能力欠缺是否适用第 323 条第 4 款和第 323 条第 1 款进行解释。《德国民法典》在第 321 条规定了不安抗辩权，其在第 1 款的规定，"有义务在一项相互合同中先履行的一方，可以拒绝履行其义务，如果在合同签订后发现，由于对方的履行能力不足，其对作为交换的对价的要求受到威胁。如果对价已经支付或提供了对价的担保，这种拒绝履行的权利将不再存在"。不安抗辩权作为"防御性"的救济措施，旨在平衡当事人之间的合法利益，合同最终是否终止的命运是在债务人手中，债权人负有严格的通知义务，只要债务人履行或者提供担保，债权人就不可解除合同。与之相比，第 323 条的合同解除为"进攻型"的救济，旨在追究债务人的违约责任，为债权人提供效率化的救济。所以，从法益平衡来看，《德国民法典》对不安抗辩权的构成要件的规定的严格程度要小于对预期违约解除合同的构成要件的规定。第 321 条规定履行能力不足构成不安抗辩权的事由，因此，仅履行能力不足无法构成第 323 条规定的解除合同的事由。在本案中，东方科技公司确实于 2015 年 12 月 4 日对华汇公司发出通知，要求其在 2015 年 12 月 25 日前解决任何存在于华汇公司与中核电公司间的支付问题并支付给东方科技公司，在华汇公司未提供给付后，东方科技公司通知华汇公司解除合同。东方科技公司解约的行为并无充分的事实和法律依据，对华汇公司构成违约。

因此，东方科技公司不可以根据《德国民法典》第 323 条第 4 款和第 323 条第 1 款的规定解除和华汇公司的合同。

三、我国《民法典》

（一）我国《民法典》中的预期根本违约

我国《民法典》预期根本违约的核心规范设置在第563条第1款第2项，预期违约责任设置在第578条。依据此款规定，预期根本违约是履行期限届满前，当事人一方明确表示或者以自己的行为表明不履行主要债务。此规范的价值有二：一是基于效率减损原则，激励债权人在债务人明确不履行义务之时及时止损，停止对合同履行的信赖投入，快速从合同束缚中脱身，积极去寻找"替代交易"，从而达到资源的优化配置。[1] 二是基于双务合同的对价原则，在一方不履行义务时免除另一方的履行义务，且在一方先行违约的情形下，为平衡双方的利益而给予另一方当事人法律救济。

我国民法体系中与预期违约有关的另一项法律制度为不安抗辩权，规定在第527、528条。不安抗辩权的规范价值也有两个：一是授予先履行义务人中止履行的权利，从而防范后履行义务人滥用权利，在后履行义务人给付能力、信用能力降低的情况下，或者其实施了转移资产等预违约行为时，不安抗辩权的行使可避免这些情况或行为对先给付义务人可能带来的损害，平衡双方的利益；[2] 二是打破合同履行的僵局状态。先履行债务人在使用不安抗辩权后合同进入一种悬而未决的状态，此时后履行债务人有提供履行担保的义务，一旦提供，则合同持续有效，如不提供，先履行

---

〔1〕 参见陈韵希：《论效率减损视角下的不履约风险救济——兼谈〈民法典〉预期违约和不安抗辩权的解释适用》，载《暨南学报（哲学社会科学版）》2023年第6期。

〔2〕 参见朱广新、谢鸿飞主编：《民法典评注·合同编通则》（1），中国法制出版社2020年版，第509页。

义务人可解除合同。[1]

预期根本违约和不安履行抗辩权存在着共同点：第一，制度的本质都是保护当事人对合同的可期待利益。在预期根本违约或者不安抗辩的事由发生之时，虽然合同履行期限还未届满，但是因一方当事人的原因很有可能会导致另一方当事人对合同的可期待利益实现在将来难以实现。第二，二者法理基础一致。无论是预期根本违约还是不安履行抗辩的事由出现，债务人都有在将来不履行约定的风险，在履行期限届满之前，债权人都可选择合理的法律救济手段。[2]

当然，两种制度也存在法理上的区别：第一，二者的适用主体范围不同。不安抗辩权适用于"应当先履行债务的当事人"，即先履行义务人；而对于预期违约，则完全没有适用主体上的限制。只要一方当事人在履行期限届满前明确表示或者以自己的行为表明不履行主要债务，那么另一方当事人，无论是先履行义务人还是后履行义务人，都可以援引预期根本违约的条款。第二，适用事由不同。一般而言，不安履行抗辩权适用的事由为法律明确规定，特征一般为当事人"陷入难以履行的境地"；而预期根本违约通常为当事人主观故意。第三，法律价值倾向不同。不安抗辩制度源于法律对"公平""平等"等民法原则的准求；根本违约制度是立法者对"效率违约""及时止损"等经济理论的认可。[3]第四，法律效果的差异。预期根本违约中，合同的宿命一定是走向灭亡；而援引不安

---

〔1〕 参见李建星：《〈民法典〉第528条（不安抗辩权的效力）评注》，载梁慧星主编：《民商法论丛》第72卷，社会科学文献出版社2022年版，第185页。

〔2〕 参见陈韵希：《合同预期不履行的救济及其法理基础——再论〈合同法〉不安抗辩权和预期违约的界分》，载《比较法研究》2017年第6期。

〔3〕 参见蓝承烈：《预期违约与不安抗辩的再思考》，载《中国法学》2002年第3期。

抗辩权,可能使得合同重获生机,债务人采取补救措施可正常履行合同,也可能使先履行义务人取得合同解除权,合同权利义务终止。

学界对我国民法同时吸纳英美法系的预期违约和大陆法系的不安抗辩多有批判讨论,抨击主要原因是二者存在适用上的重叠,认为第527条第1款第2项规定的“转移财产、抽逃资金,以逃避债务”属于第563条第1款第2项中的“以自己的行为表明不履行主要债务”的一种表现形式,两种制度并存司法实践中容易混淆。[1]此外,两个法律规范的适用混淆还会产生同案不同判的不公平现象。如果债务人转移财产、抽逃资金,以逃避债务的行为被认为是默示的预期根本违约,那么债权人根据《民法典》第563条第1款第2项可立即解除合同;如果此行为适用第527、528条关于中止履行的规定,债权人并没有立即解除合同的权利,需要给债务人最后的履行机会,即“当事人依据前条规定中止履行的,应当及时通知对方。对方提供适当担保的,应当恢复履行。中止履行后,对方在合理期限内未恢复履行能力且未提供适当担保的,视为以自己的行为表明不履行主要债务,中止履行的一方可以解除合同并可以请求对方承担违约责任”。由此可见,预期根本违约的法律后果更为严格,债权人获得直接解除合同的权利,不安抗辩权的法律后果为债权人中止履行,承担通知义务,而债务人需提供担保,只有债务人未提供担保的,债权人才获得合同解除权。[2]我国预期违约合同解除制度的构成如图4-3所示:

---

〔1〕参见刘凯湘、聂孝红:《论〈合同法〉预期违约制度适用范围上的缺陷》,载《法学杂志》2000年第1期。

〔2〕参见李伟:《不安抗辩权、给付拒绝和预期违约关系的思考——以德国法为中心的考察》,载《比较法研究》2005年第4期。

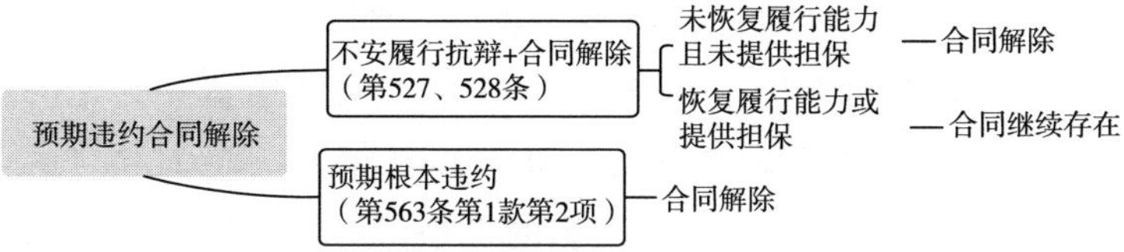

图 4-3　我国《民法典》预期违约合同解除

综上所述，根本违约制度和不安抗辩权制度本质上存在差别，但是在立法目的和价值、法律后果、适用事由等方面都存在一定程度的交叉重合。笔者将在本节的最后部分，通过案例分析和法律比较的方法，对《德国民法典》和《联合国国际货物销售合同公约》中合理的立法经验进行借鉴，为我国《民法典》具有中国特色的根本违约和不安履行抗辩权双制度的适用和解释提供建议和意见。

（二）我国《民法典》对案例Ⅱ的适用分析

1. 东方科技公司是否可援引预期根本违约条款解除和华汇公司的合同？

案例Ⅱ中，华汇公司怠于向东方科技公司付款以及要求其提供银行保函的行为根据我国《民法典》第 563 条第 1 款第 2 项的规定或许构成合同解除的事由。

如果华汇公司的行为构成第 563 条第 1 款第 2 项的根本违约，需满足以下要件：

第一，根据《民法典》第 563 条第 1 款规定，二者之间应该存在一个有效的双务合同。在案例Ⅱ中，华汇公司与东方科技公司于 2015 年 4 月 20 日签订了设备进口合同，合同双方对标的物的数量价格等达成合意，未违反法律法规、公序良俗等，二者之间成立了一个有效的买卖合同。

第二，根据《民法典》第 563 条第 1 款第 2 项，当事人一方应该明确表示或者以自己的行为表明不履行主要债务。

首先,需要考察华汇公司和东方科技公司在合同中约定的主要义务。华汇公司和东方科技公司于 2015 年 4 月 20 日签订的合同虽然约定了合同标的以及明确的价格,但是未约定支付方式。后来二者于 2015 年 6 月 2 日签订了补充协议,此为对合同内容的变更,基于二者合意达成,此协议明确约定了华汇公司对东方科技公司付款的方式——付款分为两笔进行,第一笔付款方式为合同签署后,华汇公司在收到用户的支付款项后,在 5 个工作日内向东方科技公司支付合同总价的 6.8%;第二笔付款方式为在东方科技公司提交了设备文件后,华汇公司在收到用户的支付款项后,在 5 个工作日内向供方支付合同总价的 61%。通过合同以及后面签订的补充条款可以得出,华汇公司的主要义务为给付合同价款,特别是二者约定的“在华汇公司在收到用户的支付款项后,在 5 个工作日内向供方支付合同总价的 61%”。东方科技公司的义务是提交设备文件以及交付设备。

其次,需要考察华汇公司是否明确表示或者以自己的行为表明不给付东方科技公司的设备款项,即是否构成明示的预期根本违约。在上述案例中,华汇公司虽然在东方科技公司拒绝提供银行担保函后声称可能要终止合同,但在后面的邮件又强调其没有终止合同的意图,可见其前面的宣告并不是慎重思考后做的最终决定,不构成明示的预期根本违约。

最后,需要考察华汇公司是否以自己的行为表明不履行主要债务,即其要求东方科技公司提供银行保函的行为是否构成默示的预期根本违约。根据华汇公司与东方科技公司在 2015 年 6 月 2 日签订关于付款的补充协议,只有在案外第三人中核电公司向华汇给付购买设备的款项后,华汇公司才需要向东方科技公司付款。但是由于华汇公司一直未收到中核电公司的货款,所以他和东方科技公司约定的给付条件还未满足,履行期限也未届满。案件中,华汇公司一直在积极争取第三人中核电公司的货款,他在邮件里也明确告知东方科技公司,其一直处于向银行申请保函的过程中,申请程序和审核程序出乎意料地费时,因此华汇公司尚未从第三人即中核电公司收到福清项目的付款。为了能顺利收到中核电公司的付款,华汇公司请求再一次变更和东方科技公司的合同,希望与东方科技公司达成为其和中核电公司的合同履行提供银行的担保函的合意。华汇公司要求东方科技公司提供担保函的行为正是其在积极寻求解决付款问题的有力证明,且在邮件里他一再强调不愿解除和东方科技公司的合同。

因此,华汇公司要求东方科技公司提供银行保函的行为并不构成我国《民法典》第 563 条第 1 款第 2 项规定的预期根本违约,东方科技公司不得援引此条款解除与华汇公司的合同。

2. 东方科技公司是否可通过不安抗辩权解除合同?

案例Ⅱ中,华汇公司怠于向东方科技公司付款以及要求其提供银行保函的行为或许构成我国《民法典》第 527 条第 1 款第 4 项规定的有丧失或者可能丧失履行债务能力的其他情形。

如果华汇公司的行为构成第 527 条第 1 款第 4 项规定的不安抗辩权的事由,需满足以下要件:

根据第 527 条的规定,只有合同的先履行义务人有权利提出不安抗辩权。因此需要考察东方科技公司是否为先履行义务人。在此案例中,根据双方的补充的付款协议,华汇公司需先向东方科技公司付款 6.8%,之后由东方科技公司提供设备的相关文件。由此可见,华汇公司为先履行合同义务人。

因此,东方科技公司不能依据《民法典》第 527 条和第 528 条达到解除合同的目的。

3. 关于此案履行期限的思考

问题是,如果中核电公司一直未给付华汇公司款项,华汇公司是否可一直主张履行条件未成就、履行期限未届满? 如果可以,那么合同就一直处于悬而未决的状态,合同是否得以履行的命运不在此合同双方当事人的掌握之中,反而是案件第三人起着决定性作用。这明显不符合法的公平原则以及合同履行的相对性原则,更不利于合同目的的实现。在我国司法实践中,如果给付方有确定的给付义务,那么可参照合同期限不明的规定进行处理。[1] 所以本案东方科技公司催告华汇公司“于2015年12月25日前解决任何存在于华汇公司与中核电公司间的支付问题并支付给东方科技公司”视为对履行期限的确定,履行期限届满华汇公司仍未履行付款义务的,华汇公司陷入履行迟延,按照履行迟延的法律规定处理。

四、法律比较和小结

(一)预期合同解除制度在《联合国国际货物销售合同公约》与《德国民法典》中的比较

《联合国国际货物销售合同公约》以“效果渐强”的方式对预期违约进行规范:首先在第71条规定了在债务人出现履行合同的能力不足或者信用欠缺等客观事由时,债权人可中止履行合同并立即通知债务人,在债务人提供足够的担保后再恢复合同的正常履行。根据第71条的规定,当事人采取的是“防御性”的救济措施,即先中止自己的给付,将合同是否得以恢复正常履行的决定权交与债务人手中。其次在第72条规定了“预期根本违约”,属于债权

---

〔1〕 参见最高人民法院民事判决书,(2016)最高法民终811号。

人“进攻型”的救济措施。与第 71 条的中止履行出现的事由一般为客观情况不同,第 72 条将根本违约出现的事由限定在债务人的行为,可以明确表示拒绝的方式即明示的预期根本违约,以及以行为表明,即默示的预期根本违约。明示预期根本违约时债权人可直接解除合同,默示预期根本违约的情形下,如果时间和条件允许,债权人需要告知债务人,给债务人最后一次履约的机会。第 71 条和第 72 条构成了《公约》的预期违约制度。

与《公约》相似的是,《德国民法典》也规定了履行中止,即第 321 条的不安履行抗辩权。除此之外,第 323 条第 4 款规定的预期合同解除事由也包括《公约》第 72 条根本预期违约所包含的明示的预期根本违约,即债务人在合同期限届满之前认真且最终地拒绝履行。

二者的不同点也很明显:首先,《德国民法典》第 321 条规定的不安抗辩权只适用于先履行义务人,而《公约》在第 71 条规定的债权人中止履行的权利则没有类似的限制。其次,根据《德国民法典》第 321 条的规定,如果债务人没有在合理期间内履行合同或者提供担保,债权人有权按照第 323 条的规定解除合同,而《公约》在第 71 条只规定了债权人可中止履行合同义务,要求债务人提供担保或履行,未规范债务人不履行的法律后果。再次,《德国民法典》第 323 条第 4 款规定的预期解除合同的事由既包括拒绝履行,也包括第 323 条第 1 款规定的债务人可能在将来不履行或者履行不符合合同的约定,其构成框架为明示的预期拒绝 + 默示的预期拒绝 + 其他导致债务人未来不履行合同的事由;而《公约》预期根本违约的构成为明示的预期拒绝 + 默示的预期拒绝,可见《德国民法典》预期合同解除范围的外延大于《公约》的相关规定。最后,默示的拒绝履行在两部法律中的法律结果也有区别。如果债务人是预期拒绝履行,债权人可立即解除合同,这与《公约》第 72 条第 3 款相同。但如果债务人是以行为默示的拒绝履行，适用德国民法时需依据第 323 条第 1 款的规定为债务人指定宽限期间；而依据《公约》第 72 条第 2 款的规定，只有时间和条件允许之时债权人才需要通知债务人提供担保，且合同的解除并不以通知债务人提供担保为构成要件。

尽管两部法律规范对预期违约解除的规定不尽相同，但是在司法适用中却有异曲同工之处，对案例Ⅱ的分析过程可见一斑：针对案件的争议焦点——华汇公司未履行付款义务并提出由东方科技公司提供银行保函作为支付货款的付款条件是否构成预期根本违约——进行分析，案例Ⅱ中华汇公司与东方科技公司约定的付款条件还未达成，所以合同履行期限未届满，故其未付款的行为并不构成违约，所以案例分析的核心问题为华汇公司要求东方科技公司提供银行保函的行为是否构成预期根本违约。根据《公约》第 72 条，只有债务人明显地会在将来从事根本违约的行为才构成根本违约，所以只有华汇公司明显地表现出其在履行期限届满后也不会给付东方科技公司货款，才构成预期根本违约。考量华汇公司要求东方科技公司提供银行保函是为了让第三人中核电公司给付货款从而达成其向东方科技公司履行支付义务的目的，因此并不构成预期根本违约，不可以适用《公约》第 72 条的规定。同样的理由，华汇公司要求东方科技公司提供银行保函的行为也不构成《德国民法典》第 323 条第 4 款 + 第 323 条第 2 款第 1 项中的预期拒绝履行主要给付义务的严重违约。

综上所述，《联合国国际货物销售合同公约》与《德国民法典》都规定了预期违约中止履行和预期违约合同解除，虽然规范存在差异，但并无本质性差别，立法技术上都按照预期违约行为可能带来的后果的严重程度对预期违约合同解除的构成要件做了区别性规定。通过分析比较，笔者认为合理的预期违约解除的构成应包含预期违约中止解除+预期根本违约解除：首先，当出现债务人履行能力下降、信用降低等危害其在未来履行合同义务的事由时，债权人可提出中止履行抗辩，让债务人在其指定的合理期间内启动合同履行程序或者提供履行担保，当债务人在合理期限内未采取合理措施的，债权人可启动合同解除程序：如果债务人明确拒绝履行或提供担保的，债权人可立即解除合同；如果债务人未明确拒绝，但也未履行或提供担保的，债权人可为债务人指定宽限期，为债务人的履行提供最后一次机会，合理期限届满而债务人未履行的，债权人可解除合同。其次，如果债务人以自己的行为表明不履行合同的，构成默示的预期根本违约，时间和条件允许的情况下，债权人应为债务人指定合理的宽限期，期限届满合同解除。最后，如果债务人在合同履行期限届满之前明确地表达拒绝合同履行的，且此拒绝为认真的、最终的拒绝，则构成明示的预期根本违约，债权人可立即解除合同。

（二）对我国预期违约法律适用解释的启示

履行期限届满时债权人因债务人违约解除合同的前提是债务人的违约行为使得债权人的合同目的实质性落空，此时违约行为已经发生且违约结果达到了一定程度的严重性。与之不同的是，在预期违约中，除债务人在合同履行期限届满前已经认真且“终局性”地表达不会在将来履行合同义务外，因合同尚未履行，债务人未实质性地违约，所以债务人其他的行为不一定导致合同最后被严重违反以致债权人对合同的履行再无期待。因此，在合同履行期限届满前解除合同的规范应更为审慎和严格。我国《民法典》第563条第1款第2项和第527、528条适用时也应该衡量合同的稳定性和效率性之间的平衡。通过法律规范和对案例适用的比较分析，笔者提出浅薄建议如下，以此抛砖引玉：

首先,当债务人在履行期限届满前明确表明不履行合同义务的,且该表示为债务人对合同履行最终态度的,债权人得援引《民法典》第563条第1款第2项的规定立即解除合同,并可请求债务人损害赔偿。

其次,当债务人通过自己的行为明确表示不履行合同义务的,除标的物灭失等履行不能的事由出现,在时间和条件允许的情形下,债权人应该为债务人指定合理的宽限期,在宽限期内债务人开始履行合同义务或者愿意配合提供担保的,债权人不得解除合同,宽限期届满而债务人仍未采取相关措施的,债权人取得合同解除权,可援引《民法典》第563条第1款第2项的规定解除合同。

再次,对于学界质疑的《民法典》第527条规定的“债务人转移财产、抽逃资金,以逃避债务的行为”会导致第528条和第563条适用竞合的质疑,基于立法目的解释论和法律体系解释论,笔者认为:债务人的此种行为不构成“默示的根本违约”,不应适用第563条关于根本违约的规定。如果此时债权人是先履行义务人,则直接援引第528条的规定,债权人负有通知债务人提供担保的义务,债务人未在合理期限内采取提供担保等相关措施的,债权人可解除合同;如果债权人非先履行义务人,即合同为同时给付型双务合同或者债务人为先给付义务人的,一般合同期限届满债务人不履约才构成合同解除的条件,但是衡量双方的利益和债务人的履约准备状态,认为债权人有提前终止合同必要性的,债权人可参照适用第528条的规定。

最后,如果在合同履行期限届满之前,债务人出现第527条规定的“经营状况严重恶化、丧失商业信誉或有丧失或者可能丧失履行债务能力的其他情形”的客观事实,债权人为先履行义务人的,可援引《民法典》第528条行使不安履行抗辩权,如果债务人未在合理期限提供担保的,债权人可援引此条解除合同;当债权人非先履行义务人无法行使不安履行抗辩权时，衡量债权人解除合同的利益和债务人维持合同的利益后，认为债权人有解除合同的迫切性的，债权人可参照第 528 条的规定，要求债务人提供其有履行能力的证明或提供相应的担保，债务人在合理的期限内未采取相关措施的，债权人可解除合同。

第二节　履行不能

"履行不能"最早可追溯到古罗马，罗马法学家赛塞斯（Celsus）曾提出"无义务为不可能之事"（*impossibilium nulla obligatio est*）。当债务人因为法律或者事实的原因不能履行合同时，债权人不得要求其继续履行。履行不能也是"契约严守"（*pacta sunt servanda*）原则的分界线，一旦合同履行陷入不能，合同严守已经毫无意义。例如，甲从乙处订购了一个康熙年间的古董花瓶，合同订立后，交付前花瓶被打碎。标的物毁损，乙已经陷入履行不能，甲当然可解除合同。问题是，如果甲不愿解除合同，一直要求乙履行，乙作为债务人是否可解除合同呢？此外，自始履行不能和嗣后履行不能的法律后果是否相同？合同目的障碍是否构成履行不能？履行不能制度看似简单，但是在学界争相关议却一直存在。特别是我国《民法典》规定的债务人打破合同僵局，更是掀起了新的讨论热潮。

本节将通过案例分析法、法律比较法对《联合国国际货物销售合同公约》、《德国民法典》和我国《民法典》中的履行不能规范进行深入研究，总结异同，最终的落脚点是对我国履行不能法律制度的司法适用提供建议和意见。

案例导入Ⅲ[1]

甲在乙运动品商店预定了20个品牌为“Ronaldo”的足球,价格总共为500欧元。双方商定,球到货后乙会立即通知甲来取。在订立合同后的第四天,乙终于收到了这20个足球。乙预给甲发送了邮件,通知他第二天早上来取球,邮件写好后乙忘了发送。结果当天晚上,非因乙的原因其商店发生火灾,甲预定的20个球也在大火中被烧毁。几天后甲要求乙按照合同的约定交货,但是乙回复说因为巨大的需求量球涨价了,他可以再预定20个球给甲,但是价格需要涨到600欧元。但是甲认为乙无法按时交付并不是由甲造成的,乙需要按照合同的约定以500欧元的价格卖给他。

此案件的争议焦点为乙商店是否可以履行不能为由解除和甲之间的合同。

一、《联合国国际货物销售合同公约》中的履行不能

(一)履行不能是否构成根本违约?

1. 不可抗力下的合同履行不能

《联合国国际货物销售合同公约》与履行不能制度直接的相关的条款为第79条规定的不可抗力导致履行不能时债务人违约责任的免除。对第79条第1款进行解构,导致合同履行不能的不可抗力法律构成如下:

第一,履行障碍事由的发生不可避免。

当债务人主张履行不能时,债务人必须证明导致履行不能的事由是其无法避免和控制的。这意味着,障碍事由的发生无法避免,而且他也无法控制障碍事由,例如自然灾害、罢工、第三人行

[1] 案例选自 Winfried Schwabe/Holger Kleinhenz, S. 27。

为、新的立法等。[1]值得思考的是,如果因债务人自身原因,如生病、死亡等是否可以构成免除责任的履行障碍事由。比如甲花费巨资邀请明星乙为其产品站台,结果在合同履行日期到来时乙生病住院,乙是否可主张生病非其能控制为由免除违约责任呢?答案是否定的,基于平等、公平原则的考量,也不可苛责债权人承担债务人自身产生的风险,[2]所以虽然乙可免除出席站台的义务,但是需对甲的损失承担损害赔偿责任。

第二,履行障碍事由不可预见。

根据第79条第1款的规定,债务人免除违约责任的履行障碍事由必须是其未预见的,而且一个理性第三人处于同等情况下也无法预见。此外,判断债务人是否可以预见的时间点为合同订立之时,而不是障碍产生之时。例如,甲从拍卖会拍得英国皇室的王冠一顶,放在保险柜保存,后甲和乙签订了买卖合同。在王冠交付前,江湖大盗丙用一顶以假乱真的仿制王冠换走了甲保险柜的真王冠。在签订买卖合同时,甲无法预料到丙的所作所为,无论丙是在合同签订前还是在合同签订后偷走的王冠,都不影响甲责任的减轻或免除。所以由此可得出,债务人对自始履行不能和嗣后履行不能法律后果的承担并无区别。

第三,履行障碍事由产生的后果不可克服。

如果履行障碍的事由在合理的时间内可以克服,那么债务人就必须承担违约责任。[3] 尽管在《公约》中未明确规定,但是通说

---

〔1〕 Vgl. Honsel/Magnus, Art. 79 CISG, Rn. 12; Vgl. Schlechtriem/Schwenzer/Schwenzer, Art. 79 CISG, Rn. 16ff; Vgl. Staudinger/Magnus, Art. 79, Rn. 27.

〔2〕 Vgl. Schlechterim/Schwenzer/Schwenzer, Art. 79, Rn. 18; Honsel/Magnus, Art. 79 CISG, Rn. 13; Vgl. Staudinger/Magnus, Art. 79, Rn. 18; Vgl. Herber/Gzerwenka, Art. 79, Rn. 15.

〔3〕 Vgl. Schlechtriem/Huber, Art. 49, Rn. 7.

认为,履行障碍的事由必须是债务人付出很大的努力在合理的时间内仍无法克服的。[1] 当债务人有克服障碍进行履行的可能性,但是其履行的收益远远小于其损失的利益的,那么此障碍因显失比例原则而视为不可克服,债务人因不可归责于他的事由履行不能。[2]

第四,履行障碍事由的持续性。

只有当障碍具有持续性时,才能构成真正的履行不能。例如,浙江省的 A 企业从江苏省的 B 企业订购一批原材料,约定合同签订后三天交货。但合同签订后台风"Luna"来袭,天降狂风暴雨,原材料在合同期限届满之时无法运输。此案例中除非为"定期合同",否则债务人只能陷入履行迟延,而不能以履行不能为由不履行合同义务。实践中判断持续期间的合理性需要根据合同的类型以及障碍事由的性质和持续时间来确定。[3]

第五,毫不迟延地通知债权人。

根据《公约》第 79 条第 4 项地规定,债务人在知道或者应当知道障碍事由出现时,有义务毫不迟延地通知债权人履行障碍事由的出现以及对其履行的影响。这可以使债权人根据具体情况采取相应的"自救"措施,减少债务人履行不能对其产生的不利影响。例如,甲从乙处订购了一批原材料用于生产。在合同订立后、原材料交付前,乙工厂发生严重火灾,所有的原材料被烧毁。此时乙需要立即通知甲实际情况,以便甲可以立即从与乙的合同关系中解放出来,从其他原材料厂购买原材料,尽可能地减少其损失。

---

〔1〕 Vgl. Trommler, S. 107; Vgl. Herber/Gzerwenka, Art. 79, Rn. 8; Vgl. Ferrari u. a./Saenger, Art. 79, Rn. 7.

〔2〕 Vgl. Schlechterim/Schwenzer/Schwenzer, Art. 79, Rn. 14; Vgl. Staudinger/Magnus, Art. 79, Rn. 34.

〔3〕 Vgl. Trommler, S. 107.

不可抗力是致使合同履行不能的常见原因之一，从第 79 条的规定也可得出，在不可抗力导致合同无法履行时，债务人免除履行义务。但债权人是否可援引第 25 条、第 49 条或第 64 条解除合同呢？或者进一步说，其他客观事件导致履行不能时，债权人是否可援引根本违约条款解除合同呢？

《联合国国际货物销售合同公约》并未直接规定“履行不能制度”。[1] 在《公约》规定的履行障碍体系里，采用统一的“违约”作为履行障碍的中心概念，“根本违约”为合同解除权的实质连接点。一般而言，履行不能直接导致合同目的无法实现，只要债务人对履行不能的事由没有预见且不能预见，债权人就享有合同解除权。但是，不可抗力的构成要素之一就是不可预见性，而根据《公约》第 25 条的规定，可预见性为根本违约构成的必备要件。此时不可抗力下的履行不能则无法援引第 25 条和第 49 条规定解除合同。在债务人可依据第 79 条免除履行义务的情况下，债权人确无法援引根本违约解除合同，明显不符合“无义务为不可能之事”（*impossibilium nulla obligatio est*）的原则，更是违反了法的公平和平等原则。因此，在不可抗力导致履行不能时，或者其他事由导致的履行不能，债权人当然可解除合同，但是在《公约》中却无法找到解除的法律依据。

为了填补这一漏洞，有学者提出可以援引《公约》第 28 条，将寻找合同解除法律依据的重任交给法官。[2] 中国或者德国的法官都可以援引相关的法律制度解决这一难题。但是，给法官过多自由裁量权的结果是，并不是所有国家的法律制度都在不可抗力致使合同履行不能的情形下赋予债权人合同解除权。此外，在英美

〔1〕 Vgl. Bach/Stieber, IHR2006, S. 50.

〔2〕 Vgl. H/C, Art. 79, Rn. 3.

法系可能对此问题也无法律规定。

在司法适用中,或许最好的解决路径是适用《公约》第 49 条的规定解除合同。

2. 主观履行不能

主观履行不能是指当事人因为个人意愿、能力或其他主观因素导致无法按照合同约定履行自己的义务。对于主观履行不能情形下债务人是否可援引《联合国国际货物销售合同公约》第 79 条免除履行义务这一问题,《公约》并未明确规定,但学者们普遍认为,履行不能情况下,无论是客观履行不能还是主观履行不能,自始履行不能还是嗣后履行不能,债务人都应从合同履行中解脱,因为"无义务为不可能之事",法律不强人所难。[1] 当然,债务人不再承担履行义务并不影响其违约责任的承担。

债务人主观履行不能情形下,债权人的合同目的当然落空,但合同解除的路径应考虑具体案件中债务人的可预见性。如果债务人因拒绝履行、履行能力降低等因素导致主观履行不能,那么债务人对其违约行为和违约后果具有可预见性,在其不愿履行的情形下债权人也无法强制其继续履行,此时债权人最佳救济路径为直接援引根本违约解除合同以及请求损害赔偿。但是,如果引起主观履行不能的原因不是债务人主观引起的,此时其违约行为因欠缺了"不可预见"要素而不能构成根本违约,债权人不可直接援引根本违约的相关条款直接解除合同。如果债务人不愿与债权人协议解除合同,那么此时合同履行就陷入了僵局。这种情况下,主观履行不能和客观履行不能一样遇到了法律适用困境,因《公约》的法律漏洞而不得不将自由裁量权交于法官,由法官依准据法进行裁决。

---

〔1〕 Vgl. Schlechterim/Schwenzer/Schwenzer, Art. 79, Rn. 12.

3. 小结

如上所述，作为“合同严守”分界线的“履行不能”在《联合国国际货物销售合同公约》的适用却遭遇到了滑铁卢——因“不可预见”的限制，很多无法预见的因素导致的合同履行不能无法适用第25条根本违约的规定。在履行不能、合同明显进入履行僵局之时，除非债务人和债权人达成解除合同的合意外，债权人仅依据《公约》无法从合同中解放出来。此时可见，根本违约以“可预见性”为必要前提的法律设计就出现了问题，在履行不能的违约形态下，债权人的合同目的显然落空，但却不能依据《公约》直接解除合同，而是不得不求助于法官适用相关国家的法律来解决这个明显的漏洞，结束合同僵局。

（二）《联合国国际货物销售合同公约》对案例Ⅲ的适用分析

债务人乙或许可以根据《联合国国际货物销售合同公约》第79条第1项免除交付义务。

首先，需要考察是否存在不可避免的履行障碍。案例中债务人已经按照合同的约定预定了20个球，但是在交付前球被大火烧毁。根据案件事实，大火并不是乙引起的，不受其控制，以此存在一个不可避免的履行障碍。

其次，需要考察债务人乙对火灾是否已经预见或者应当预见。案例中债务人在订立合同之时未预见到，一个理性的第三人处于相同的位置也不会预见到会发生火灾。因此，此障碍无法预见。

最后，需要考察债务人的履行障碍是否可以排除。债务人乙能在合理的时间内排除障碍，那么他需要按照合同的约定进行给付。如果排除障碍需要债务人付出的成本与债权人的履行收益不成正比，那么就不应苛责债务人履行。[1] 在上述案例中，乙已经通知甲第二天早上来取预定的货物，那么他需要对商品分类、打包，同时通知收货人，此时，球完成了从种类物到特定物的转变。[2] 案件中乙已经对球进行了分类打包，写好了邮件但是忘了发送给甲，那么在火灾发生时，20 个足球还属于种类之物。按照合同的约定，乙负有交付义务。因为其无法预见、不能避免的火灾，球涨价了 100 欧元，但是 100 欧元的涨价对乙一个商店来说，并不需要付出"显失比例"的成本才能克服履行障碍。

因此，债务人乙不能依据《联合国国际货物销售合同公约》第 79 条第 1 款的规定免除给付义务，需要给付给债务人甲 20 个"Ronaldo"的足球。

二、《德国民法典》中的履行不能

(一)《德国民法典》中的履行不能发展演变

"履行不能制度"在德国民法中的发展主要分为两个阶段，以《德国民法典》的债法改革为界限，2002 年以前的履行不能规范构成了整个债法履行障碍体系中的核心，"履行不能"为一种规范性概念；2002 年债法改革采"违约"(Pflicihtverletzung)为统一的概念，将"履行不能"作为违约下的二级概念，"履行不能"完成了从规范性概念到具体违约形态的转变。

1. 1900 年《德国民法典》的履行不能制度

"履行不能"最早可追溯到罗马法，主要适用于奴隶买卖中的客观不能的情形，当时的法官在判决中已对自始不能和嗣后不能

---

[1] Vgl. Staudinger/Magnus, Art. 79, Rn. 50; Schlechtriem/Schwenzer/Schwenzer, Art. 79, Rn. 14.

[2] Vgl. Winfried Schwabe/Holger Kleinhenz, S. 30.

的法律后果做了区分，如奴隶在买卖合同签订前已经死亡的，法官则会免除债务人的责任（*ultra posse nemo tenetur*），但是如果奴隶在合同订立以后死亡，且债务人是故意为之，则履行责任不免除〔1〕。1900年《德国民法典》履行不能制度的规定深受罗马法的影响，第306条规定了自始客观履行不能的情形下合同无效，即"以不能给付为标的的合同无效"（Ein auf eine unmögliche Leistung gerichteter Vertrag ist nichtig）。除自始客观不能，法典在第275条规定了嗣后不能，其中第1款规定了嗣后客观不能（nachträgliche Unmöglichkeit），第2款规定了嗣后主观不能（nachträgliches Unvermögen）。与自始客观不能、嗣后客观不能、嗣后主观不能相比，自始主观不能在法典中并未有统一的规范，而是出现在一些特殊的规范领域，如第279条规定的"种类之债（Gattungsschuld）"。通过对相关特殊条文的法律解释以及司法实践，自始主观不能并不影响合同的效力，债务人对其给付不能是否负责取决于其是否有过错。〔2〕

在债法改革之前，履行不能规范之法律功能，构成了德国民法履行障碍体系中的脊柱〔3〕——为了更形象地展示履行不能制度在德国债法改革前的履行障碍法体系中的核心位置，笔者将履行不能制度以图表形式绘制出来，如图4-4所示。

---

〔1〕 Vgl. Franz Wieacker, Leistungshandlung und Leistungserfolg im buürgerlichen Schuldrecht, in: Festschrift für Hans Carl Nipperdey zum 70. Geburtstag, 21. Januar 1965; Bd. 1, S. 801.

〔2〕 Vgl. BGH NJW 1994, 515; Palandt/Heinrichs 60, §306, Rn. 9.

〔3〕 Vgl. MK4 - Emmerich Vor § 275, Rn. 2.

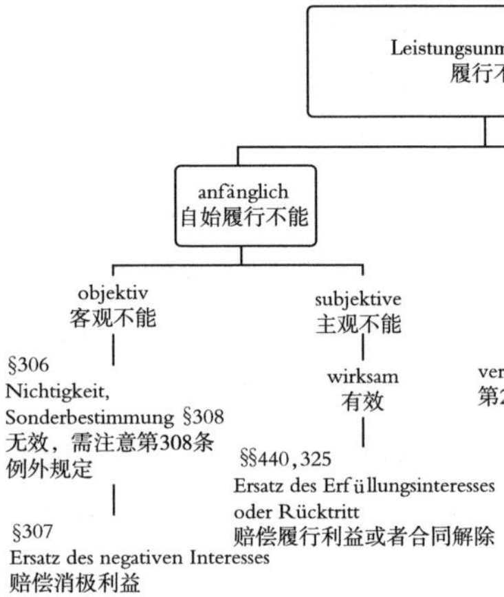

图 4-4　1900 年《德国民法典》履行不能

从图 4-4 可得出，1900 年的《德国民法典》对履行不能的分类和法律后果作了体系化且详细的规定，将履行不能分为自始履行不能和嗣后履行不能、主观履行不能和客观履行不能。自始客观履行不能导致合同无效，其他的履行不能形态下合同继续有效，通过合同解除终止当事人之间的权利义务关系。[1]

这种立法模式也使我国学者将债法改革前的《德国民法典》视为履行障碍法中以障碍原因为立法进路的典型[2]。但是德国法学家马丁·舍尔迈尔（Martin Schermaier）认为，作为整个履行障碍法的脊柱，《德国民法典》的立法者们绝不是将"履行不能"看作为一个具体的违约形态，而是一个规范性的概念，它还应该包含其他

〔1〕 Vgl. Eric Wagner, Studien zum Recht der Unmöglichkeit, S. 80.

〔2〕 所谓原因立法进路即在民法中规定违约的具体形态以及相应的法律后果，而不是采用统一的"违约"概念。详细可参照卢谌、杜景林：《论债权总则给付障碍法的体系进路》，载《法律科学（西北政法学院学报）》2006 年第 1 期。

的不履行的情形,例如迟延履行等。[1]

如认真探究《德国民法典》之父们立法的背景和立法目的,可发现1900年《德国民法典》中的履行不能实质上并不是指具体的违约形态,因为它的连接点不是指某种具体情况下的具体的给付,而是与整个给付义务相关联。但是,即使将"履行不能"作为违约的统一规范,这种"原因进路"的立法方式在遇到某些具体违约形态时,仍会出现法律上的漏洞,比如面对积极侵害,"履行不能"就束手无措了。这也是为什么,在现代立法中不论是国际上还是国内法基本都采取效果进路,即采取一个统一的法律概念——"违约或者不履行"——来概况所有的履行障碍形态,同时规定违约的法律后果,此种立法的典型是《联合国国际货物销售合同公约》。这种立法进路的优点是概况性强,不会疏漏不常见的违约形态,且对未来可能出现的违约形态具有包容性,可谓是无古无今,普适性极强。即使如此,典型的具体违约形态在债法中也应该有其存在的价值。不可否认,如履行不能、履行迟延、履行瑕疵和拒绝履行存在着共同的法律特征,即债务人未按照合同的约定进行实际的履行。但是每种违约形态也具有自己的独特性,例如瑕疵履行下考虑到运输等成本问题,减价是常用的法律救济措施;履行迟延下合同实际履行仍有可能,所以债权人解除合同的权利被严格限制;履行不能的情形下合同实际履行已不能或者不可苛责,解除合同才能挽救当事人于合同僵局。基于此很多国家在履行障碍立法上虽原则上采用了效果进路,仍把典型的具体违约形态作为违约的二级概念规定于合同法中。

2.2002年新债法中的履行不能制度

经过激烈的讨论,德国债法改革最终顺应国际私法融合统一

---

〔1〕 参见[德]马丁·舍尔迈尔:《〈德国民法典〉中的履行障碍法:过去与未来》,朱晓峰译,载《比较法研究》2014年第6期。

的趋势,颠覆了以往以“履行不能”为脊柱的履行障碍体系,在第280条规定了“违约”这一统一法律概念。但与《联合国国际货物销售合同公约》等国际法律规范不同,债法改革后的《德国民法典》仍保留了“履行不能”制度,将其作为与瑕疵履行、迟延履行等并列的具体违约形态,为违约下的二级概念。新债法的履行不能制度的改革主要体现在以下几个方面:

第一,履行不能的构成不再以过错(Vertretenmüssen)为要件。[1]在债法改革的过程中,学者们普遍认为将过错作为履行不能构成的要件毫无意义,因为在债务人陷入履行不能之时,无论导致其“不能”的原因是什么,都无法改变债务人不能在合理的时间内履行合同义务的事实。[2]

第二,不再区分自始履行不能和嗣后履行不能的法律后果。根据债法改革后的《德国民法典》第275条第1款的规定,只要履行对债务人是不能的或者对任何任何人不可能,债务人的履行合同的义务就被免除。此处“对债务人是不能的”指主观履行不能,比如甲从乙处订购了一幅名画,在交付前画被丙偷走,这时甲无法履行给付义务,但是丙存在可能性,甲构成主观履行不能;后半句“对任何人不可能”为客观履行不能,比如前面案例中,画没有被丙偷走,但是被丙撕毁,就属于这种情况。

第275条第1款是对真正的履行不能的规定,在实践中可分为“事实上的履行不能”和“法律上的履行不能”。事实上的履行不能也被称为物理履行不能,主要是指因自然法则上的原因无法给付。比如标的物毁损,或者合同的目的已经实现或者再也不能实现。合同目的已经实现(Zweckerreichung)指没有债务人的履行,债权

---

〔1〕 Vgl. BT – Drucks, 14/6040, S. 127.

〔2〕 Vgl. BT – Drucks, S. 127.

人订立合同的目的已经实现,比如甲和理疗师定了一个理疗服务合同,用来治疗其神经痛,但在理疗之前,甲彻底康复,此时理疗对其已毫无意义。目的再也不能实现(Zweckfortfall)是指,即使一方当事人再完美地按照合同履行其义务,也无法实现另一方当事人订立合同的目的,因为合同目的永久消失了。比如60岁的甲与养老院乙订立了为期5年的疗养合同,但甲在入住疗养院前突发心脏病死亡。这里需注意的是,目的障碍(Zweckstörung)并不构成履行不能,债务人不得以此主张免除给付义务,因为债务人的动机对合同的履行结果并不产生影响。比如,甲在乙服装店订购价值2万元的婚纱用于其1个月之后的婚礼。但是在婚纱做好后交付前,甲和未婚夫闹翻,婚礼取消,甲当然不能因此主张免除其付款义务。

第三,在第275条第2款和第3款规定了与真正的履行不能相对的实际的履行不能,在德国也被称为“合乎规范的履行不能”(normative Unmöglichkeit)[1]。第2款规范的是经济负担导致的真正履行不能,第3款为认识负担导致的真正履行不能。

根据第2款的规定,考虑到债的内容以及诚实信用原则,债务人为履行债务要付出的成本与债权人的履行利益显失比例的,债务人可拒绝履行。虽然履行不能不以当事人主观过错为构成要件,但在考量债务人的付出和债权人的利益是否“显失比例”时,还是需要考虑履行障碍产生的原因是否可归责于债务人,如果是债务人故意或者重大过失导致的履行障碍的产生,那么根据诚实信用原则,债务人即使付出显示比例的代价也应按照债务人的要求继续履行合同,这是其恶意违约的代价。[2]例如,A的画廊有一副

〔1〕 Vgl. Medicus/Lorenz, Schuldrecht I, AT, 18. Auflage, S. 201.

〔2〕 Vgl. Medicus, Schuldrecht I, 2005, S. 178.

画为 B 的亡母所画,B 以 1 万元的价格将其买下,预付款 2000 元,约定 3 日后来取画之时支付剩余价款。其间 C 看上此画,与 A 以 1.5 万元的价格成交,付款取画。B 得知后坚持要求 A 履行交付义务,C 得知后愿意以 2 万元的价格将画再卖给 A。在此案例中,虽然 A 要支出双倍于 1 万元的价格取得此画作,但是其不能主张实际履行,不能免于支付义务,因为此案中的履行障碍是 A 的一物二卖的违约行为引起的,基于诚实信用原则在 B 要求其履行,而且实际上可以履行的情况下,A 需要从 C 处买回画作交付于 A。

第 2 款衡量的是债务人的支出和债权人的履行利益是否"显失比例"。需要注意的是,债权人的履行利益随着时间的流逝可能比合同订立之时升高或降低,而且如果标的物很难找到替代物的,也应把债权人订立替代交易合同的成本计算入债权人的履行利益之中。[1] 同样的,在考量债务人支出时,除了金钱价值上的考察,也需把他为履行合同需付出的其他努力算入其中。[2]

第 3 款是对人身性履行不能的规定。根据此款规定,当债务人须亲自履行合同义务,并且在考量债务人的给付障碍和债权人的给付利益的情况下,无法合理地期待债务人提供给付的,债务人可以拒绝给付。与第 2 款的履行不能不同的是,亲自履行不能只要衡量债务人的给付障碍和债权人的给付利益之间的关系就可以了,并不需要"显失比例"作为构成要件,而且也无须考虑履行不能的原因,因为无论何种原因,都无法改变履行不能的尴尬局面。

第四,新债法对履行不能的法律后果做了统一规定。债权人可以依据第 280 条和第 283 条的规定请求债务人承担损害赔偿责

---

〔1〕 Vgl. MüKoBGB/Ernst, § 275, Rn. 83, 84; Vgl. Soergel BGB /Ekkenga/Kuntz, § 275, Rn. 137.

〔2〕 Vgl. MüKoBGB/Ernst, § 275, Rn. 83, 84; Vgl. Soergel BGB /Ekkenga/Kuntz, § 275, Rn. 137.

任来替代给付；或者依据第 284 条请求债务人偿还徒然费用；又或者依据第 285 条请求债务人提供替代给付。此外，在第 311a 条第 1 款法律明确规定，无论何种形式的履行不能都不会导致合同无效，当事人可根据第 326 条的规定解除合同，终止和债务人之间的权利义务关系。值得注意的是，第 326 条第 5 款明确规定合同解除的主体为债权人（Gläubiger）。

为了说明履行不能制度在新债法中的发展变化，笔者将履行不能制度以图表形式绘制出来（见图 4－5）。

（二）《德国民法典》对案例Ⅲ的适用分析

债务人乙如果可依据《德国民法典》第 275 条第 1 款免除履行义务，意味着交付标的物 20 个“Ronald”的足球应该对乙或者任何人都是不可能的。在上述案例中，在球送到乙商店后，球被进行了打包分类，乙也写好了通知甲取货的邮件，但是被忘了发送给甲。因此标的物仍为种类物，同样的球在市场上仍可以买到，所以并不构成第 275 条第 1 款规定的真正履行不能。

那么，债务人乙如果可依据《德国民法典》第 275 条第 2 款免除履行义务，意味着债务人乙为履行的支出与债权人甲的履行收益应“显失比例”，以致对乙的继续履行不可苛责。案件中，合同标的的价格为 500 欧元，后面上涨到 600 欧元，100 欧元的价格差显然未达到“显失比例”的程度。因此，债务人也不可依据此款主张免除给付义务。

此外，案件中债务人给付足球的行为显然不属于人身履行，无法适用第 275 条第 3 款。

因此，债务人乙不可依据《德国民法典》第 275 条第 1 款免除履行义务，需给付甲所预定的 20 个足球。

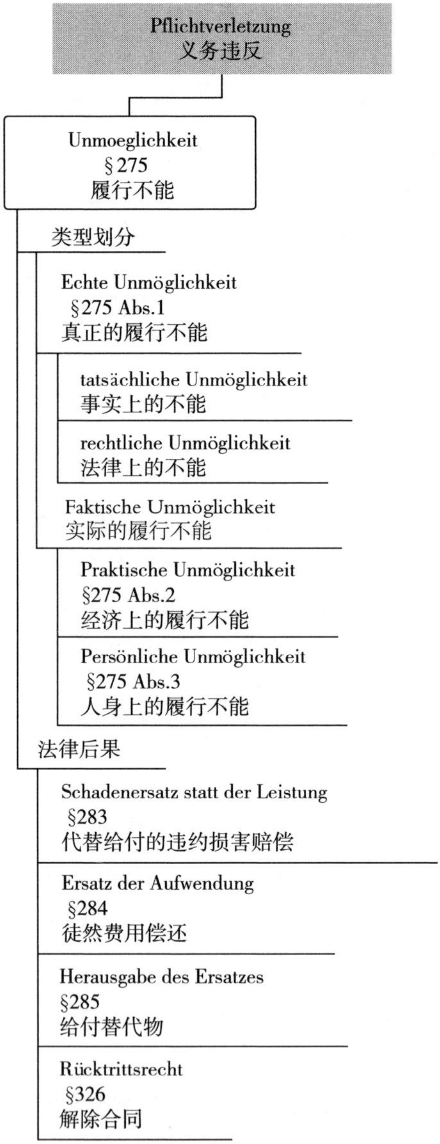

图 4－5　2002 年债法改革后《德国民法典》履行不能

三、我国《民法典》中的履行不能

（一）我国《民法典》的履行不能制度

我国《民法典》第 580 条第 1 款脱胎于我国原《合同法》第 110 条，此法律条文是我国合同法中履行不能制度的基础规范，其前半句“当事人一方不履行非金钱债务或者履行非金钱债务不符合约定的，对方可以请求履行”的规定体现了“契约严守”这一民法最高原则，确定了在债务人违约情形下债权人仍可要求其实际履行的权利，后半句但书则规定了免除债务人实际履行义务的三种情形，前两种为履行不能规范：第一种是法律上或者事实上不能履行，此为真正的履行不能，包括因法律的规定履行不能以及因为标的物灭失、合同目的已经实现或者彻底无法实现导致的事实的履行不能；第二种为债务的标的不适于强制履行或者履行费用过高的不能履行。不适于强制履行的债务多指人身相关的债，比如演出合同中负有演出一方不愿或者不能按约演出，法律不得强制执行；费用过高的履行不能主要是衡量债务人为克服履行障碍的支出与债权人的履行利益是否“显失比例”，如果“显失比例”，则不可苛责债务人继续履行。

除第 580 条，与履行不能相关的条款还有第 590 条。根据第 590 条的规定，当事人一方因不可抗力不能履行合同的，根据不可抗力的影响，部分或者全部免除责任，但是法律另有规定的除外。此条为不可抗力致使履行不能，包括部分履行不能和全部履行不能，与第 580 条履行不能一样，债务人也免于继续履行。

在债务人无论因何种原因陷入履行不能，都会导致债务人对合同可期待利益的落空。所以按照第 563 条第 4 款的规定，债权人都可解除合同，这是一方违约时法律赋予守约方的权利。问题是，如果守约方并不愿意解除合同,而是选择其他救济方式,债务人可不可以解除合同? 此问题在《合同法》适用后的20年一直存在争议,但争议的高潮还是来自《民法典》第580条第2款的规定:“有前款规定的除外情形之一,致使不能实现合同目的的,人民法院或者仲裁机构可以根据当事人的请求终止合同权利义务关系,但是不影响违约责任的承担。”此款规定的主体无疑也将债务人包含在内,原因如下:

第一,债权人在债务人违约致使其合同目的不能实现时当然可以使用合同解除权直接解除合同,如第580条第2款规定的主体只包括债权人,显然没有存在的必要性。

第二,考察第580条第2款的立法史,可发现立法者的立法本意就是给陷入僵局的合同一个突破口,给予违约方解除合同的机会。《民法典》的一审稿在第353条第3款规定:“合同不能履行致使不能实现合同目的,解除权人不解除合同对对方明显不公平的,对方可以向人民法院或者仲裁机构请求解除合同,但是不影响其承担违约责任。”之后,合同编草案二审稿在第一稿第353条第3款的基础上进一步修改为:“合同不能履行致使不能实现合同目的,有解除权的当事人不行使解除权,构成滥用权利对对方显失公平的,或者仲裁机构可以根据对方的请求解除合同,但是不影响违约责任的承担。”虽然在学者们强烈的建议下,最终颁布的《民法典》在第580条第2款将“违约方”删除,但是可以看出立法者的立法目的为赋予违约方申请解除合同的权利。

(二)违约方可打破合同僵局的争议与必要性分析

在《民法典》颁布前,无论是1999年的《合同法》还是最高人民法院的司法解释都没有违约方打破僵局的法律规定,但是在我国司法实践中长期存在着违约方申请解除合同的案例纠纷,通过法院的司法判决,特别是最高人民法院的指导意见,逐渐形成了具有指导性的合同法履行不能解除规则。最具有开创性的是在2004年判决的"新宇公司诉冯玉梅案"(以下简称"冯玉梅案"),此案在2006年被选为最高人民法院的公报案例。

1."冯玉梅案"基本案情、争议和判决结果

新街口地区是南京市最繁华、最集中的商业区域。位于新街口东北角中山路18号以南的时代广场,是原告新宇公司开发建设的商业用房。该建筑物为地下一层、地上六层,总面积6万余平方米。地上第一、二、三层约6000平方米的部分区域,被分割成商铺对外销售给150余家业主,其他建筑面积归新宇公司自有。1998年10月19日,新宇公司与被告冯玉梅签订了一份商铺买卖合同,约定:新宇公司向冯玉梅出售时代广场第二层编号为2B050的商铺,建筑面积22.50平方米,每平方米售价16 363.73元,总价款368 184元,10月22日前交付,交付后三个月内双方共同办理商铺权属过户手续。1998年10月26日,上述合同在南京市房地产市场管理处登记。合同签订后,冯玉梅按约支付了全部价款。1998年11月3日,新宇公司将2B050号商铺交付冯玉梅使用,但一直未办理产权过户手续。

1998年,原告新宇公司将时代广场内的自有建筑面积租赁给嘉和公司经营。1999年6月,嘉和公司因经营不善停业。同年12月,购物中心又在时代广场原址开业。2002年1月,购物中心也停业。这两次停业,使购买商铺的小业主无法在时代广场内正常经营,部分小业主以及嘉和公司的债权人集体上访,要求退房及偿还债务。在此期间,新宇公司也两次变更出资股东。新宇公司的新股东为盘活资产、重新开业,拟对时代广场的全部经营面积进行调整,重新规划布局,为此陆续与大部分小业主解除了商铺买卖合同,并开始在时代广场内施工。2003年3月17日,新宇公司致函被告冯玉梅,通知其解除双方签订的商铺买卖合同。3 月 27 日,新宇公司拆除了冯玉梅所购商铺的玻璃幕墙及部分管线设施。6 月 30 日,新宇公司再次向冯玉梅致函,冯玉梅不同意解除合同。由于冯玉梅与另一户购买商铺的邵姓业主坚持不退商铺,新宇公司不能继续施工,6 万平方米建筑闲置,同时冯、邵两家业主也不能在他们约 70 平方米的商铺内经营。新宇公司为此提起诉讼。

审理中,法院主持了调解。原告新宇公司认为,为使时代广场真正发挥效益,经营方向和方式必须改变,不可能保留商铺式经营。如果被告冯玉梅与案外人邵家再在时代广场内经营商铺,将影响时代广场内新格局下的整体经营。为此,新宇公司不仅愿意给冯玉梅退还全额购商铺款,还愿意以承担逾期办理产权登记过户手续违约金的名义,给冯玉梅补款 48 万元,用于补偿冯玉梅的经济损失。冯玉梅认为,时代广场走到今天这一步,责任全在新宇公司,与己无关;新宇公司愿意给付的款项,不够弥补自己的损失;新宇公司如果真愿意解除商铺买卖合同,应当按每平方米 30 万元的价格给予赔偿。新宇公司认为,全南京市任何一处房产均无每平方米 30 万元的价格,冯玉梅提出难以令新宇公司接受的赔偿价格,表明其根本不想解决纠纷;这个纠纷不解决,时代广场固然不能竣工,冯玉梅也别想经营。由于双方当事人各执己见,调解未果。

本案的争议焦点十分明确:作为违约方,新宇公司是否可以提出解除合同?本案一审和二审法院都给予了肯定的答案。

本案一审法院南京市玄武区人民法院判决解除双方之间的合同,具体内容为:一、原告新宇公司与被告冯玉梅签订的商铺买卖合同予以解除;二、被告冯玉梅给原告新宇公司返还时代广场内编号 2B050 的商铺,于本判决生效之日起 10 日内交付;三、原告新宇公司返还被告冯玉梅的商铺价款 368 184 元,赔偿冯玉梅商铺的增值额163 516元，合计531 700元，于本判决生效之日起10日内付清；四、原告新宇公司赔偿被告冯玉梅逾期办理房屋权属登记过户手续的违约金及其他经济损失48万元，于本判决生效之日起10日内付清。玄武区人民法院肯定了新宇公司和冯玉梅之间合同的效力，但是仍认为双方之间的合同可以解除，而合同解除的事由引用的是债务人义务的履行所需支付的成本与债权人合同履行利益之间显失比例，具体表述为："冯玉梅所购商铺，只是新宇公司在时代广场里分割出售的150余间商铺中的一间。在以分割商铺为标的物的买卖合同中，买方对商铺享有的权利，不能等同于独立商铺。为有利于物业整体功能的发挥，买方行使权利必须符合其他商铺业主的整体意志。现在时代广场的大部分业主已经退回商铺，支持新宇公司对时代广场重新规划布局的工作，今后的时代广场内不再具有商铺经营的氛围条件。冯玉梅以其在时代广场中只占很小比例的商铺，要求新宇公司继续履行本案合同，不仅违背大多数商铺业主的意愿，影响时代广场物业整体功能的发挥，且由于时代广场内失去了精品商铺的经营条件，再难以通过经营商铺营利，继续履行实非其本意。考虑到时代广场位于闹市区，现在仅因双方当事人之间的互不信任而被闲置，这种状况不仅使双方当事人的利益受损，且造成社会财富的极大浪费，不利于社会经济发展。从平衡双方当事人目前利益受损状况和今后长远利益出发，依照公平和诚实信用原则，尽管双方当事人之间存在的商铺买卖合同关系合法有效，尽管冯玉梅在履行合同过程中没有任何违约行为，本案的商铺买卖合同也应当解除。"当然，因为冯玉梅作为合同的守约方，本案负责法官也判决新宇公司给她一定的赔偿："鉴于被告冯玉梅在履行商铺买卖合同中没有任何过错，在商铺买卖合同解除后，其因商铺买卖合同而获得的利益必须得到合理充分的补偿，补偿标准是保证冯玉梅能在与时代广场同类的地区购得面积相同的类似商铺。原告新宇公司同意在商铺买卖合同解除后,除返还冯玉梅原付的购房价款、赔偿该商铺的增值款外,还给冯玉梅补款48万元,这一数额足以使冯玉梅的现实既得利益不因合同解除而减少,应予确认。”

一审宣判后,冯玉梅不服,向南京市中级人民法院提起上诉。站在守约方的立场考虑整个案件的话,冯玉梅的上诉确实有一定的道理,因为按照契约自由以及合同严守、诚实信用等原则,在合同有效,且双方未达成合意解除以及债权人不愿意行使法定解除权的情况下,债务人确实无法从合同中得以解脱。但是问题是,如果合同一直不予解除,那么债务人新宇公司无法对整个商场进行整体布局,同样地,冯玉梅的店铺也无法继续经营,合同履行僵局出现,从宏观上来看,这显然不利于经济的发展和资源的优化配置,从微观上来看,新宇公司与冯玉梅也是两败俱伤,在僵局中浪费自己的时间、金钱和精力,错失重新盘活资源的机会。

二审法院肯定了一审法院解除合同、赔偿冯玉梅经济损失的判决,对当时的合同法第110条(《民法典》第580条第1款)进行了解释,认为根据《合同法》第110条的规定,“当事人一方不履行非金钱债务或者履行非金钱债务不符合约定的,对方可以要求履行,但有下列情形之一的除外:(一)法律上或者事实上不能履行;(二)债务的标的不适于强制履行或者履行费用过高;(三)债权人在合理期限内未要求履行”。债务人在符合以上三种情形的任意一种时,债务人都免于继续履行的义务。而“新宇公司诉冯玉梅”案件中,新宇公司如果继续履行合同的话则符合第110条第2项规定的第二种情形——“履行费用过高”,判断标准为“根据履约成本是否超过各方所获利益的比例”。当违约方继续履约所需的财力、物力超过合同双方基于合同履行所能获得的利益时,应该允许违约方解除合同,用赔偿损失来代替继续履行。在本案中,如果让新宇公司继续履行合同,则新宇公司必须以其6万余平方米的建筑面积来为冯玉梅的22.50平方米商铺提供服务,支付的履行费用过高;而在6万余平方米已失去经商环境和氛围的建筑中经营22.50平方米的商铺,事实上也达不到冯玉梅要求继续履行合同的目的,那么新宇公司因履行不能免于履行将商铺过户给冯玉梅的义务,以损害赔偿等其他措施替代履行。一审平衡双方当事人利益,判决解除商铺买卖合同,符合法律规定,是正确的。冯玉梅关于继续履行合同的上诉理由,不能成立。[1]

2. 违约方解除合同的争议

《民法典》一经颁布,第580条第2款就引起了极大的争议,学者对违约方是否可解除合同各执一词。支持者认为,一旦债务人陷入履行不能,在合理的期限内无法履行合同义务,此时合同履行已经陷入僵局,如果债权人不愿意解除合同,那么债权人和债务人双方就陷入了合同权利义务束缚的沼泽之中,进退维谷。具体的支持论点笔者总结如下:

第一,债权人在债务人履行不能之时仍不愿意解除合同,这种“伤敌一千,自损八百”的行为明显违反了诚实信用原则。[2]

第二,符合效率原则。效率是法律经济学追求的重要价值,也是合同法的重要价值。从宏观上来看,社会的发展需要资源不断地流动和合理优化配置;从微观上来看,当事人订立合同的目的一般都是增加自己的财产或精神价值。在债务人履行已经不能或者不可苛责时,解除合同可以使双方当事人都能摆脱束缚,寻找替代

[1] 参见江苏省南京市中级人民法院民事判决书,(2004)宁民四终字第470号。
[2] 参见孙良国:《违约方的合同解除权及其界限》,载《当代法学》2016年第5期。

交易或者对资产进行其他重新处置。[1]

第三,为司法实践提供统一的法律依据,防止同案不同判的司法困境。[2] 在"新宇公司诉冯玉梅"案件判决后,经常会有违约方申请解除合同的案件出现。虽然"冯玉梅案"法院判决解除合同,但由于并未有统一的请求权基础,也并无具有法律效力的司法解释,所以也不乏法官驳回违约方请求解除合同的案例。[3] 对原《合同法》第110条履行不能的不同解释导致了不同的案件判决结果,从而会产生同案不同判的司法不公。而《民法典》第580条第2款的规定明确了对违约方解除合同的法律态度,为司法裁判提供了统一的法律依据,打破了司法判决的困境。

以上是主张违约方可解除合同的主要论点。当然,学界对《民法典》第580条第2款的质疑声也不绝于耳。主要论点如下:

第一,承认违约方可解除合同容易引发道德危险,在违约成本小于履行收益时,违约方很可能违背诚实信用原则,利用第580条第2款从合同履行义务中脱身,从而对守约方造成不公平和不正义的后果。[4]

第二,解除合同是法律基于公平正义对守约方的救济,权利不应"反转"到债务人身上,否则会打乱合同法的救济体系。[5]

---

〔1〕 参见崔建远:《完善合同解除制度的立法建议》,载《武汉大学学报(哲学社会科学版)》2018年第3期。

〔2〕 参见张素华、杨孝通:《也论违约方申请合同解除权兼评〈民法典〉第580条第2款》,载《河北法学》2020年第9期。

〔3〕 法官驳回违约方解除合同的申请可参见黑龙江省佳木斯市中级人民法院民事判决书,(2018)黑08民终779号。

〔4〕 参见王利明:《合同编解除制度的完善》,载《法学杂志》2018年第3期;参见曹兴权、张径华:《违约方解除合同场合的利益调整机制——基于〈民法典〉第580条展开》,载《中国法律评论》2022年第6期。

〔5〕 参见郝丽燕:《走出违约方解除权的误区》,载《南大法学》2020年第3期。

第三，违约方解除合同违反了“契约严守原则”，同时与情势变更原则的适用产生冲突，不但难以解决司法困境，反而会导致请求权基础的混淆。[1]

3. 违约方申请解除合同的合理性和必然性

笔者认为，赋予违约方申请解除合同的权利是我国《民法典》具有创新性的、历史性的变革，真正体现了我国《民法典》是人民的民法典，是切实解决人民纠纷、保护人民合法权益的民法典，兼顾了公平和效率原则。

首先，第580条第2款并不是将合同解除权从守约方反转给违约方。合同解除权为形成权，在守约方将解除的通知到达违约方后生效，合同得以解除，是法律赋予守约方的权利。违约方当然没有解除权，第580条第2款赋予违约方的是其申请司法机构解除合同的权利，属于司法解除的类型，决定权在法官手中。在“新宇公司诉冯玉梅”案件中，新宇公司作为违约方，当履行合同对其已经构成实际上的不可能之时，他的第一选择是和冯玉梅协商解除合同。事实上在此案中，新宇公司为了重新布局商业规划，已经和大部分小业主协商解除了商铺买卖合同。在冯玉梅明确拒绝后，新宇公司也无合同解除权，而是请求人民法院判决，此时合同是否继续有效的命运掌握在审判者，而不是违约人新宇公司的手中。

其次，效率和公平并不是磁场的两极，完全相对。在合同僵局出现之时，尊重效率原则才能获得实质上的公平。何为僵局？如果继续履行合同有很大的可能性，而且不违反我们的交易习惯、公序良俗，对债务人不构成苛责，那么合同并未陷入僵局这种绝境。所谓僵局，即合同在实际上已经失去了履行的可能性。比如甲和

[1] 参见韩世远：《合同法的现代化：为何及如何》，载《法治研究》2019年第6期。

乙在海上交易一根定制的胸针,结果因为卖方甲的疏忽胸针掉到了无边的大海里,此时胸针从物理上来说并未消灭,但是如果乙坚持要求甲履行交付义务,客观上是无法期待甲大海捞针,此时合同履行就陷入了僵局,而这种状态在可预见的、合理的期限内都无法改变,那么维持合同的意义何在?合同僵局之下,会出现三种可能的利益状态。第一种是僵局对债权人明显不公平,对债务人影响不大,此时一个理性的债权人都会选择行使合同解除权。第二种是对债权人和债务人都明显不利,而债权人不愿意解除合同的原因无非只有两种:一种是其处于不理性的状态,要“伤敌一千,自损八百”;另一种是债务人解除合同的愿望更为迫切,债权人坚持不解除合同可以谋求更大的利益。无论第一种还是第二种情形,对合同的坚持都损害了双方当事人的利益,在僵局持续之时就是当事人利益减损之时,与公平正义和诚实信用的理念完全相悖。第三种是对债权人无碍,但是严重影响了债务人的利益。私法是万民之法,维护的是民事主体的合法权益,其中也保护违约方合法的权益。违约方应为其违约承担代价,但是必须在合理的范围内,超出合理范围,就会使民法带上很强的惩罚性色彩,这与民法理念显然相悖,更不利于民事经济的发展。以上的第二种和第三种情形下的僵局,在债权人不愿意解除合同而司法也不得在当事人未请求下介入合同的相对关系之时,赋予违约方申请合同解除、打破合同僵局的权利,不仅符合法经济学所追求的效率原则,更体现了法的公平正义,两个原则相辅相成,体现了我国民法合同解除制度的科学性、合理性和实用性。在“新宇公司诉冯玉梅”案件中,合同的僵局下当事人双方的利益都在受损,新宇公司无法重新装修、盘活资产,冯玉梅也无法正常营业,二者的利益状态毫无疑问都是在僵局中呈减少状态。在此情境之下,法院判决解除合同,赔偿冯玉梅损失是最为合理和公正的选择,南京市玄武法院的判决显示出法官超高的理论和实践水平，也进一步说明在非违约方恶意引起的合同僵局下，赋予债务人申请解除合同的权利符合效率原则，也符合实质的正义和公平原则。

最后，法律对违约方申请解除合同的权利作了严格的限制，故第 580 条第 2 款并不违背诚实信用、公平正义的原则。司法实践中，适用此款规定必须满足一定的要件，一般会适用“司法版本的违约方申请合同解除”的规定，即《全国法院民商事审判工作会议纪要》（又称《九民纪要》）第 48 款，具体条文表述如下：“违约方不享有单方解除合同的权利。但是，在一些长期性合同如房屋租赁合同履行过程中，双方形成合同僵局，一概不允许违约方通过起诉的方式解除合同，有时对双方都不利。在此前提下，符合下列条件，违约方起诉请求解除合同的，人民法院依法予以支持：(1)违约方不存在恶意违约的情形；(2)违约方继续履行合同，对其显失公平；(3)守约方拒绝解除合同，违反诚实信用原则。人民法院判决解除合同的，违约方本应当承担的违约责任不能因解除合同而减少或者免除。”

在满足了第 580 条第 2 款的履行不能的情形的前提下，违约方要申请解除合同也需要满足《九民纪要》的三项要件。第一，不得存在恶意违约，在“新宇公司诉冯玉梅”案件中，新宇公司因两次经营不善停业，为了继续存活其不得不重新规划，盘活资产、重新开业。新宇公司并不是恶意针对冯玉梅，而是为使时代广场真正发挥效益，经营方向和方式必须改变，不可能保留商铺式经营。如果被告冯玉梅与案外人邵家再在时代广场内经营商铺，将影响时代广场内新格局下的整体经营。新宇公司虽然申请解除合同，但是并未逃避违约责任，不仅愿意给冯玉梅退还全额购商铺款，还愿意以承担逾期办理产权登记过户手续违约金的名义，给冯玉梅补款 48 万元，可见其并不是恶意违约，并不具有道德上的可谴责性。如果新宇公司是因房价飞涨而恶意撕毁合同,那么就无法适用违约方解除合同的条款。第二,继续履行,对债务人不公平。此款和《民法典》第580条第2项规定的"履行费用过高"本质一样,旨在防止违约方使用机会主义策略,以较小的损失获得不成比例的利益。[1]比如,2020年甲公司将自己名下的商场的一间商铺卖给乙,但一直未办理过户。2022年城市开发,甲公司的商场变成开发区的核心位置,周边房价猛涨。甲商场为了实现利益最大化,遂以履行不能为由申请解除和乙的合同,这种情况下,甲为了达成自己利益的最大化而恶意毁约,法院当然不会按照"显失比例"的履行不能判决合同解除。在"新宇公司诉冯玉梅"案中,新宇公司申请解除合同主要目的是自救,其愿意承担违约责任,其行为很难定义为投机。此外,新宇公司以其6万余平方米的建筑面积来为冯玉梅的22.50平方米商铺提供服务,违约方履行合同所支付的成本远远大于履行带给守约方的利益,属于典型的"显失比例"。第三,只有在守约方拒绝解除合同违反诚实信用原则时,违约方解除合同的申请才可能被法院认同。在合同明显陷入僵局,而债权人的履行利益又不是无可替代之时,债权人还固守合同很大一部分是为获得更高的赔偿金额,特别是当合同僵局对守约方的损害远小于违约方之时。"新宇公司诉冯玉梅"案中,冯玉梅取得时代广场的店铺的目的并不是无可替代,完全可以折价成同等价值的款项去寻求替代交易,特别是在违约方除赔偿商铺价值外还愿意补偿一定的款项,但本案中,冯玉梅向新宇公司提出合意解除合同的前提是新宇公司按照每平方米30万元进行赔偿,这显然超出了正常的赔偿范围。

---

〔1〕 参见孙良国:《违约方的合同解除权及其界限》,载《当代法学》2016年第5期。

综上所述,笔者认为《民法典》第 580 条第 2 款的规定具有理论的正当性,在司法实践中也具有很强的适用性。但在适用之时,应区分合同解除权和申请合同解除的权利,将合同解除权始终看成守约方所独有的法律救济。在债权人不愿解除合同从而出现合同僵局之时,法院也必须要考量债务人是否恶意违约、投机取巧,债务人继续履行合同是否“显失比例”“不可苛责”,以及债权人坚持不解除合同是否违反诚实信用原则等因素,切勿违背了此条兼顾效率和公平的立法目的,造成违约方滥用申请合同解除权的混乱局面。

(三)我国《民法典》对案例Ⅲ的适用分析

债务人或许可以根据我国《民法典》第 580 条第 1 款第 1 项或第 2 项免除继续履行的义务。

根据我国《民法典》第 580 条第 1 款的规定,当事人一方不履行非金钱债务或者履行非金钱债务不符合约定的,对方可以请求履行,但是有下列情形之一的除外:(一)法律上或者事实上不能履行;(二)债务的标的不适于强制履行或者履行费用过高。

首先需要考察,债务人是否已经构成第 1 项中的法律上或事实上履行不能,即真正的履行不能。本案中,“Ronaldo”足球为种类物,在甲订购的 20 个球到达乙商店时,乙并未通知甲,此时,20 个足球还未从种类物转变成特种物,因此,并不是所有的“Ronaldo”足球都灭失,乙商店还可以在市场上买到同样的球,故债务人乙并不构成真正的履行不能。

其次需要考察,债务人是否构成第 2 项中的债务的标的不适于强制履行或者履行费用过高。给付足球并不属于人身性的履行,因此不构成不适于强制履行的履行不能。问题是,债务人乙如果继续履行给付,会不会构成“履行费用过高”的履行不能。法律规范中并未规定“履行费用过高”的判断标准，在“新宇公司诉冯玉梅”案件中，法官判断新宇公司“履行费用过高”的标准为新宇公司继续履行合同所支付的成本远远大于合同继续履行时新宇公司以及冯玉梅的合同履行收益。也有学者认为，“履行费用过高”是指债务人履行的成本与债务人履行的收益极不成比例。〔1〕无论如何，在计算履行费用时，对履行成本的计算、债务人履行收益以及债权人履行收益的计算都必不可少。但是需注意的是，在一些案例中债权人对债务的继续履行可能存在的重要的情感价值也不能忽略，除此之外，还需考量履行合同的繁杂程度。这需要法官以客观目的解释的方法去自由裁量和判断履行费用是否过高。本案中，债务人如继续履行合同，需要自己支付不高于600欧元的价款。而债权人的履行利益也为价值600欧元的20个足球，并未出现履行成本和收益显失比例的情形。所以，债务人乙的履行并不构成“履行费用过高”的履行不能，无法依据第580条第1款第2项免除继续履行的义务。

所以，债务人不能根据我国《民法典》第580条第1款第1项或第2项免除继续履行的义务。

债务人或许可依据第590条不可抗力免责条款免除继续履行的义务。

根据《民法典》第590条的规定，当事人一方因不可抗力不能履行合同的，根据不可抗力的影响，部分或者全部免除责任，但是法律另有规定的除外。因不可抗力不能履行合同的，应当及时通知对方，以减轻可能给对方造成的损失，并应当在合理期限内提供证明。那么如果债务人可以依据第590条免除继续履行的义务，

---

〔1〕参见王利明：《合同法研究》，中国人民大学出版社2011年版，第592页；参见韩世远：《合同法总论》，法律出版社2011年版，第609页。

就必须构成本法第180条规定的不可抗力，即不能预见、不能避免且不能克服的客观情况。案例中债权人订购的20个足球是在大火中被损毁，根据案件事实得知此大火非因债务人引起，是其不能预见且不能避免的。问题是，债务人是否可克服阻碍继续履行。本案中，债务人如果要继续履行，需多支付100欧元的价格订购市面上的足球，此涨价为市场正常的价格波动，不构成情势变更或者不可抗力，债务人完全可以履行合同。

因此，债务人不可以依据第590条不可抗力免责条款免除继续履行的义务。

综上所述，债务人乙需要继续履行合同，交付债权人甲预定的20个“Ronaldo”的足球。

四、法律比较和小结

与《德国民法典》、中国《民法典》相比，《联合国国际销售合同公约》并未对履行不能的构成、类型以及法律效果等进行规范，只在第79条规定了不可抗力引起履行不能时债务人免于继续履行的义务。通过此部分的法律比较，可发现《公约》第25条将“可预见性”规则作为根本违约构成要件的局限性：在履行不能，特别是不可抗力引起的履行不能发生之时，债务人在合同订立之时无法预见，且一个理性的第三人在同等情况下也无法预见不可抗力事由的出现以及造成的履行障碍，债权人难以援引根本违约解除合同，此时合同僵局出现，显然违反了民法为救济法的本质，违背了效率原则、诚实信用原则等，此为《公约》漏洞，只能交自由裁量权于法官，按照准据法的规定进行判决。

我国《民法典》在第580条第1款第1和第2项分别规定了真正的履行不能和实际的履行不能，真正的履行不能又分为法律上或事实上的履行不能，实际的履行不能分为不可强制履行的履行不能以及履行费用过高的履行不能，这和《德国民法典》第 275 条第 1 款至第 3 款的规定相似。二者的不同主要在于对履行不能法律后果的规定。根据我国《民法典》合同编的规定，如果出现履行不能，除债务人按照第 580 条第 1 款或者第 590 条规定免除继续履行义务的规定，以及第 580 条规定的不可强制履行时的替代履行，在债权人要求解除合同，请求损害赔偿之时，主要的请求权基础为我国《民法典》第 577 条、第 566 条和第 563 条，此为违约和合同解除后果的统一法律规范，对履行不能并未单独规定详细的法律后果。所以我国合同法履行障碍体系的立法主要采取统一的法律后果立法进路，违约为一级概念，并设置相应的法律后果，对具体的违约形态，如履行不能的规定比较笼统。

与我国《民法典》相比，《德国民法典》则采取两步走的立法策略：首先在第 280 条规定了违约作为一级概念，然后在一级概念下详细规定了典型的违约形态的构成以及法律后果，比如履行不能下，债务人可选择赔偿替代给付或者替代物履行，或是请求徒然费用的偿还，又或是合同解除以及违约损害赔偿。尽管有诸多区别，但通过对案例Ⅲ分析发现二者并无本质性的差别，其内涵都是追求效率原则和公平原则的衡平，在合同履行不能之时不苛责债务人继续履行，而是鼓励以替代履行或者损害赔偿的方式弥补债权人的损失。

与另外两部法律规范相比，我国《民法典》对履行不能制度最大的创新是在第 580 条第 2 款赋予了违约方申请合同解除的权利。无论是《联合国国际货物销售合同公约》还是《德国民法典》都将合同解除权视为法律对债权人的法律救济，是债权人的合法权利。因此在这两部法律中合同解除只能通过合意、约定或者债权人法定解除的方式。在德国民法中，基于对私法自治和契约自由的尊重，法院只有在违约方对守约方解除合同提出异议之诉时，法院才对债权人是否有合同解除权进行裁决,并不存在司法解除,所以违约方不可通过司法诉讼解除合同。但是,这并不意味着在德国民法中出现"新宇公司诉冯玉梅"类型的案例时合同僵局无法打破。《德国民法典》第326条第1款的功能与我国《民法典》第582条第2款类似,但德国采取的德规范模式是合同自动消灭路径,即根据《德国民法典》第326条第1款的规定,如果债务人构成第275条第1至第3款的履行不能,则债务人根据第275条免于继续履行的义务,债权人根据第326条第1款免除对价给付,此时合同自动消灭,[1]债权人可依据其他法律规定得到救济。无论是我国民法中的债务人申请解除合同还是《德国民法典》中的合同自动消灭规则都可起到打破合同僵局的作用,并无优劣之分,只是立法政策不同。

综上所述,我国《民法典》形成了较为完备的履行不能制度,规定了履行不能的类型,履行不能情形下债权人可依据第563条第1款或者第3款解除合同,依据第577条请求损害赔偿;债务人可依据第580条或者第590条主张合同给付义务的免除,在其履行不能但债权人怠于行使合同解除权时,债务人可申请人民法院判决解除合同。

第三节　履行迟延

与预期拒绝履行、履行不能违约形态相比,迟延履行仍有履行的可能性,因此,一般仅因债务人没有按照期限履行合同义务不构

---

〔1〕 Vgl. Beschlussempfehlung des Rechtsausschlusses BT – Drucks, 14 /7052 S. 193.

成合同解除的事由。[1] 当然，如果履行期限对实现合同的目的至关重要，那就另当别论了。[2] 在履行迟延的法律规范设置上，《联合国国际货物销售合同公约》中，合同是否解除取决于违约行为是否构成根本违约，但对履行迟延这一违约形态，采取催告解除，特殊情况下直接解除。德国采指定宽限期模式，但是如果履行期限的遵守对合同目的的实现起着决定性的作用，债权人也可立即解除合同。我国采迟延履行主要债务+催告解除和合同目的不能实现立即解除两种模式。本节仍采用案例分析方法和法律比较方法，比较三部法律履行迟延制度的异同，探析我国规定的合理性和在适用中存在的问题以及解决方式。

案例导入Ⅳ[3]

2018年2月23日粟清芳与昊达公司签订《南昌市商品房买卖合同》，约定粟清芳向昊达公司购买位于南昌市红谷滩区商业、服务性公寓（酒店）办公楼-XXX号商品房，总价款444 671元。合同约定，昊达公司应在2019年6月30日前向粟清芳交付符合条件的商品房，逾期60日后，粟清芳有权解除合同；昊达公司应在收到解除合同通知后30日内退还已付房款，并按已付款的1%支付违约金。2018年2月11日，粟清芳向昊达公司支付30 000元、同月23日又支付194 671元。2018年3月27日，粟清芳通过银行按揭支付了220 000元，共计支付444 671元。2020年4月26日，粟清芳向昊达公司发出解除合同催告函，要求解除合同。另查明，2020

〔1〕 Vgl. Wörlen/Metzler-Müller, Schuldrecht AT, Rn. 200; Medicus/Lorenz, Schuldrecht AT, Rn. 458.

〔2〕 Vgl. Schlechtriem/Müller-Chen, Art. 49, Rn. 5; Staudinger/Magnus, Art. 49, Rn. 10; Vgl. H. Honsell/Gsell, Art. 25, Rn. 31.

〔3〕 江西省南昌市中级人民法院民事判决书，(2021)赣01民终640号。

年8月21日,昊达公司取得《南昌市工程建设项目竣工验收备案意见书》。同日,昊达公司向粟清芳发出《交房通知书》。

此案的争议焦点为债权人是否可因债务人迟延履行解除合同?

一审法院认为:双方签订的商品房买卖合同合法有效,双方均应严格履行。昊达公司在粟清芳按约支付了购房款后,应按约定的时间交付符合条件的商品房。现昊达公司因自身或新冠疫情影响造成逾期交房,不是根本性的违约行为,昊达公司积极完成工程建设,且在该案审理期间,已经取得了《南昌市工程建设项目竣工验收备案意见书》,该备案意见书证明昊达公司应交付的商品房,符合交房条件,故粟清芳合同目的能够实现,不解除合同时,可以保持合同及相关方工作的稳定性,故该案合同不宜解除。但昊达公司逾期交房,如果粟清芳没有收到昊达公司支付的违约金,则可以依法另行主张昊达公司逾期的违约责任。依照《中华人民共和国合同法》第94条第1款第4项、第107条和《中华人民共和国民事诉讼法》第64条的规定,判决如下:驳回粟清芳的诉讼请求。案件受理费8459元,财产保全费2906元,由粟清芳负担。

一审判决后,粟清芳提出上诉,认为“一审判决认定被上诉人逾期交房,不是根本性的违约行为,在本案审理期间,商品房符合交房条件,故上诉人合同目的能够实现是错误的。从维护社会稳定的角度考虑,本案更应当判令解除合同。综上所述,上诉人订立合同的目的尚未实现,一审判决驳回上诉人解除合同的诉请,不利于维护社会有序运行”。

二审法院支持了一审法院的判决,主要判决理由为:“粟清芳与昊达公司签订《南昌市商品房买卖合同》,约定粟清芳购买昊达公司开发建设的商品房,并就价款、交房时间、违约责任等进行了明确约定。根据双方当事人的约定,昊达公司应当在2019年6月

30日前向粟清芳交付商品房,但昊达公司并未在该期限向粟清芳交付房屋,构成违约,昊达公司应对此承担逾期交付房屋的违约责任。对于粟清芳提出应解除涉案房屋买卖合同并要求昊达公司退回房款承担违约金等上诉请求,经查,双方签订房屋买卖合同,交易的标的是商品房,即昊达公司向粟清芳提供房屋,粟清芳向昊达公司支付购房款,双方的目的分别是获得房屋所有权和获取房款。虽然昊达公司在履约过程中构成逾期交房,但其在逾期交房后积极完成涉争房屋的后续工程建设,即便在新冠疫情期间,昊达公司也持续推进后续工程建设,并在2020年8月21日完成了涉争房屋所在楼栋的项目竣工验收备案,使该房屋具备了交付条件,粟清芳能够获得案涉房屋的所有权,其合同目的能够最终实现,故昊达公司的行为不构成根本违约。"

在双方约定了履行期限以及宽限期,且债务人未在宽限期内履行主给付义务的情况下债权人是否可解除合同?不考虑法律的适用范围,分别适用《联合国国际货物销售合同公约》、《德国民法典》和我国《民法典》法律进行案例分析,比较异同,探讨案件解决最为恰当的路径。

一、《联合国国际货物销售合同公约》

(一)《联合国国际货物销售合同》中的预期根本违约

1. 卖方交付迟延

根据《公约》第47条第1款的规定,如果卖方在履行期限届满仍未交付货物的,买方在为卖方指定了合理的宽限期后卖方在此期限内仍未交付的,买方可以宣布解除合同。从此条款不难推断出,交付迟延一般不构成第25条规定的根本违约,因此买方通常不能直接解除合同,而是在卖方陷入迟延后仍需为其指定合理的履行宽限期。[1] 本条第2款为第1款的补充和递进条款，规定在买方指定的合理宽限期内不得采取任何救济措施，除非卖方通知买方他不会在宽限期内履行合同。这也就意味着，除非卖方在宽限期内明确拒绝履行合同，否则买方不可寻求救济措施，比如买方不能签订替代交易合同。

如果交付的期限对买方合同目的的实现起着决定性作用，那么履行迟延就构成根本违约，买方可直接解除合同。定期交易（Fixgeschäft）合同就是这种类型。《联合国国际货物销售合同公约》作为国际货物贸易交易规范，并未对违约下的包括履行迟延在内的二级违约形态进行详细的规定，无论哪种违约形态，只要违约行为使债权人合同目的不能实现，其债权人对此后果有可预见性，就可构成根本违约。通说认为，如果合同履行期限对合同目的的实现至关重要，指定宽限期毫无必要时，履行迟延就构成根本违约，买家可直接依据《公约》第49条解除合同。[2]

（1）定期交易

定期交易是指，合同当事人约定了确定的履行期限，或者根据案件订立时的具体情况卖方清楚地知道履行的期限，而且合同各方双方一致同意交货时间的遵守是合同的基础。[3] 在司法实践中，因《公约》并未明确规定“定期交易”这一概念，所以经常被称为履行迟延下的根本违约。

定期交易根据履行期限对合同目的的重要程度，可分为绝对

---

〔1〕 Vgl. MüKoBGB/Peter Huber, Art. 47, Rn. 4.

〔2〕 Vgl. Schlechteriem/Schwenzer/Müller – Chen, Art. 47, Fn. 1; Vgl. Schlechtriem/Huber, Art. 47, Rn. 3.

〔3〕 Vgl. Staudingers/Magnus, Art. 25 CISG, Rn. 22; Vgl. Schlechtriem/ Schlechtriem, Art. 25, Rn. 18; Vgl. Medicus/Lorenz, Schuldrecht AT, Rn. 420; Vgl. Schlechtriem/Schwenzer/ Schlechtriem, Art. 25, Rn. 18.

的定期交易和相对的定期交易。相对的定期交易是指，虽然债务人没有在规定的期限内履行合同，但是债权人订立合同的目的并未完全落空。[1] 与之相反，在绝对的定期交易中，一旦债务人在合同履行期限届满之时未履行合同，则合同的继续履行对债权人已毫无意义，因为其合同目的因对方履行迟延彻底不能实现，比如音乐会的门票、机票等，一旦未在约定的时间交付，买方可直接解除合同，寻求其他能实现其目的的替代交易。而相对的定期交易并不是绝对地构成根本违约，必须在具体的案件里根据事实情况衡量当事人双方之间的利益，关键是考察是否因迟延交付使得卖方的合同目的实质性落空。[2]

(2)季节性商品的给付迟延

如果合同的标的物的市场价值与具体的日期或者季节有着重要的关联，那么按照履行期限交付货物就显得很必要了。[3] 此种商品在特定时间的价格和平常不同，且差别巨大，因此延迟交付有可能会导致卖方合同目的落空，从而构成根本违约。例如，甲从乙处订购了一批质量上乘的苹果，约定在 12 月 23 日前交货，甲将对这批苹果进行包装，用在 12 月 24 日的平安夜。如果苹果在 25 日才到达，那么其市场价值将大打折扣，此时甲可以直接解除合同，并请求乙赔偿损失。当然，如果交货迟延的时间并不长，并且有时间补交货物的，则不能按照根本违约看待，此种情形下买方需按照第 47 条的规定指定宽限期。[4]

---

〔1〕 Vgl. Medicus/Lorenz, Schuldrecht AT, Rn. 421.

〔2〕 Vgl. Ziegler, Leistungsstörungsrecht nach dem UN – Kaufrecht, S. 61.

〔3〕 Vgl. Trommler, S. 112; Freiburg, Recht auf Vertragsaufhebung, S. 76.

〔4〕 Vgl. MüKoBGB/ Huber, Art. 49, Rn. 34; Vgl. Schlechtriem/Schwenzer/Müller – Chen, Art. 49, Rn. 5.

(3)其他具有定期交易性质合同的迟延履行

履行期限的重要性也可由合同标的的特殊自然属性决定。比如,当卖方没有按照约定的交易时间交付易腐烂的食品,即使其仅仅迟延了几个小时或一天,但是根据食品的特性,已经变得不能满足买家的期待了,那么买家可根据根本违约解除合同。在电商平台迅猛发展的时代,各种点餐平台出现在大众视线里,点外卖已成为很多年轻人生活方式。而因外卖引起的纠纷,首要原因并不是食品的质量,而是送餐时间的超时,一般送餐时间超过一段时间,食品已经无法达到预期的口感时,买方可以立即解除合同就是这种情况。除此之外,如果买方在订立合同时告知卖方他的主要目的为转卖给第三人,而和第三人合同的履行时间对合同的存在具有决定性意义,此时卖方如果迟延履行,买方也可援引根本违约解除合同。[1]

2. 买方履行迟延

买方的履行迟延主要包括付款迟延和接收货物迟延。

通常而言,买方未按照规定的时间付款并不构成根本违约,因为卖方主要合同目的——通过合同获取利润,并未因买方的迟延付款而彻底不能实现。同样地,买方没有按照约定的时间接收货物也不构成根本违约,因为买方迟延收货更不会导致卖方合同目的的落空。因买方迟延收获产生的货物风险由买方自己承担,给卖方造成的损失,卖方可要求卖方承担损害赔偿责任。

综上所述,迟延履行一般不构成根本违约,债权人需要为债务人的履行指定合理的宽限期。但是在定期交易以及类似于定期交易的合同履行中,履行期限届满未履行使债权人合同目的完全落空的,债权人可直接援引《联合国国际货物销售合同公约》第 49 条

---

〔1〕 Vgl. MüKoBGB/Gruber, Art. 49, Rn. 21.

第1款或第64条第1款解除合同。

(二)《联合国国际货物销售合同》对案例Ⅳ的适用分析

案例Ⅳ中的债权人粟清芳或许可以按照《联合国国际货物销售合同公约》第49条第1款(b)项解除和昊达公司之间的商品房买卖合同。

根据第49条第1款(b)项的规定,当卖方没有依据第47条第1款指定的合理期限内交付合同标的物时,买方可以解除合同。

那么,首先根据第47条第1款的规定,债务人昊达公司应陷入了履行迟延。粟清芳与昊达公司于2018年2月23日签订了《南昌市商品房买卖合同》,双方约定粟清芳向昊达公司支付总价款444 671元,昊达公司应在2019年6月30日前向粟清芳交付符合条件的商品房。粟清芳在2018年3月27日共计支付价款444 671元,按照合同的约定履行其支付价款的义务,但是昊达公司在2019年6月30日并未履行交付商品房的义务,昊达公司陷入了履行迟延。

然后,根据第47条第1款的规定,在卖方陷入履行迟延之时,债权人应为其指定合理的宽限期。在本案中,根据债权人粟清芳与债务人昊达公司的约定,逾期60日后,粟清芳有权解除合同。此60日可视为粟清芳为昊达公司指定的宽限期,根据案件事实,并未发现60日的宽限期有不合理之处。所以在债务人陷入履行迟延后,债权人可以在2019年8月30日宣告合同解除。债权人粟清芳最终在2020年4月26日向昊达公司发出解除合同催告函,要求解除合同,因为《公约》并未限制合同解除声明作出的时间,故解除合同的通知在到达昊达公司时,即2020年4月26日生效。

所以,债权人粟清芳可以按照《联合国国际货物销售合同公约》第49条第1款(b)项解除和昊达公司之间的商品房买卖合同。

二、《德国民法典》

（一）《德国民法典》中的履行迟延制度

1900 年《德国民法典》的履行障碍体系主要规定了履行不能与履行迟延。在债法改革后，履行迟延成为“违反义务”下的一个二级概念，规定在《民法典》第 286 条。根据第 286 条第 1 款的规定，在履行期限届满但债务人仍未履行合同义务时，经债权人催告后债务人陷入履行迟延。由此可以得出，德国的履行迟延构成要件有两个，一个是履行期限届满，另一个是催告（Mahnung）。[1] 催告需要明确地要求债务人履行合同义务，且必须在合同履行期限届满之后才能作出，如果债权人在合同履行期限到来之前作出催告，则催告无效。[2]

德国履行迟延制度以催告为主要构成要件，但是也有例外情况。根据第 286 条第 1 款的规定，如果履行的时间是根据日历确定的（第 286 条 1 款第 1 项），或者根据日历可推算出具体日期的（第 286 条 1 款第 2 项）那么无须催告，债务人在履行期限届满后陷入迟延。根据日历确定是指当事人约定了具体的履行期日，比如约定买方于 2022 年 2 月 2 日取货；根据日历推算是指根据当事人的约定，可推算出具体的日期，比如合同签订后一周内交货即是这种情况。[3] 除履行时期日可确定或推算出来，根据第 286 条 1 款第 4 项的规定，当出现特殊事由，在衡量当事人双方的利益后立即陷入履行迟延具有正当性的，也无须催告。第 286 条第 3 款是对金钱履

---

〔1〕 Vgl. Prütting · Wegen · Weinreich /Schmidt – Kessel, § 286, Rn. 12.

〔2〕 Vgl. Alpmann Schmidt, Schuldrecht AT, Rn. 270; Vgl. BGH NJW 1998, 2132; Vgl. Prütting · Wegen · Weinreich /Schmidt – Kessel, § 286, Rn. 12; Vgl. Palandt/Grüneberg, § 286, Rn. 52.

〔3〕 Vgl. Medicus, Schuldrecht AT, Rn. 461.

行的规定,无须催告,债务人在收到发票或者支付清单30日后仍未付款的,才陷入履行迟延,如果债务人是消费者,只有发票或者付款清单明确提示,才适用30天的规定。第286条第4款设置了过错归责原则,规定如果不是债务人的原因导致未能按照约定期限履行,债务人不陷入履行迟延。第286条第5款规定支付、检验以及接收货物的规定适用于第271a条。第286条是关于履行迟延构成的规定,以催告为基本原则,以主观过错为构成要素。

履行迟延是否可解除合同,《德国民法典》没有单独规定,但可适用关于合同解除统一的法律规范,即第323条第1款。根据此条款,如果债务人在合同履行期限届满后未履行合同,且在债权人指定的合理期间内仍未履行的,债权人可解除合同。

(二)《德国民法典》对案例Ⅳ的适用分析

债权人粟清芳或许可以按照《德国民法典》第323条第1款解除和昊达公司之间的商品房买卖合同。

根据《德国民法典》第323条第1款的规定,如果债务人在合同履行期限届满后未履行合同,且在债权人指定的合理期间内仍未履行的,债权人可解除合同。在本案中,债务人昊达公司与债权人粟清芳于2018年2月23日签订了《南昌市商品房买卖合同》,双方约定昊达公司应在2019年6月30日前向粟清芳交付符合条件的商品房。但是根据案件事实,在债权人粟清芳支付了所有的价款后,昊达公司并未在约定的时间,即2019年6月30日履行交付商品房的义务。根据第286条第1款第2项的规定,债务人在合同履行期限届满之后未履行给付义务,且履行具体时间可以根据日历确定的,债务人无须被催告即陷入履行迟延。昊达公司在2019年6月30日可能陷入了履行迟延。根据第286条第4款的规定,如果不是债务人的原因导致未能按照约定期限履行,债务人不陷入履行迟延。非债务人的原因这里可分为三种事由——不可抗力、债权人原因和第三人原因。在本案中,债权人按照合同的约定积极履行了自己的支付义务,因此不存在导致债务人陷入履行迟延的情况。同时,案件事实中也未出现第三人导致合同不能按时给付的情形。那么需要考察,债务人是否因不可抗力未按照合同约定的履行期限交付商品房。本案的二审法院在判决中提到了"即便新冠疫情期间,昊达公司也在持续推进后续工程建设",那么,是否因新冠疫情这一不可抗力导致债务人昊达公司无法按照约定期限交付房屋呢？当事人双方约定的交房时间为 2019 年 6 月 30 日,且约定逾期 60 日后,即 2019 年 8 月 30 日,粟清芳有权解除合同,新冠疫情发生在 2019 年年底,在债权人粟清芳指定的宽限期以后。因此,债务人未按时交付房屋并不是因不可抗力引起的。所以,债务人在履行期限届满后未履行给付义务的行为构成第 286 条第 1 款第 2 项规定的履行迟延。

债务人昊达公司陷入履行迟延,在合同履行期限届满后未履行合同。债权人如可按照第 323 条第 1 款解除合同,那么在债务人昊达公司陷入履行迟延后,债权人粟清芳应为债务人指定合理的履行期限。在本案中,债权人和债务人约定,债务人逾期交房 60 日后,债权人有权解除合同,那么约定的 60 日即为债权人为债务人指定的宽限期,此宽限期的时长经过债务人的同意,所以是合理的。在债务人陷入履行迟延 60 日内还未履行交付义务后,债权人可根据第 323 条第 1 款解除合同。

因此,债权人粟清芳可以按照《德国民法典》第 323 条第 1 款解除和昊达公司之间的商品房买卖合同。

三、我国《民法典》

(一)我国《民法典》的履行迟延制度

1. 陷入迟延催告要件

《德国民法典》的履行迟延制度以催告(Mahnung)为基本原则。"催告"二字在我国《民法典》合同编通则出现三次,在民法总论和合同法分则中也多次出现。合同履行相关的"催告"主要见于第515条第2款、第551条第2款和第563条第1款第3项。如表4-1所示:

表4-1 《民法典》合同法通则"催告"相关条款

条款	内容
第515条第2款 选择之债中选择权归属与转移	享有选择权的当事人在约定期限内或者履行期限届满未作选择,经催告后在合理期限内仍未选择的,选择权转移至对方。
第551条第2款 债务转移	债务人或者第三人可以催告债权人在合理期限内予以同意,债权人未作表示的,视为不同意。
第563条第1款第3项 合同法定解除	(三)当事人一方迟延履行主要债务,经催告后在合理期限内仍未履行。

上述表格的催告多指债权人指定合理期限,债务人需在合理期限内为一定行为,否则需承担一定法律后果的准法律行为,与《德国民法典》迟延履行导致合同解除的"定期催告"(Fristsetzung)[1]含义相似,但与德国使债务人陷入履行迟延的催告(Mah-

[1] 参见赵文杰:《〈合同法〉第94条(法定解除)评注》,载《法学家》2019年第4期。

nung）不同，此种催告主要适用于履行期限不确定的债务。我国《民法典》虽多次使用“催告”，但是在履行迟延的构成上，并未明确采用“催告”一词。而对于我国是否采取履行迟延催告制，学界存在一定的争论。

我国《民法典》对履行期限不明确的债务在第 511 条第 4 项进行了规定，“履行期限不明确的，债务人可以随时履行，债权人也可以随时请求履行，但是应当给对方必要的准备时间。”此款被很多学者认定为履行迟延催告条款。[1] 这种说法也得到我国司法机构的认可，在司法实践中，如果当事人对履行的期限约定不明确的，债权人没有证据证明曾向债务人主张过履行的，债务人并不构成履行迟延的违约。[2] 笔者也认同这种观点，但在司法适用中，应对“债权人随时请求履行”进行解释，即债权人需要清晰、明确地告知债务人履行的期限，且此期限的长度需要合理，从而为债务人的履行提供给足够的时间，起到保护债务人合法权益的作用。

2. 履行迟延时的合同解除

我国《民法典》对迟延履行的合同解除规定了两种路径，即第 563 条第 1 款第 3 项，“当事人一方迟延履行主要债务，经催告后在合理期限内仍未履行”，以及第 4 项，“当事人一方迟延履行债务或者有其他违约行为致使不能实现合同目的”。第 563 条规定的履行迟延包括三种情形：第一种是对履行期限约定不明确的，债权人根据第 511 条第 4 款在合理期限内要求债务人履行，债务人在此期限未履行的；第二种是当事人虽然未明确规定履行具体的履行时间，但是可以通过日历推断出来的；第三种是履行时间根据日历可确定的。

---

〔1〕 参见隋彭生：《合同法要义》，中国人民大学出版社 2015 年版，第 240 页。

〔2〕 参见最高人民法院民事判决书，（2014）民申字第 1026 号。

而履行迟延的解除又分为延迟主要债务 + 指定宽限期的解除模式以及迟延履行债务导致合同目的不能实现的根本违约模式。我国对履行迟延合同解除的限制较为严格，只有在主要债务迟延后才使用催告解除，[1] 其他非主要债务的履行迟延如果不能使债权人合同目的落空就不得解除合同。

对主要债务内涵的界定，全国人大法工委认为影响合同目的的实现的债务即为主要债务，并不以物质比例作为主要的认定标准。但以“合同目的”为标准，难免导致第 563 条第 3 款和第 4 款适用上的竞合。有学者认为，主要债务类似于普通法系的“根本合同义务”，原则上仅指能决定合同类型的主给付义务，并不包括从给付义务和附随义务。[2] 在民法理论上，如图 4 - 6 所示，合同的义务群主要分为三个类型：给付义务、附随义务和不真正义务。

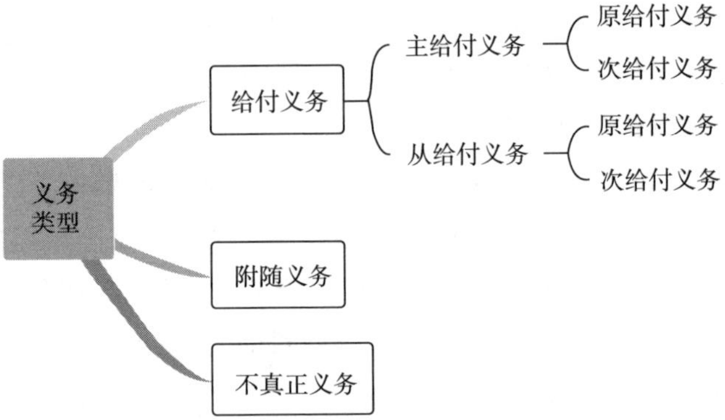

图 4 - 6　义务群

如上图所示，给付义务又分为主给付义务和从给付义务。主

---

〔1〕 参见韩世远：《履行迟延的理论问题》，载《清华大学学报（哲学社会科学版）》2002 年第 4 期。

〔2〕 参见崔建远主编：《合同法》，法律出版社 2010 年版，第 250 页。

给付义务是在合同关系中所必备的,能决定合同类型的义务。比如,甲将一只德国纯种牧羊犬以 10 万元的价格卖给乙,甲承诺交付牧羊犬之后的三天内会送乙价值1000 元的狗粮,同时双方约定,甲在交付牧羊犬之时必须交付其血统证明,否则乙可以解除合同,此案例中甲的主给付义务就是交付牧羊犬,这决定了此合同是以宠物牧羊犬为标的的买卖合同。从给付义务是指并不独立存在的,辅助主给付功能实现的义务。在此案例中,甲承诺的交付狗粮和牧羊犬的血统证明就是这种。给付义务又可分为原给付义务和次给付义务,原给付义务是基于合同约定要履行的主给付义务和从给付义务,次给付义务则是在原给付义务被违反后债务人需承担的继续履行、损害赔偿等义务。附随义务则是根据诚实信用原则,在债的发展过程中产生的保密、通知等保护另一方当事人的固有权益不会因为给付被损害的义务。[1]不真正义务是指合同相对人不得请求义务人履行,义务人违反亦不会发生损害赔偿责任,而仅使负担此义务者遭受权利减损或丧失后果的义务,理论上也称间接义务。[2]

一般而言,违反从给付义务和附随义务都不导致合同的解除,当然如果债权人因此不能实现合同目的除外。[3] 笔者也认同这种观点,以体系解释的方法解释第 563 条第 3 款和第 4 款,第 3 款履行迟延可解除合同的条件是债务人违反了主给付义务,债权人催告后得以解除;如果债务人违反的为从给付义务或者附随义务,但是导致合同目的落空的,则援引第 4 款。此种解释更符合法的逻辑性,在司法实践中不容易被混用。在上面提到的牧羊犬买卖的

---

〔1〕 参见陈自强:《主给付义务以外其他义务违反之合同解除》,载《东吴法律学报》2012 年第 23 卷第 4 期。

〔2〕 参见崔建远、陈进:《债法总论》,法律出版社 2021 年版,第 16 页。

〔3〕 参见韩世远:《合同法总论》,法律出版社 2011 年版,第 516 页。

案例中,甲如果履行了交付牧羊犬的主给付义务,但是没有按照约定赠与狗粮,也未交付牧羊犬的血统证书,此时如果乙主张解除合同,则不应再引用第563条第3款,而应适用第563条第4款,证明其合同履行的目的因债权人违约而不能实现。在履行迟延案例中也使这种情况。比如,甲在酷夏从乙商店购买了两台空调,乙承诺上门安装,但在乙履行了主给付义务,即空调交付给甲后,却迟迟未派工人进行安装。此时,乙未派人安装空调的行为导致了甲合同目的——使用空调降温,度过酷夏——落空,如按照人大法工委的解释,则甲可援引第563条第3款或者第563条第4款解除合同,这就导致了请求权基础竞合,如果同时援引第3款和第4款,直接造成案例分析的混乱:因为第3款的构成要件为主要债务迟延履行以及催告,而第4款为履行迟延导致合同目的落空,分析路径并不相同。

综上所述,在履行迟延解除合同时适用《民法典》第563条第3款或者第4款时,应纳入义务群框架,当债务人迟延主给付义务,可采第563条第3款催告解除合同的路径;在债务人迟延从给付义务和附随义务时,债权人得援引第4款根本违约致使合同目的落空解除合同。

(二)我国《民法典》对案例Ⅳ的适用分析

在处理粟清芳与昊达公司商品房买卖合同纠纷时,一审和二审法院的法官都援引原《合同法》第94条第1款第4项,即现《民法典》第563条第1款第4项的规定,认为债务人昊达公司"因自身或新冠疫情影响造成逾期交房,不是根本性的违约行为,昊达公司积极完成工程建设,且在该案审理期间,已经取得了《南昌市工程建设项目竣工验收备案意见书》,该备案意见书证明昊达公司应交付的商品房,符合交房条件,故粟清芳合同目的能够实现,不解除合同时,可以保持合同及相关方工作的稳定性,故该案合同不宜解除”。

笔者对判决结果并不认同。在本案中,债务人昊达公司与债权人粟清芳于2018 年2 月23 日签订了《南昌市商品房买卖合同》,双方约定昊达公司应在 2019 年 6 月 30 日前向粟清芳交付符合条件的商品房。依据私法自治、契约自由和诚实信用原则,合同双方当事人应该严格遵守合同的约定。债务人昊达公司应该在合同约定的期限交付房屋,在 2019 年 6 月 30 日后仍未交付的,昊达公司陷入履行迟延。如果昊达公司援引同时履行抗辩权,主张债权人粟清芳未履行合同,则履行迟延被阻却。但是根据案件事实,2018 年 2 月 23 日粟清芳就已经支付了房屋的全部价款,故履行迟延未被阻却。

第一审和第二审的判决引《合同法》第 94 条第 1 款第 4 项“合同目的不能实现”为法律适用错误,应适用《合同法》第 94 条第 1 款第 3 项“主债务迟延催告解除”的规定。同时催告届满的期限为 2019 年 8 月 30 日,此时新冠疫情尚未发生,不得成为债务人免除责任的事由。

根据我国原《合同法》第 94 条第 1 款第 3 项,现《民法典》第 563 条第 1 款第 3 项的规定,当事人一方迟延履行主要债务,经催告后在合理期限内仍未履行的,另一方当事人可解除合同。本案中债务人昊达公司的主要义务为按时交付房屋,但其在约定时间未履行。此时债权人不可直接解除合同,而应先进行催告,为债务人指定合理的履行期限。本案中,双方当事人在合同约定了债务人交付房屋陷入履行迟延后 60 日内仍未履行的,债权人可解除合同,60 日为双方都同意的时间长度,故是合理的。但是债务人在催告的合理期限届满之后,仍未交付房屋。

因此,根据第 563 条第 1 款第 3 项,债权人粟清芳可解除与债务人昊达公司的合同。

四、法律比较和小结

通过对三部法律规范中的履行迟延制度的研究以及对案例Ⅳ的法律适用分析,可发现在履行迟延这一违约形态出现时,以根本违约为解除实质连接点的《联合国国际货物销售合同公约》都未采取合同目的落空的解除模式,而是如《德国民法典》一般,选择指定宽限期解除的立法范式,我国《民法典》在第 563 条第 1 款第 3 项也选择了迟延催告解除的立法模式。可见国际上对迟延履行解除合同的态度基本趋同,即履行迟延一般不构成根本违约,债权人不能立即解除合同,应为债务人指定合理的宽限期,给予其履行合同的最后机会。在案例Ⅳ中,债务人迟延履行主给付义务,且在合理的宽限期内仍未履行,依据《公约》、《德国民法典》和我国《民法典》的法律规定,债权人都可通过指定宽限期的方式解除合同。

当然,如果遵守履行期限对合同目的的实现具有关键的意义,如定期交易类型的合同,那么合同可立即解除,此时《联合国国际货物销售合同公约》、《德国民法典》还有我国《民法典》可适用的规范都是合同解除的统一规定——《公约》为第 49 条或第 61 条,《德国民法典》为第 323 条第 2 款第 2 项,我国《民法典》为第 563 条第 1 款第 4 项。

在合同未明确约定履行期限时,《德国民法典》在第 286 条第 1 款规定债权人明确地催告债务人履行,在合理的期限债务人仍未履行的,履行陷入迟延。我国《民法典》第 511 条第 4 项规定的履行期限不明确时,债权人可以随时要求履行在适用解释中可采"催告陷入履行"制,即债权人要求债务人履行时应明确说明需履行的义务以及履行的合理期限,在合理期限内债务人仍不履行的,履行陷入迟延。对我国《民法典》第 563 条第 1 款第 3 项进行适用时,对"主要债务"的解释应限于债的履行义务群中的主给付义务,从给付义务或者附随义务未履行的,如果导致债权人合同目的落空,则需援引第563条第1款第4项的根本违约合同解除。

第四节 瑕疵履行

如果债务人的履行有瑕疵,无论出于何种原因,他的履行都违反了合同的约定,构成违约。瑕疵是指交付的标的物不符合合同约定的标的物应该具备的特性(Sollbeschaffenheit),主要分为数量瑕疵和质量瑕疵。[1] 标的物瑕疵时,产生的法律后果一般是守约方向违约方主张损害赔偿,守约方是否可因标的物瑕疵主张合同解除,可依据当事人在合同中的约定。如果未约定,则需考察瑕疵的严重程度以及对另一方当事人实现合同目的影响,如果另一方当事人因标的物的瑕疵无法实现合同目的的,可解除合同。[2]

一、数量瑕疵

(一)《联合国国际货物销售合同公约》的相关规定

《联合国国际货物销售合同公约》对交付标的物数量瑕疵的规定较少,一般都将其归入到"不符合合同规定"这一法律表达。[3] 根据《公约》第35条第1款,卖方有义务按照合同约定的数量交付标的物,那么多给付或者少给付都构成违约。在多给付的情形下,根据第52条第2款,买方可接收多余的给付后支付给卖方相应的

〔1〕 Vgl. H. Honsell/Gesell, Art. 25, Rn. 39; H. Honsell/Magnus, Art. 35, Rn. 12 – 27; Schlechtriem/Schwenzer, Art. 35, Rn. 8 – 33.

〔2〕 Vgl. H. Honsell/Magnus, Art. 35, Rn. 10; Schlechtriem/Schwenzer, Art. 35, Rn. 6,7; Vgl. MüKo/Gruber, Art. 35, Rn. 22; Freiburg, Recht auf Vertragsaufhebung, S. 100.

〔3〕 Vgl. Heilmann, Mängelgewährleistung im UN – Kaufrecht, S. 190.

价款,也可拒绝接收多余的部分,所以多给付一般不构成违约,有可能违反义务群中不真正的义务,但买方不得因此解除合同。

买方是否可因给付不完全解除合同,则需要依据第 51 条第 2 款的规定去考察。根据此款的规定,不完全给付只有在构成根本违约的情形下,买方才可解除合同。判断不完全给付是否构成根本违约需考察给付的完整性对当事人实现合同目的的重要性。[1] 比如在本书案例 I 中,债权人从债务人处订购软件 G、TM 及 M、U、T 这 5 个软件程序要安装在合同第三人下奥地利州政府办公室,办公室要求 5 个软件必须全部且有效安装,否则解除合同,那么债务人少给付其中任何一个程序,都影响债务人合同目的的实现,构成根本违约。

(二)《德国民法典》的相关规定

根据《德国民法典》第 266 条的规定,债务人无权部分履行。但债务人部分履行一般不构成直接解除合同的事由,根据《德国民法典》第 437 条第 1 款、第 439 条第 1 款的规定,债权人应为债务人指定合理的期限,要求债务人继续履行,债务人继续履行的,引起迟延履行部分义务造成的损失则需按照履行迟延规则计算。

但是如果债务人拒绝履行剩余部分或者剩余部分履行不能,一般情况下债权人也不可解除整个合同,因为债权人对部分履行可能存在履行利益。[2] 比如甲从乙处定制了 5 条限量版裙子,但乙只交付给甲一条,其余裙子因乙个人原因无法再继续制作。此时甲只能解除未交付的部分的合同。但如果债权人对已经履行的

---

〔1〕 Vgl. Schlechtriem/Schwenzer/Schroeter, Art. 25, Rn. 42; Vgl. Ziegler, Leistungsstörungsrecht nach dem UN – Kaufrecht, S. 75.

〔2〕 Vgl. Felix Hütte/Marlena Helbron, Schuldrecht AT, Rn. 474; Vgl. Prütting/Wegen/Weinreich, BGB, § 323 Rn. 39.

部分毫无履行利益的,债权人可以根据第323条第5款解除合同。正如本书案例I发生的合同履行纠纷,债务人虽然已经给付了五个程序中的四个,且最后一个程序的给付陷入履行不能,但是对债权人来说,只要不是完整的给付其合同目的就不能实现,因此可因部分履行解除整个合同。

(三)我国《民法典》的相关规定

根据我国《民法典》第531条第1款的规定,“债权人可以拒绝债务人部分履行债务,但是部分履行不损害债权人利益的除外。”以反向解释的方法解释此条,则是“如果部分履行不损害债权人的利益,债权人不可以拒绝债务人部分履行”,再结合第629条关于多给付的规定,出卖人多交标的物的,买受人可以接收或者拒绝接收多交的部分。买受人接收多交部分的,按照约定的价格支付价款;买受人拒绝接收多交部分的,应当及时通知出卖人。可以得出在我国民法体系中,多给付标的物不属于违约行为;而当事人少给付的行为一般不构成违约行为,被称为部分给付,[1]只有部分给付在损害债权人利益时才构成违约。

瑕疵履行的违约责任规定在《民法典》第582条,“履行不符合约定的,应当按照当事人的约定承担违约责任。对违约责任没有约定或者约定不明确,依据本法第五百一十条的规定仍不能确定的,受损害方根据标的的性质以及损失的大小,可以合理选择请求对方承担修理、重作、更换、退货、减少价款或者报酬等违约责任”。与原《合同法》第110条相比,《民法典》将“质量不符合约定”修改为“履行不符合约定”,从而将瑕疵履行的范围从质量瑕疵扩大到

---

〔1〕 参见周友军:《论出卖人的物的瑕疵担保责任》,载《法学论坛》2014年第1期。

数量瑕疵。关于数量瑕疵是否可解除合同,我国《民法典》并无特别规定。

笔者认为,一般而言,部分履行情形下,即使债权人对部分履行毫无利益可言,但仍可指定宽限期要求债务人继续履行剩余的部分,不可直接解除合同,但以下三种情形例外:第一,债务人明确拒绝给付剩余标的的;第二,债务人对剩余部分的履行陷入了履行不能;第三,合同类型为定期交易或其他的履行时间对当事人合同目的的实现至关重要的交易类型的。在以上三种情形下,且债权人对债务人的部分履行毫无利益之时,债权人才可援引《民法典》第 563 条第 1 款第 4 项解除整个合同。

(四)法律比较和小结

通过对三部法律规范中相关的条文进行分析,可发现多给付一般不违反给付义务和附随义务,可能违反不真正义务,但不产生损害责任。《德国民法典》和我国《民法典》都规定在多给付的情形下另一方当事人可接受多给付的部分并支付价款,或者拒绝接收。

因此,三部法律关于数量瑕疵规范的不同主要体现在少给付履行的规定上。《联合国国际货物销售合同公约》和《德国民法典》都规定债务人无权部分给付,与之相比,我国《民法典》在第 531 条规定了债务人部分给付不影响债权人利益的,债权人不可拒绝。此规定确实体现了我国《民法典》的灵活性和变通性。但笔者认为,此条适用时应进行限缩解释:此规定只适用于当事人没有明确约定给付数量的情形。如果当事人在合同里明确约定标的物需要全部一起给付的,当事人应按照约定全部给付,否则构成违约。

《联合国国际货物销售合同公约》规定部分给付构成根本违约时债权人才可解除合同,但并未对构成要件进行细化。《德国民法典》对部分履行解除合同进行了严格限制,需要债权人对部分履行毫无履行利益之时才可解除。我国《民法典》规定了数量瑕疵履行的违约责任，但是未特别规定其合同解除的要件，解除需援引我国《民法典》第563条第1款第4项合同目的不能实现的规定。在司法实践中应对数量瑕疵解除合同要件进行细化：首先，部分履行一般不构成根本违约，债权人可要求债务人继续履行；其次，如果债务人拒绝给付剩余标的物或者陷入给付不能时，此时根据案件具体情况又分为两种情形：第一，如果债务人已经给付的部分可以实现债权人部分合同目的的，那么债权人只能部分解除合同；第二，如果债权人合同目的的实现需要全部给付，其对部分给付毫无履行利益的，那么其可解除整个合同。

二、质量瑕疵

案例导入Ⅴ〔1〕

原告刘文旭〔2〕从微信中与宠物店〔3〕达成购买宠物猫的协议，由刘文旭购买宠物店提供的宠物猫一只，价格为3300元。刘文旭于2022年8月13日支付定金200元，于2022年8月25日支付3220元（包括尾款3100元及运费120元）。2022年8月26日，宠物店于上午通过物流方式发出宠物猫至刘文旭的地址。刘文旭于同日13:11回复宠物店“收到了”，宠物店提示刘文旭对宠物猫进行检查。刘文旭提交北京市三营门宠物医院处方笺，时间是2022年8月26日13:06，体检（伍德式灯检查、耳镜检查）金额70元。次日，刘文旭与宠物店联系，以宠物猫腿瘸为由要求退货。刘文旭提交视频，显示宠物猫走路时右后腿跛行的现象。刘文旭提交北

〔1〕参见北京市第二中级人民法院民事判决书，(2023)京02民终2041号。
〔2〕以下也称为债权人。
〔3〕以下也称为债务人。

京市三营门宠物医院病历,就诊时间2022年8月27日12:38,检测分析:X线检查,后肢骨骼未见明显异常;病情诊断:右后腿瘸,骨骼未见异常。刘文旭支出检查费240元。双方就退货问题进行沟通,宠物店表示宠物猫发出时并无异常,但同意先由刘文旭将宠物猫返还由其查看情况后处理。刘文旭提交付款记录,欲证明其退回宠物猫花费运费160元。宠物店提交视频,显示其在将宠物猫发给刘文旭之前的情况,欲证明宠物猫在发出前是健康状态,不存在腿瘸问题;宠物店于2022年8月29日、9月1日与刘文旭沟通,发出视频,显示宠物猫不存在腿瘸情况。对于此争议,一审法院认为刘文旭于2022年8月26日13时前后收到宠物猫,收到后即刻在北京市三营门宠物医院对宠物猫进行体检。当日,刘文旭未向宠物店提出宠物猫存在问题,应当视为刘文旭收到宠物猫时对其进行检查确认无异常。因此,一审法院驳回了原告解除合同的诉讼请求。[1] 二审法院认为被告给付的宠物猫确实存在瑕疵:其一,从交易活体的基本属性看,幼龄猫在经历长途运输之后出现状态萎靡的情况应属正常,刘文旭所称其于次日才发现宠物猫跛行,亦符合常理。其二,从时间节点看,刘文旭在发现宠物猫跛行后,积极将宠物猫送往医院检查,并及时与宠物店沟通协商,主观上亦不具有怠于处理的故意。其三,从证据角度看,刘文旭提供了宠物猫跛行的视频,并提供了医院的诊断证明,上载明“右后腿瘸”,基本能够证实宠物猫当时的健康状况不良好。

结合一审二审查证的事实,此纠纷最大的法律争议点是被告交付给原告的宠物猫瘸腿是否构成根本违约,以致原告可直接解除合同。

一审驳回了原告的诉讼请求,二审对案件进行了改判,判决

---

〔1〕 参见北京市丰台区人民法院民事判决书,(2022)京0106民初23613号。

如下:

刘文旭与宠物店通过微信聊天达成购买宠物猫的协议,不违反法律、行政法规的强制性规定,双方之间成立合法有效的买卖合同关系。但宠物作为买卖合同的活体标的物,区别于普通商品,具有特殊性,故而宠物买卖合同从合同目的到合同履行均非以简单的交易行为来定性。买方通过与宠物店建立买卖合同关系得到宠物,这一交易行为的完成并不意味着买方合同目的的实现,还应当包含买方对宠物的特定性及健康状况×××。

案涉合同履行过程中,宠物店应向刘文旭交付其选定的符合要求(宠物的健康状况×××)。但本案又系网络宠物交易行为,刘文旭对于宠物的选定系通过宠物店发送的视频来完成,其对于宠物审查的角度相对片面。现刘文旭在本案中以宠物店交付的宠物存在重大瑕疵为由,主张解除合同。《中华人民共和国民法典》第五百六十三条规定:"有下列情形之一的,当事人可以解除合同:(一)因不可抗力致使不能实现合同目的;(二)在履行期限届满前,当事人一方明确表示或者以自己的行为表明不履行主要债务;(三)当事人一方迟延履行主要债务,经催告后在合理期限内仍未履行;(四)当事人一方迟延履行债务或者有其他违约行为致使不能实现合同目的;(五)法律规定的其他情形。"故本案争议焦点系刘文旭是否就宠物猫存在瑕疵尽到了举证责任以及刘文旭是否因该瑕疵享有合同解除权。

根据本案事实经过,刘文旭称其于当日中午收到幼年宠物猫,次日上午发现猫右后腿瘸,即带去就医,并与宠物店沟通,此后将宠物猫退回给宠物店并主张退还购猫款。其一,从交易活体的基本属性看,幼龄猫在经历长途运输之后出现状态萎靡的情况应属正常,刘文旭所称其于次日才发现宠物猫跛行,亦符合常理。其二,从时间节点看,刘文旭在发现宠物猫跛行后,积极将宠物猫送往医院检查,并及时与宠物店沟通协商,主观上亦不具有怠于处理的故意。其三,从证据角度看,刘文旭提供了宠物猫跛行的视频,并提供了医院的诊断证明,上载明"右后腿瘸",基本能够证实宠物猫当时的健康状况×××。此外宠物店亦未能就其所称刘文旭存在伤害宠物猫的主观故意进行举证。其四,宠物店虽称宠物猫的活动状态在此前经过了刘文旭确认,但鉴于双方系通过网络交易,刘文旭仅能从宠物店发送的视频中对其购买的宠物进行选定,角度相对片面;况且,案涉宠物猫的跛行状态亦具有不确定性,并非经过前期确认即不再会发生变化的固定事实。在刘文旭将宠物猫寄回宠物店后,宠物店即表示宠物猫已恢复健康状况×××。因此,宠物店应为宠物猫被交付后短时间内出现的健康状况×××。鉴于以上,应视为刘文旭对于交付的活体宠物存在瑕疵尽到了举证责任。

关于刘文旭是否因案涉宠物猫的瑕疵享有合同解除权一节。在本案证据并不能确定案涉宠物猫跛行对应的病因及具体瑕疵的情况下,本案无法参照案涉宠物猫的病情对瑕疵程度进行确认,而是通过该瑕疵是否足以阻碍刘文旭的合同目的实现进行认定。本案中,刘文旭因宠物猫的跛行状态而未能实现饲养、陪伴等特殊的合同要求,且经本院询问,宠物店称案涉宠物猫现仍在店内饲养且已长成成年猫,交易活体的状态已完全发生改变,亦不具有替代性,故而刘文旭基于宠物买卖交易的合同目的已确定不能实现,案涉合同亦不具备履行的可能,故而在刘文旭因交易标的物瑕疵不能实现合同目的的情况下,其应享有合同解除权。

综上,刘文旭在本案中主张解除合同,于法有据。《中华人民共和国民法典》第五百六十六条规定:"合同解除后,尚未履行的,终止履行;已经履行的,根据履行情况和合同性质,当事人可以请求恢复原状或者采取其他补救措施,并有权请求赔偿损失。"结合本案实际情况,刘文旭在交易前未尽到审慎的注意义务,其亦应就合同解除承担一定的责任。刘文旭已在提起本案诉讼之前通过微信明确作出解除合同的意思表示,宠物店对于此后产生的饲养费用应当自行承担扩大损失。本院综合考量本案争议及双方沟通协商过程,另参考刘文旭自将宠物猫寄回宠物店至其向宠物店明确表示解除合同的争议期间,本院酌情确定宠物店退还刘文旭货款、运费、体检(伍德式灯检查、耳镜检查)费用共计2800元。关于双方针对宠物猫的健康状况出现争议之后刘文旭为此支出的检查费、运费,本院综合参照上述因素酌定双方依50%的比例分担,由宠物店向刘文旭退还200元。

综上所述,刘文旭的诉讼请求成立的部分,本院予以支持;其诉讼请求不成立的部分,应予驳回;本院对一审判决结果予以更正。依照《中华人民共和国民法典》第五百六十三条、第五百六十六条、第六百一十七条、第六百二十条、第六百二十一条,《中华人民共和国民事诉讼法》第一百七十七条第一款第二项规定,判决如下:

一、维持北京市丰台区人民法院(2022)京0106民初23613号民事判决第一项;

二、撤销北京市丰台区人民法院(2022)京0106民初23613号民事判决第二项;

三、三河市宠爱时代宠物店于本判决生效之日起七日内退还刘文旭货款、运费、体检费用共计2800元;

四、驳回刘文旭的其他诉讼请求。

如果未按本判决指定的期间履行给付金钱义务,应当依照《中华人民共和国民事诉讼法》第二百六十条规定,加倍支付迟延履行期间的债务利息。

一审案件受理费25元,由三河市宠爱时代宠物店负担(于本判决生效之日起7日内交至一审法院);二审案件受理费50元,由三河市宠爱时代宠物店负担(于本判决生效之日起7日内交纳)。

一审和二审法院对质量瑕疵导致合同目的落空做了不同的解读。笔者将在此部分分别适用《联合国国际货物销售合同公约》、《德国民法典》和我国《民法典》法律进行案例分析,比较异同,探究另外两部法律是否可为我国《民法典》质量瑕疵合同解除在司法实践中的适用解释提供借鉴。

(一)《联合国国际货物销售合同公约》

1.《联合国国际货物销售合同公约》的质量瑕疵履行与合同解除

相对于数量瑕疵可从标的物的物理外观得以确认,质量瑕疵的确定要困难许多。[1] 根据《联合国国际货物销售合同公约》第30条的规定,卖方应该按照约定的标的物的数量、质量、方式以及包装等交货,所以质量瑕疵不仅指质量上的缺陷,还应包括交付的标的物的文件、方式、包装等不符合合同的约定。

对于交付标的是否构成质量瑕疵,需首先追寻当事人订立合同时对标的物的特性是否达成的合意。[2] 如果当事人未约定或者约定不明确的,则按照《公约》第35条第2款去确定。[3] 《公约》

---

[1] Vgl. Schlechteriem/Schwenzer/Schroeter, Art. 25, Rn. 43.

[2] Vgl. Schlechteriem/Schwenzer/Schroeter, Art. 25, Rn. 21, 44; Vgl. Staudinger/Magnus, Art. 25, Rn. 26.

[3] 根据《联合国国际货物销售合同公约》第35条第2款的规定,如果当事人对标的物的特性约定不明确的,应按照下列标准确定:

(a) 适合通常情况下相同描述的商品所使用的目的;

(b) 在合同订立时,适合明示或默示告知卖方的任何特定目的,除非情况表明买方没有依赖,或者依赖卖方的技能和判断是不合理的;

(c) 具备卖方作为样品或模型向买方展示的商品特质;

(d) 包装或容纳方式符合此类商品的通常方式,或者在没有此类方式的情况下,以足够的方式保存和保护商品。

对瑕疵履行解除合同作了非常严格的设置,根据第 49 条第 2 款,如果卖方已经交付了货物,买方不得解除合同。当然,在以根本违约为合同解除实质连接点的《公约》中,任何的违约形式只要构成根本违约,债权人就取得了合同解除权。所以最为关键的是如何确定交付标的物质量瑕疵构成根本违约,即什么情况下债权人因债务人给付的标的物瑕疵而合同目的落空。

如果标的物的瑕疵使债权人合同目的无法实现,那么首先,这个瑕疵是在合理的期限内无法修复的,否则债务人通过修理就可完成对违约行为的补救。[1] 比如,甲从乙处购买了一只导盲犬,导盲犬因受过撞击导致眼睛视物不清,那么如果导盲犬通过医疗手段可以在合理的期限内痊愈,甲就不可以主张解除合同,因为此瑕疵是可以彻底去除的,此时他只能要求乙承担损害赔偿责任。除此之外,如果债务人可在合理的期限内更换,且不影响债权人利益的,债权人也不得解除合同。[2]

与拒绝履行、履行不能和迟延履行不同,质量瑕疵履行违约形态下标的物已经交付,一旦解除合同,则涉及标的物返还的费用以及灭失风险等问题[3],因《公约》调整的对象为跨国贸易,所以在司法实践中对因质量瑕疵解除合同的限制更为严格,原则上需要债权人能提供充分的证据证明他因债务人给付标的物质量瑕疵而彻底不能实现合同目的。

---

〔1〕 Vgl. Ferrari, IHR 2005, S. 7; Vgl. H. Honsell/Gsell, Art. 25, Rn. 45; Vgl. Herber/Czerwenka, Art. 48, Rn. 9; Vgl. Lurger, IHR 2001, S. 98; Vgl. Schlechteriem/Schwenzer/Schroeter, Art. 25, Rn. 47.

〔2〕 Vgl. H. Honsell/Gsell, Art. 25, Rn. 43; CISG – online 123, 274; Vgl. H. Honsell/Gsell, Art. 25, Rn. 43; CISG – online 123, 274.

〔3〕 Vgl. MüKoBGB/Gruber, Art. 25, Rn. 22; Vgl. Freiburg, Recht auf Vertragsaufhebung, S. 100.

2.《联合国国际货物销售合同》对案例 V 的适用分析

当债务人交付的标的物不符合合同约定的标的物的特性时，质量瑕疵这一违约形态出现。[1]

在案例 V 中，债权人刘文旭从微信中与债务人宠物店达成购买宠物猫的协议，刘文旭购买宠物店提供的宠物猫一只，价格为 3300 元。债权人于 2022 年 8 月 26 日收到宠物猫，次日带到医院检查后，结果为“右后腿瘸”，其他健康情况未见异常。通过原一审和二审法院对案情的查证和核实，可确定债权人收到的宠物猫存在“右后腿瘸”的症状。根据《联合国国际货物销售合同公约》第 35 条第 2 款(a)项，标的物的质量应“适合通常情况下相同描述的商品所使用的目的”，那么债务人宠物店交付的宠物猫应该具备通常情况下一只宠物猫所需的品质和特征，例如健康状态、性格特点、年龄和种类等。“右后腿瘸”显然不属于一般宠物猫的健康状况，因此，宠物店的给付构成质量瑕疵。

只有当宠物猫“右后腿瘸”构成《公约》第 25 条的根本违约，债权人刘文旭购买宠物猫的目的无法实现时，债权人刘文旭才可以解除合同。在一个买卖合同里，卖方的主给付义务为交付给买方符合合同约定的标的物，此案中的标的为宠物猫，债务人已经按照约定的时间交付，但是宠物猫作为特殊的标的物——活物，带有健康瑕疵。如果债权人可以根据第 49 条和第 25 条解除合同，那么首先，这个瑕疵是不可去除的。本案宠物猫被医院诊断为“右后腿瘸，骨骼未见异常”，可见不是外伤，在二审期间，法院认定为“案涉宠物猫的跛行状态亦具有不确定性，并非经过前期确认即不再会发生变化的固定事实”，可见属于宠物猫自身健康问题，由此可推断瑕疵很难在合理期限内去除。其次，瑕疵应不影响债权人对标

[1] Vgl. H. Honsell/Gsell, Art. 25, Rn. 39.

的物的使用。本案中,宠物猫为特殊的活物主体,一般而言,购买宠物的目的主要是为满足情感需求,对宠物进行照顾和陪伴。根据此案的具体案情,此宠物猫右后腿瘸并不是一个持续的状态,也不影响债务人对其饲养和陪伴,故没有使得债权人的合同目的落空。

因此,按照《联合国国际货物销售合同公约》对质量瑕疵合同解除的严格规定,债权人刘文旭不能依据第 49 条和第 25 条解除与债务人宠物店的合同。

(二)《德国民法典》

1.《德国民法典》的质量瑕疵履行与合同解除

《德国民法典》第 434 条为质量瑕疵(Sachmangel)的主要规范。根据第 434 条第 1 款的规定,如果在风险转移之时交付的标的物符合合同约定的主观要求(subjektive Anforderungen)、客观要求(objektive Anforderungen)和安装要求(Montageanforderungen),那么该物品没有实质性缺陷。[1] 与《联合国国际货物销售合同公约》一样的是,在确定标的物质量瑕疵时先以当事人的约定为准——根据第 434 条第 2 款的规定,考察标的物是否符合主观要求需要确定其是否符合当事人约定的特性(Beschaffenheit)、合同规定的用途以及配备了合同约定的配件和指南,包括安装和使用说明。因为当事人的主观要求直接关系其合同目的的实现。如果当事人没有约定,则给付的标的物的质量是否具有瑕疵需符合客观要求:适合通常的用途,具备与同类物品通常相同的特性,与卖方在合同签订前向买方提供的样品或样品相符,以及附带配件,包括包装、装配或安装说明以及其他买方可以期望的指南(第 434 条第

〔1〕 Vgl. MüKo/Westermann, §434, Rn. 9.

3 款)。此外,如果产品需要安装的,标的物应符合安装要求,同时,标的物的安装不可损害其正常的性能和用途。通过第 434 条可以得出,在德国民法体系中,标的物特性(Beschaffenheit)是质量瑕疵的一个核心概念,它不仅包括标的物自身的、持久性的自然属性,还包括与标的物本身无关的外在因素,如包装、安装、容器等。[1]这些外在的因素对标的物发挥本身的作用起着保护和辅助的作用,如果它们未按照合同约定的方式进行给付,损害了标的物或者影响标的物的正常的使用,同样构成质量瑕疵违约。[2] 一个英国著名的“切勒豌豆”案正是这种情况[3]:英国有一个罐装蔬菜厂商 A,想通过广告来宣传和促销其产品,找到了 B 广告公司。B 广告公司策划出一个令 A 非常满意的方案——用飞机拖着横幅,上面写着“吃巴切勒豌豆”的广告语,在城市最繁华的地方飞行旋转。A 和 B 迅速达成了合意,签订了合同。B 的给付标的为飞机拖着“吃巴切勒豌豆”的横幅飞行。B 确实按照合同的约定给付了标的,但是,它忽略了飞行当天为英雄纪念日,而飞机飞过繁华的城市广场的时候,人们并没有看着这么酷炫的广告,更没有看到“切勒豌豆”,因为人们都自发地在广场为逝去的英雄们祈福,低头闭眼默哀 1 分钟。在此案中,给付的标的符合合同的约定,但是给付的时间和方式对于 A 来说,简直是场毫无益处的闹剧,所以给付标的当然的构成了质量瑕疵。

值得注意的是,《德国民法典》明确规定了确认标的物质量瑕疵的时间点——风险转移之时,此时间点对质量瑕疵违约责任的

---

[1] Vgl. BT – Drs. 14/6040, S. 213; Vgl. Alpmann Schmidt, Schuldrecht BT, Rn. 56; BT – Drs. 14/6040, S. 213.

[2] Vgl. MüKo/Westermann, § 434, Rn. 33; Vgl. Haedicke, ZGS 2006, S. 55, 56.

[3] Vgl. Aerial Advertising Co. v. Batchelors Peas Ltd. [1938] 2 All E. R. 788 und dazu Treitel (– Peel) no. 18 – 36.

承担至关重要,这意味着标的物的质量瑕疵违约形态只有发生在其交付之前或者买方履行迟延之时〔1〕。根据第447条的规定,如果卖方根据买方的要求将出售的物品发送到与履行地点不同的地方,那么一旦卖方将物品交给承运人、运输商或其他负责发运的个人或机构,风险立即转移到买方。比如,甲从乙处订购了1000斤苹果,苹果在交付给承运人丙后,标的物1000斤苹果灭失的风险从甲转移到乙,同样地,1000斤苹果是否有质量瑕疵的判断时间点为苹果交付给丙之时,当乙收到苹果后发现有瑕疵的,可拒绝接收货物且并不陷入履行迟延。甲认为苹果是在交付给丙之后瑕疵才产生的,那他负有证明苹果在发出之时质量符合合同约定的责任。

在买方主张标的物瑕疵时,基于"谁主张,谁举证"的原则,买方需要证明给付的标的物的特性与合同约定的不符。但第477条规定了质量瑕疵举证责任的反转——如果在自风险转移之后的一年内,商品出现与第434条或第475b条规定不符的状况,则假定在风险转移时商品已经存在瑕疵,除非这一假定与商品的性质或瑕疵的性质不相符。购买活体动物时,这一假定在风险转移后的六个月内适用。

和《联合国国际货物销售合同公约》一样的是,根据《德国民法典》的规定,质量瑕疵一般不构成合同解除的条件。根据《德国民法典》第437条第1款和第439条的规定,对债权人第一顺位的救济是请求债务人修理、重做等再履行。履行瑕疵与其他违约形态最大的区别在于债务人已经给付了标的物,为了合同的完整性和稳定性,以及避免因退货产生的标的物减损、高昂的运费等经济损

〔1〕 Vgl. Palandt/Weidenkaff, §434, Rn. 8; Vgl. Nomos HK – BGB/Saenger, §434, Rn. 4; Vgl. Staudinge/Matusche/Beckmann, §434, Rn. 126.

失,履行瑕疵一般不构成合同解除事由。[1] 买方可以选择修复(Nachbesserung)或者更换(Ersatzlieferung)来代替以给付的瑕疵物作为卖方再履行的方式(第439条第1款),但是,如果买方选择的再履行方式需卖方付出显失比例的高昂的费用,卖方可以拒绝(第439条第14款)。在作出决定时,要考虑物品在无瑕疵状态下的价值、瑕疵的重要性,以及是否可以采用另一种再履行方式而不会给买方带来重大不利后果。在这种情况下,买方只能要求采用另一种再履行方式;卖方有权拒绝采用另一种方式,前提是满足上述条件。且卖方必须承担进行再履行所需的费用,包括运输、工程、材料等费用(第439条第2款),如果瑕疵商品在瑕疵暴露之前已经被嵌入或附着到其他物品中,卖方在进行再履行时应支付买方的费用,用于取出有瑕疵商品并安装或附着修复后或提供的无瑕疵商品(第439条第3款)。而当卖方拒绝买方选择的再履行方式,但又无法提供其他的再履行方式的,或者其再履行失败,或者再履行对买方不合理以至于不可苛责买方接受的,买方可以根据第323条第2款立即解除合同;如果卖方选择了修复作为再履行的方式,尝试修复两次还未成功的,视为再履行失败。

综上所述,《德国民法典》对瑕疵履行违约救济采取了"三步走"的规范方式:第一步为对质量瑕疵的确认——时间点为风险转移之时;判断标准先看主观标准,即当事人约定的物的特性,合同约定的用途,如果未约定,则按照客观标准判断;举证主体为买方,但是消费者合同中举证义务反转到卖方。第二步是面对履行瑕疵时债务人的再履行义务——可由买方选择再履行的方式,修复或者更换标的物,如果买方选择的再履行方式需卖方支付显失比例的高昂的费用,卖方可以拒绝,选择另一种方式进行再履行。第三

[1] Vgl. Alpmann Schmidt, Schuldrecht BT, Rn. 52.

步是合同解除——如果卖方拒绝再履行或者尝试了两次再履行都失败的,或者再履行对卖方不可苛责的,或者卖方尝试了两次修复都失败的,且商品瑕疵不属于第 323 条第 5 款规定的微不足道的,瑕疵非由买方的原因引起的,买方则可根据第 323 条第 2 款解除合同。

2.《德国民法典》对案例 V 的适用分析

债权人刘文旭或许可根据《德国民法典》第 440 条以及第 323 条第 2 款解除和债务人宠物店的宠物买卖合同。

如果债权人可依据第 440 条解除合同,那么首先债务人交付给债权人的宠物猫应依据第 434 条的规定存在缺陷。根据第 434 条的规定,标的物在风险转移之时存在缺陷的,构成质量瑕疵履行。是否存在缺陷需要按照主观要求、客观要求来确定。本案中,当事人只对宠物猫的种类进行了约定,债务人也按照约定将宠物猫交付给债权人,但对宠物猫的健康状态等特质未有约定,需根据客观要求进行确定。根据第 434 条第 3 款,给付的商品应该适合通常的用途,具备与同类物品相同的特性。那么作为一个特殊的商品——活物,宠物猫应具备健康的身体状况和智力状况,以便饲养人进行饲养、陪伴、一起娱乐等。本案中宠物猫在交付的第二天被医院诊断为“右后腿瘸”,并不符合用于交易的宠物通常的健康状态,因此宠物猫存在缺陷。问题是,宠物猫的缺陷是否是在风险转移之前就存在,还是在风险转移到债权人之后才出现的。案例中债务人宠物店提供了宠物猫交付之前的视频,并未看出有腿瘸的状态,而债权人在收到宠物猫后的第二天去医院给猫做检查,医院诊断证明中显示“右后腿瘸,骨骼未见异常”,那么有争议的是,猫腿瘸的症状是不是到达债权人刘文旭后才出现的。根据谁主张谁举证的原则,债务人宠物店提供视频证明猫在交付之前健康状态是完好的,但是作为视频证据,具有一定的不全面性和间接性。债权人交付了医院出具的猫"右后腿瘸"的诊断证明,但是也无法证明此缺陷是在风险转移之前产生的,此时陷入证据"罗生门"。根据第 477 条,在活体动物买卖中,如果在自风险转移之后的六个月内,商品出现与第 434 条或第 475b 条规定不符的状况,则假定在风险转移时商品已经存在瑕疵,除非这一假定与商品的性质或瑕疵的性质不相符。债权人在收到宠物猫后发现走路瘸腿,但这可能属于运输途中给猫带来的短暂不适,为了进一步查明宠物猫的健康状态,债权人刘文旭带猫去医院做了体检,体检显示猫确实存在腿瘸缺陷。又加之债务人宠物店提供的视频证据不能作为证明猫状态完好的直接证据,因此根据第 477 条的规定,推断宠物猫在风险转移之前就存在健康瑕疵。

根据第 440 条的规定,在出现质量瑕疵之时,债权人可以请求债务人再履行,再履行的方式有两种,即修复和交付替代物,如果债务人拒绝债权人的再履行的请求,或者尝试修复两次后失败,或者不能交付替代物或者交付替代物不可苛责之时,债权人可解除合同。本案中,虽然债务人认为宠物猫不存在腿瘸问题,但还是同意债权人先将宠物猫运回宠物店。从原案二审呈现的案件事实可以得出,宠物店并未提供医院证明等有直接证明效力的文件证明宠物猫不存在健康状况问题,但和债权人沟通之时一直强调宠物猫没有瘸腿等症状,由此推断本案中债务人并未努力"修复"瑕疵;而宠物猫作为一个活物,有明显不同于其他商品的特性,债权人购买宠物猫的目的主要是为了陪伴,获得精神上的慰藉和满足,在选择宠物时,除了对种类、年龄、价格等因素作选择,最为主要的还是对某个个体的"合眼缘",因此,宠物有很强的不可替代性,债务人无法履行替代给付。因此,债权人可解除合同债务人的合同。

综上所述,债权人刘文旭可以根据《德国民法典》第 440 条以及第 323 条第 2 款解除和债务人宠物店的宠物买卖合同。

(三)我国《民法典》

1. 我国《民法典》的质量瑕疵履行与合同解除

“瑕疵”一词在我国《民法典》中总共出现了22次,其主要规范的构成分布在合同法通则和买卖合同章节。瑕疵履行违约形态主要规范为第582条,但条文并未采用“瑕疵履行”这一从大陆法系继受而来的术语,而是以“履行不符合约定”概之。之后在第612条和第613条规定了权利瑕疵,在第617条规定了质量瑕疵,可见我国民法的标的物瑕疵主要分为质量瑕疵和权利瑕疵。第582条的后半句规定了瑕疵违约责任的救济措施,第618条则是规定了减轻或者免除瑕疵担保责任的例外。笔者将这些条文呈现在表4-2里,以便读者有更直观的了解。

表4-2 《民法典》质量瑕疵相关法律规范

条款	内容
第582条 瑕疵履行违约责任	履行不符合约定的,应当按照当事人的约定承担违约责任。对违约责任没有约定或者约定不明确,依据本法第五百一十条的规定仍不能确定的,受损害方根据标的的性质以及损失的大小,可以合理选择请求对方承担修理、重作、更换、退货、减少价款或者报酬等违约责任。
第612条 出卖人权利瑕疵担保义务	出卖人就交付的标的物,负有保证第三人对该标的物不享有任何权利的义务,但是法律另有规定的除外。
第613条 出卖人权利瑕疵担保义务免除	买受人订立合同时知道或者应当知道第三人对买卖的标的物享有权利的,出卖人不承担前条规定的义务。
第617条 质量瑕疵担保责任	出卖人交付的标的物不符合质量要求的,买受人可以依据本法第五百八十二条至第五百八十四条的规定请求承担违约责任。

续表

条款	内容
第 618 条 减轻或者免除瑕疵担保责任的例外	当事人约定减轻或者免除出卖人对标的物瑕疵承担的责任,因出卖人故意或者重大过失不告知买受人标的物瑕疵的,出卖人无权主张减轻或者免除责任。

与拒绝履行、履行迟延和履行不能三种违约形态相比,我国《民法典》对瑕疵违约履行进行了更为系统的规范,条文的数量最多,甚至有学者认为瑕疵履行违约形态在我国民法体系中是相对独立存在的,并未被第 577 条统一的违约体系所统合。[1] 但细究上述法条,不难发现第 582 条规定的瑕疵履行违约责任——修理、重作、更换、退货、减少价款或者报酬等,是对第 577 条规定的"继续履行、采取补救措施或者赔偿损失等违约责任"责任的细化,"修理、重作、更换"都属于"继续履行"的范畴。因此,第 577 条和第 582 条是一般条款和特殊条款的关系,第 577 条规定的"违约"是我国合同履行障碍体系中的中心的、统一的一级概念,而履行瑕疵和其他违约形态都属于统一概念下的二级概念。因此,我国瑕疵履行违约形态并不独立于统一的违约形态,而是已经被统合其中成为违约的典型形态之一。

但是,虽然瑕疵违约履行已被统合到违约概念之中,对其概念和法律后果进行细化仍很有必要。与其他违约形态相比,瑕疵违约履行最大的特征在于标的物已经给付,这就意味着在为债权人提供法律救济之时,更注重对违约行为的补救和修正,而不是对债务人进行惩罚,这从《民法典》第 582 条规定的"修理、重作、更换"

---

〔1〕 参见崔建远:《物的瑕疵担保责任的定性与定位》,载《中国法学》2006 年第 6 期。

也可窥一二。[1]

与《德国民法典》相似的是，我国对给付的标的物质量瑕疵的认定也采主观标准和客观标准说，采取了非常丰富的瑕疵标准认定方式：根据我国《民法典》第 510 条和第 511 条规定，确认标的物质量瑕疵的标准为：当事人的约定→当事人的补充约定→强制性国家标准→推荐性国家标准→行业标准→通常标准或者符合合同目的的特定标准。主观标准取决于当事人的协商，客观标准中规定的强制性国家标准、推荐性国家标准和行业标准等具有较强的专业性，在消费者合同中，消费者很难去理解并举证产品质量是否存在瑕疵，因此在司法适用中，我国可将消费者保护纳入私法体系，在遇到专业性较强的产品质量认定时，可采取举证责任倒置原则。

如前文所述，瑕疵履行违约责任主要目的在于对违约行为的修正和补救，令人疑惑的是，第 582 条规定的几种违约责任——“修理、重作、更换、退货、减少价款或者报酬”——从法律的角度，是否有一个适用顺序，债权人“合理选择”救济手段，对合理的界定是什么。此外第 582 条只规定了债权人合理选择救济方式，那么瑕疵履行违约形态的合同解除条件应更为严格。但我国只在第 582 条规定了债务人“承担修理、重作、更换、退货、减少价款或者报酬等违约责任”，并未对瑕疵履行的合同解除作特别规定，而是需援引合同法定解除的统一规范——第 563 条第 1 款第 4 项的规定，在债权人因债务人的瑕疵给付目的落空之时才能解除合同。而给付标的物的瑕疵在何种程度下才债权人才能解除合同，法律将自由裁量权交给了法官，并未有统一的判断标准。法院虽然在司法

---

〔1〕 参见何乐心：《物的瑕疵担保责任制度的改革趋向及我国的立法完善》，载《法学论坛》2002 年第 6 期。

实践中有义务通过基本的法律原则以及法律解释的方法填补立法的空白,但是仍需一定的统一标准的指导。

2. 我国《民法典》对案例V的适用分析

债权人刘文旭或许可以根据我国《民法典》第563条第4款解除和债务人宠物店的合同。

如果债权人刘文旭可依据第563条第4款解除合同,那么债务人宠物店应该有迟延履行或者其他违约行为,致使债务人订立宠物合同的目的落空。本案中,宠物店在债权人付完所有价款后的第二天将宠物猫通过快递的方式寄给了刘文旭,所以并不存在履行迟延的违约行为。

那么应该存在其他致使债权人目的落空的违约行为。债权人在收到宠物猫的第二天去给猫做体检,医院诊断此猫为"右后腿瘸",因此债权人认为宠物店的给付为瑕疵履行违约。但是宠物店提出了异议,并提交视频,显示其在将宠物猫发给刘文旭之前的情况,欲证明宠物猫在发出前是健康状态,不存在腿瘸问题。但是宠物店最后同意先由刘文旭将宠物猫返还由其查看情况后处理。宠物店收到宠物猫后于2022年8月29日、9月1日与刘文旭沟通,发出视频,显示宠物猫不存在腿瘸情况,但是在一审和二审中未提供其他证据证明宠物猫的健康状况。对于宠物猫的健康状况债权人和债务人各执一词。在刘文旭已经以医院诊断证明这种较为权威的文件证明宠物猫的健康状况问题,宠物店在收到刘文旭寄回去的宠物猫后,也应提供相应的具有权威性的证据,但是宠物店在二审之时提供的也只是视频资料。所以,在法律上应认定宠物猫存在健康问题,宠物店给付瑕疵,构成违约。

只有在瑕疵履行违约致使债权人的合同目的不能实现时,债权人才可根据第563条第1款第4项解除合同。虽然我国法律规范没有明确规定标的物质量瑕疵合同解除的标准,但是根据第582

条规定的债务人质量瑕疵违约履行责任——“受损害方根据标的的性质以及损失的大小,可以合理选择请求对方承担修理、重作、更换、退货、减少价款或者报酬等违约责任”,可见在给付的标的物出现瑕疵之时,债权人一般不得立即解除合同,而是应选择合理的补救措施。在宠物猫出现“右后腿瘸”,但是无其他健康问题之时,债权人不得立即解除债务人的合同,应要求债务人采取补救措施。此时债务人同意先由刘文旭将宠物猫返还由其查看情况的做法可见其并未怠于履行自己的合同义务。但债务人收到宠物猫后,如果坚持认为猫没有任何健康瑕疵的,应进行积极的举证,除视频外,还需提供具有权威性的证明,如鉴定机构的报告、医院的诊断证明等。可是直到二审期间,宠物猫已经长成成年猫,债务人仍未提供有力的证据,也未与债权人协商如给付替代物等补救措施。纠纷期间宠物猫一直在宠物店生活,从幼年猫长成成年猫,此时即使重新交付案涉猫,对债权人来说也失去了通常宠物购买的目的——饲养、培养感情、陪伴等。因此当事人双方的合同也失去了继续存在的意义,原案二审判决债权人可解除与债务人之间的合同比一审的判决结果更为合理。

但是尤其需要注意的是,并不是因为宠物店给付的宠物猫疑似健康状况有问题而直接导致债权人合同目的落空,从而可直接解除合同,而是在出现宠物猫是否具有瑕疵的争议后,债务人未积极处理问题——如果宠物猫有瑕疵,债务人应积极采取措施消除瑕疵或者给付替代物;宠物猫如果没有瑕疵,债务人应该出具除视频外其他具有权威性的证据。因为债务人怠于处理出现的争议,合同履行陷入了长期的僵局,因此视为债务人未积极采取补救措施,债权人订立合同的目的落空,得以解除合同。

(四)法律比较和小结

通过对三部法律规范中质量瑕疵违约的理论探析以及分别对案例Ⅴ的分析适用,不难发现对瑕疵的界定,三部法律都规定采取主观标准和客观标准结合的方式进行判断,都将当事人的约定放在第一顺位。在瑕疵违约形态下,这三部法律对违约责任的规定倾向于补救和修正,如果给付的产品或服务存在缺陷,但这些缺陷可以在事后被修复,而卖方已经自愿、在合理的时间内采取措施来解决问题,且这些措施没有对买方造成不利后果,那么通常这一违约行为并不被认为使债权人合同目的落空,在《联合国国际货物销售合同公约》和我国《民法典》中不构成"根本违约",在《德国民法典》中不构成债权人直接解除合同的事由。

当然,虽然这三部法律对质量瑕疵合同解除的限制都很严格,但在规范细节上仍存在较大差别。与《联合国国际货物销售合同公约》以及我国《民法典》对瑕疵履行较为宽泛的规范不同,《德国民法典》对瑕疵履行违约的规定更为系统和有逻辑性。首先,在标的物瑕疵的判断上,与其他两部法律相比,《德国民法典》明确规定了判断质量瑕疵的时间点为风险转移之时,从而督促买方检查产品并负有提出瑕疵的义务,而卖方也需要确保产品在风险转移时是符合合同规定的。此外,对瑕疵判断的时间的规定体现了瑕疵履行制度"平衡当事人的合法权益"的主旨和法律价值。风险转移的时间点对于判断瑕疵履行非常重要,因为它决定了在何时买方可以提出瑕疵并要求卖方进行修复或替换,以及何时卖方的责任结束。这有助于明确责任,确保产品质量,平衡买卖双方的合法权益。其次,《德国民法典》将瑕疵履行的救济分为修复(Nachbesserung)和更换(Nachlieferung)两种,规定由债权人合理选择,但是并未忽略债务人的合理利益——如果债权人选择的救济方式需要债务人支付高昂的显失公平的费用，债务人可以选择另一种救济方式，当然，另一种救济方式不能损害债权人的合法利益。最后，《联合国国际货物销售合同公约》和我国《民法典》都未特别规定瑕疵履行违约解除的条款，此种违约状态下合同的解除需要援引统一的合同解除规范。与之相比，《德国民法典》在第440条规定了质量瑕疵履行合同解除的要件：第一，债务人给付的标的存在质量瑕疵；第二，质量瑕疵并不是微不足道的；第三，质量瑕疵不能归责于债权人；第四，债务人拒绝了修复和更换两种救济方式，或者债务人再履行失败的，或者再履行对债权人来说不合理，以至于不能期待其接受的；如果债务人再履行的方式为修复，那么尝试两次还不成功的，视为失败。

比较三部法律对案例Ⅴ的分析，虽然结果无本质差别，但是检视分析的过程，可发现适用德国的规范时案例解析的步骤和逻辑更为合理。在司法实践中，我国可适当借鉴《德国民法典》的相关规范，对质量瑕疵进行判断时可引入“风险转移”原则，将瑕疵判断的时间点解释为风险转移之时；此外，可进一步细化质量瑕疵合同解除的要件——第一，质量瑕疵发生在风险转移之前；第二，质量瑕疵并非微不足道；第三，债务人拒绝再履行或者再履行已经不可能或者不可期待，或再履行对债权人来说不合理以致不可期待，又或债务人尝试再履行失败，从而将第563条第1款第4条规定的“不能实现合同目的”在瑕疵违约合同解除时具象化，为法院判案提供统一指导，减少法官自由裁量权过大可能会引发的司法不统一和不公正。

第五章　合同解除权的行使及其法律效果

第一节　解除权的行使

一、我国解除权行使主体的厘清

在《联合国国际货物销售合同公约》和《德国民法典》中，合同解除权被视为对债权人的法律救济的最后手段，因此毫无争议的是，能行使合同解除权的主体只能是债权人。在我国，因规定了违约合同解除权、不定期继续性合同的任意解除权以及司法解除权，所以不论在理论上还是实践中经常对解除权行使的主体产生困惑和疑问，尤其是在不可抗力解除、情势变更解除以及违约方申请合同解除之时。因在第四章第二节对违约方申请合同解除作了比较详细的论述，本节对此不再赘述，将对另外两个争议逐一探讨。

（一）不可抗力解除时的解除权主体

根据我国《民法典》第 563 条第 1 款规定的“有下列情形之一的，当事人可以解除合同”，第一种情形为“因不可抗力致使不能实现合同目的”，第二、三、四种情形都分别为“当事人一方明确表示或者以自己的行为表明不履行主要债务”“当事人一方迟延履行主要债务”“当事人一方迟延履行债务或者有其他违约行为”。第1款第2、3、4项的中所指“当事人”即违约方或者是债务人，这是没有争议的，那么相对应地，第563条第1款中可行使解除权的主体应为守约方或者债权人。但在不可抗力致使合同目的不能实现下，此时可解除合同的当事人作何种解释存在争议。学界多有学者认为，在事由不可归责于债务人时，比如不可抗力致使合同目的无法实现时，双方当事人都可解除合同。[1] 笔者认为，此处当事人应作“债权人”或“守约方”解释，主要理由为：首先，按照体系解释的方法，在适用第563条第1款第2至4项的违约合同解除时，第563条第1款可解除合同的“当事人”解释为守约方和债权人，那么在适用“不可抗力致使合同目的不能实现”情形之时，对当事人作其他解释有失体系的协调性和统一性；其次，对违约进行界定时，国际上趋于统一的是，“主观可归责性”不作为违约的构成要件。我国《民法典》第577条将违约界定为“当事人一方不履行合同义务或者履行合同义务不符合约定的”，可见在我国，违约的构成要件也不包括债务人的主观过错，只要一方当事人未按照合同的约定履行合同义务，即构成违约。在不可抗力发生之时，如果一方当事人因不可抗力不能履行合同，即使非因他之责，其未按照合同履行义务的行为也构成了违约，当然，此时不可抗力可作为其违约后的免责条款。最后，将可解除合同的当事人解释为守约方或债权人亦可合理适用于不可抗力导致合同目的不能实现的各种情形：第一种，因不可抗力导致合同一方当事人履行不能，另一方当事人可解除合同。比如甲从乙处购买清代瓷器一件，在乙交付瓷器之

---

[1] 参见薄燕娜、李钟：《论合同解除权的行使——〈民法典〉合同编第565条评释》，载《法律适用》2021年第6期；参见崔建远、吴光荣：《我国合同法上解除权的行使规则》，载《法律适用》2009年第11期。

前,其所在地突发洪水,瓷器在洪水中灭失,此时甲可依据第563条第1款第1项或者第563条第1款第4项解除合同。如果债权人不愿意解除合同,合同陷入僵局,则债务人可以根据第580条第2款申请法院解除合同。第二种,因不可抗力导致双方合同履行不能,此时任何一方都可以作为债权人通知对方解除合同。比如,甲和乙之间成立了一个货物互易合同,约定双方同时交货,结果在合同履行期限届满之前,甲和乙双方所在的地方都暴发了疫情且全城戒严,此时双方都陷入履行不能,任何一方都可以以债权人的身份解除合同。第三种,因不可抗力致使合同履行迟延的,如果合同类型属于定期交易,则按照履行不能情况处理,其他情形下迟延履行致使债权人合同目的不可实现的,债权人可依据第563条第1款第3项或者第4项解除合同。

综上所述,在不可抗力致使合同履行不能时合同的解除主体为守约方,也可称之为债权人。

(二)情势变更时的解除权主体

在合同订立后发生一些情势,这些情势改变了合同订立时当事人的交易基础,发生后合同仍可继续履行,但是发生的情势大大增加了履行的难度,以至于继续按照合同的约定履行会对一方当事人显失公平。比如,卖方在和买方签订合同后,原材料价格因为战争突然急剧上涨,卖方交付货物的成本明显高于其在缔结合同时可预见的成本。商业合同一般建立在“对价”合乎比例的基础上,因为出现了当事人不可预见的情势,出现了“等值障碍”(Äquivalenzstörung)。[1] 这种障碍,在《德国民法典》中被称为“交易基础丧失”(Störung der Geschäftsgrundlage),在我国则被称为

[1] Vgl. Hein Kötz, Europäisches Vertragsrecht, 2Auflage, S. 407.

"情势变更"。

1.《德国民法典》的交易基础丧失合同解除主体

德国民法体系中的"交易基础丧失制度"源于对古罗马教会法的继受,在《民法典》起草之初,立法者们因怕此项制度会影响交易的安全性和稳定性,故没有采纳。[1] 第一次世界大战爆发以后,因战争带来的物资紧缺以及时局不稳定,出现了很多合同履行纠纷,法院在判决时通常以"履行不能"为依据,而根据《德国民法典》的规定,在合同履行不能之时,债权人不得要求债务人继续履行,合同权利义务归于消灭。在履行不能导致合同解除的案例中,因为履行不能由不可预见的战争引起,因此卖方免除违约责任,也无须再承担履行义务。大量类似判决的产生使得一些投机商人哄抬物价,严重影响了买方,特别是普通消费者的利益,也使得动荡的社会环境更为不稳定,因此法院积极采取措施,提出"交易基础丧失",在某些情况下来替代"履行不能",从而更符合诚实信用原则和公平原则,并在 2002 年债法改革之时纳入到《德国民法典》第 313 条的规范之中。

第 313 条规定,"(1) 如果导致合同基础发生重大变化的情况在合同签订后发生,并且如果当事人在预见这种变化的情况下可能不会签订原合同或签订带有不同内容的合同,那么可以在考虑个案情况下的所有情形,特别是考虑合同或法定风险分配的情况,坚持继续履行原合同对一方当事人不可苛责之时,其可请求调整合同。(2)如果作为合同基础的重要设想被证明是错误的,也应被视为情况的改变。(3) 如果无法调整合同或调整合同对一方不合理的,那么受损害的一方可解除合同。对于持续履行的合同,合同

[1] Vgl. Protokolle der Kommission für die zweite Lesung des Entwurfs des BGB, Band Ⅱ (1897) 690 f.

终止替代合同解除。”第 313 条中“合同基础”是指合同赖以成立的基础和客观事实，合同基础丧失的构成要件采取主客观结合的方式，主要包括合同基础重大变化、当事人对此不可预见以及继续履行原合同对当事人不可苛责三个要素。一旦交易基础丧失，因情势变更遭遇不利的一方不可立即解除合同，而是请求变更合同。变更的前提要件是可期待性。[1] 如果变更不能或者对另一方当事人不合理，遭遇不利的一方可解除合同。值得注意的是，合同并不因合同变更被另一方当事人拒绝自动消灭，[2] 而是需要当事人按照法律规定的合同解除程序对另一方当事人发送解除声明，解除声明到达另一方当事人的，合同解除。

所以，依据《德国民法典》第 313 条的规定，出现合同交易基础丧失情形时，可解除合同的主体为因交易基础丧失遭受不利的一方。

2. 我国《民法典》的情势变更合同解除主体

我国 1999 年《合同法》并未规定情势变更原则。情势变更原则制度的初步建立是在最高人民法院《关于适用〈中华人民共和国合同法〉若干问题的解释（二）》（以下简称《合同法司法解释（二）》）第 26 条，此条规定，“合同成立以后客观情况发生了当事人在订立合同时无法预见的、非不可抗力造成的不属于商业风险的重大变化，继续履行合同对于一方当事人明显不公平或者不能实现合同目的，当事人请求人民法院变更或者解除合同的，人民法院应当根据公平原则，并结合案件的实际情况确定是否变更或者解除。”我国《民法典》编纂之时吸收了此条款，在第 533 条予以规定，与《合同法司法解释（二）》第 26 条相比，《民法典》第 533 条去掉了

---

〔1〕 Vgl. Grüneberg, in Bürgliches Gesetzbuch 78 Auflage, 2019, Art. 313, Rn. 40.

〔2〕 Vgl. BGB NJW12, S. 373.

“非不可抗力造成的”这一要件，即不可抗力也可作为引起情势变更的事由。在不可抗力发生致使合同成立的客观情况发生重大变化的，当事人是适用第 533 条的情势变更原则还是第 563 条第 1 款第 1 项的不可抗力致使合同目的不能实现，需考察的关键在于“合同履行是否还有可能”，即合同成立的客观基础是彻底丧失，还是发生重大变化，继续履行仍有可能。

对第 533 条进行法律解构，可发现其适用的首要前提是履行仍具有可能性，这也是情势变更与第 563 条第 1 款“因不可抗力致使不能实现合同目的”以及第 590 条“当事人一方因不可抗力不能履行合同的，根据不可抗力的影响，部分或者全部免除责任”最大的不同。其次，“对当事人明显不公平”属于情势变更原则的核心考量因素，而“不公平”一般解释为一方当事人履行过于艰难或者付出高昂的代价，且当事人之间利益出现严重失衡。[1] 这也是德国民法中所指的“等值障碍”，需要根据具体案件的所有情形去判断。最后，第 533 条“不能实现合同目的”与第 563 条规定的根本违约不同，是指虽然合同可继续履行，但因为合同成立时的客观条件发生重大变化，继续坚持履行原合同对受到情势变更不利的一方来说已经无意义。

我国《民法典》第 533 条规定了情势变更的两个法律后果：第一，受到不利影响的当事人可以与对方重新协商；第二，在合理期限内协商不成的，当事人可以请求人民法院或者仲裁机构变更或者解除合同。第一个法律后果法律表述为“可以”重新协商，以文义解释对“可以”一词进行解释，意味着受不利一方当事人可自由决定是否与另一方当事人协商。但是以体系解释的方法去解读

---

〔1〕 参见王利明主编：《中国民法典释评·合同编通则》，中国人民大学出版社 2020 年版，第 345 页。

“可以”,需结合第二个法律后果的表达——“在合理期限内协商不成的,当事人可以请求人民法院或者仲裁机构变更或者解除合同”进行解读。第二个法律后果,即变更或者解除合同的前提是“在合理期限内协商不成的”,对其反面解释,可得出在合理期限内协商是合同司法变更或解除的必不可少的前置程序。所以,此处“可以”的真实内涵为受到不利方负有再磋商的义务,必须先和另一方当事人协商变更合同。

因此,在情势变更情形下,合同的解除权在于法院或者司法机构,而可申请合同解除的为受到情势变更不利的一方。当然,事实上,另一方当事人一般为原合同继续履行的受益人,正常情况下不会也无必要其解除合同。

二、解除权行使程序

(一)《联合国国际货物销售合同公约》

1. 解除通知的必要性

当债权人因债务人根本违约而对合同的继续履行毫无利益之时,他可解除合同。而合同的解除除了满足根本违约的构成要件,还需要债权人清晰明确地、无任何争议地表明。[1] 根据《联合国国际货物销售合同公约》第 26 条的规定,只有解除的通知到达债务人的,解除才有效。这意味着,解除合同的声明是债权人单方意思表示,无须他人参与,只要到达债务人即可导致合同权利义务的终止,为典型的形成权。[2]

---

〔1〕 Vgl. Rechtsprechung CISG – online 224.

〔2〕 Vgl. Trommler, S. 36; Müller – Chen/Schlechteriem/Schwenzer, Art. 26, Rn. 23; Vgl. Schlechtriem/Schwenzer/Gsell, Art. 26, Rn. 7; Ferrari/Kieninger/Mankowski u. a. / Saunger, Art. 26, Rn. 2; Vgl. Ferrari/Kieninger/Mankowski u. a / Saunger, Art. 27, Rn. 2; Trommler, S. 36.

2. 解除通知的形式和内容

《公约》第26条只规定解除通知到达债务人时生效，并未规定通知应以何种形式做出。因此，通知可以任何形式作出，书面的或者口头的，或者通过电子邮件等，但态度必须清晰明确，不能让债务人以及一个在同样情况下的理性第三人产生误解。[1] 同样的，《公约》也未对解除通知的内容作特殊规定，无论债权人在解除声明中使用“解除合同”、“结束合同”或者是“终止合同”，都不影响合同的解除效果的达成，但是必须清楚明确地让债务人知道其要解除合同的意思。[2] 需要注意的是，此处合同解除的通知和第72条规定的预期根本违约解除合同的通知要求有所不同。第26条为解除通知形式和内容的一般条款，而第72条第2款为预期根本违约合同解除的特殊条款，债权人以预期根本违约为事由解除合同的，在发出合同解除通知之前需履行告知义务，而对于一般的合同解除通知来说，事先告知债务人并不是解除通知发出的必备程序。[3]

3. 解除权的行使期限

解除权作为形成权的一种，当然也受到除斥期间的限制，解除权因行使期限经过而消灭。《联合国国际货物销售合同公约》并未明确规定合同解除权的行使期限，但是这不意味着《公约》中的合同解除权不受期限的限制。根据第49条第2款规定，在履行迟延构成根本违约时，债权人因债务人的给付而失去合同解除权。除非在债务人给付迟延情形下，债权人获悉债务人已经给付货物后在合理期限内发出解除通知（第49条第2款第a项）；或者其他违

---

〔1〕 Vgl. Ferrari/Kieninger/Mankowski u. a./ Saunger, Art. 26, Rn. 2.

〔2〕 Vgl. Schlechtriem/Schwenzer, Art. 26, Rn. 8.

〔3〕 Vgl. Schlechtriem/Schwenzer, Art. 26, Rn. 8.

约形态下债权人在合理期限内发出解除通知(第49条第2款第b项)。对于“合理期限”的界定,在司法适用中存在一定的解释空间,需要法院根据具体案件的情况进行判定,主要出发点为平衡当事人之间的合法利益。[1] 毫无疑问的是,债权人在取得合同解除权时应该尽早向债务人发出合同解除的通知,特别是在迟延履行违约形态下,解除合同的声明最好在债务人交付标的物前发出,以便债务人可尽快地采取转卖或者其他的措施减少经济损失。[2]

《联合国国际货物销售合同公约》虽然选择根本违约为实质连接点的合同解除范式,但也规定了指定宽限期作为补充。在时间和条件允许的情况下,债权人应给债务人指定合理的再履行期限,但此期限一般短于合同解除行使的期限。[3] 除此之外,《公约》也规定了减价形成权的履行期限,与合同解除权期限的规定具有很强的相似性。[4]

(二)《德国民法典》

根据《德国民法典》的规定,债权人解除合同需要向债务人作出解除声明。和《联合国国际货物销售合同公约》一样,《德国民法典》也未对解除声明的行使和内容作特别的限制,债权人可自由选择如何行使以及如何表达,关键在于声明能到达债务人,且可使债务人以及一个理性第三人毫无争议地明白债权人要解除合同的意

---

〔1〕 Vgl. CISG – online 1658.

〔2〕 Vgl. Staugling/Magnus, Art. 49, Rn. 36; Saunger/Ferrari/Kieninger/Mankowski u. a., 2011, Art. 49, Rn. 19; Vgl. Hornung/Fountoulakis/Schlechtriem/Schwenzer, Art. 73, Rn. 26; CISG – online 1900.

〔3〕 Vgl. H. Honsell/Schnyder/Straub, Art. 49, Rn. 75 – 77.

〔4〕 Vgl. Schliechtem/Schwenzer/Müller – Chen, Art. 49, Rn. 33.

思。[1] 债权人意思表示是否有效的标准参考《德国民法典》第130条的规定。除此之外，解除权的行使具有不可分性，即如果合同解除是对多人作出的，债权人需根据第351条规定对所有人作出解除合同的意思表示。

根据《德国民法典》第350条的规定，债权人的合同解除权因行使期限经过而失效。此规范的最主要目的是尽快结束合同悬而未决的状态，从而在为债务人提供救济之时兼顾债务人的合法权益。[2] 《德国民法典》也未规定解除权行使的具体期限，当事人在合同中可自行约定，未约定的，债权人应在合理期限内行使解除权。在司法实践中，如果债务人对债权人行使合同解除的期限提出异议，则需要法院以诚实信用原则为指导，对"合理性"进行综合判断。[3]

（三）我国《民法典》

与《联合国国际货物销售合同公约》和《德国民法典》一样，我国合同解除也未采取解除事由出现则合同自动消灭的当然消灭主义的立法方式，合同的解除需要债权人对债务人作出解除声明。

我国《民法典》详细规定了合同解除权行使的期间和路径：

第564条对合同解除行使期限规定了三种情形：首先，如果当事人对合同解除行使的期限有约定的，基于私法自治原则，按照其约定确定解除权行使的期限。其次，如果当事人对合同履行期限没有约定的，但是债务人对其进行了催告，那么在催告后的合理期限内债权人应行使合同解除权。最后，如果当事人没有约定，债务

---

〔1〕 Vgl. Luchterhand Kommentare/Prütting/Wegen/Weinreich/Stürner, § 349, Rn. 1.

〔2〕 Vgl. Soegel/Lobinger, § 350, Rn. 1.

〔3〕 Siehe Kriterien der Angemessenheit der Frist Palandt/Grüneberg, § 323, Rz. 14.

人也未催告债权人行使合同解除权的,解除权行使的期限为债权人知道或者应当知道解除事由之日起一年内。在判断合同解除权的行使期限是,考察顺序为当事人约定→债务人催告→1 年除斥期间。在合理期限内债权人未行使解除权的,其解除权消灭。

在第 565 条第 1 款和第 2 款分别设置两个合同解除权行使的路径:一个是债权对债务人作出解除合同的通知;另一个则是直接向法院起诉,通过合同“通知解除之诉”[1]确认合同解除。第 565 条第 1 款规定了合同解除权私力通知,即债权人不经过司法机构,而是直接向债务人作出合同解除声明的,解除声明到达债务人时解除生效,解除声明可附期限,在期限到达之日债务人还未履行合同的,合同自通知载明的期限届满时解除。附期限的功能类似于为债务人指定再履行宽限期,为债务人纠正违约行为提供最后一次机会,这不仅有利于维护合同的稳定性,也不会对当事人造成不利,在司法实践中应该予以提倡和鼓励。[2]根据第 565 条第 2 款规定,债权人也可直接向人民法院起诉解除合同。此条需和第 580 条第 2 款债务人申请人民法院解除合同相区分:第 565 条第 2 款规定为通知解除确认之诉,为普通的形成权,债权人的请求内容不是请求人民法院允许其解除合同,而是请求人民法院确认其有解除合同的权利,人民法院确认债权人的合同解除权的,合同解除自起诉状副本或者仲裁申请书副本送达对方时解除时生效;而第 580 条第 2 款是司法解除之诉,为形成诉权,行使的主体包括债权人和债务人,当事人请求的内容为法院或司法机构判决合同解除,合同解除自合同自判决作出之日其生效,第 533 条的情势变更之诉也

---

〔1〕 参见张海燕:《合同解除之诉的解释论展开》,载《环球法律评论》2022 年第 5 期。

〔2〕 参见朱广新:《合同法总则研究》(下),中国人民大学出版社 2018 年版,第 627 页。

是这种情况。[1] 解除权确认之诉在很多情形下可提高合同解除的效率，来源于对我国司法实践的总结，此规定再次体现了我国《民法典》是一部适用性极强的、解决实际问题的、科学的、人民的法。

三、法律比较和总结

合同解除权行使主体在《联合国国际货物销售合同公约》和《德国民法典》都是守约方，法律规范中也称债权人，因为在这两部法律规范中，合同解除权被视为对债权人"最后的救济手段"，是对债权人的法律救济，因此一般情形下不发生权利的反转。

我国合同解除制度的构建更注重解决实践中出现的法律问题，规定了违约合同解除权、不可抗力解除权、持续性合同任意解除权以及司法解除，虽然适用的范围较为广泛，但是在学界或司法实践中经常混淆解除权行使的主体和程序，不少学者也提出了违约解除权的概念。出现争议较多的除违约方申请合同解除外，还包括不可抗力解除和情势变更解除。从体系解释和客观目的论解释的角度去研究违约方合同解除和不可抗力解除权，可得出有权解除合同的主体只有守约方，即只有守约方取得合同解除这一形成权，在合同僵局之时债务人只有合同解除形成诉权，合同是否解除取决于法院的判决，同样的情况也发生在情势变更之时，请求法院解除合同的主体为请示变更的不利方。

关于解除权的行使，《联合国国际货物销售合同公约》、《德国民法典》和我国《民法典》都将债权人的合同解除权视为形成权，通过行使才能产生合同解除的效果，而且三部法律都未对合同解除

〔1〕 参见刘哲玮：《普通形成权诉讼类型考辨——以合同解除权为例》，载《中外法学》2014年第5期。

权行使的方式和内容作出具体限制，认为解除权行使最为关键的点在于解除通知清晰无误地到达债务人，且债权人的合同解除权都因在合理期限内未行使而消灭。解除权行使的不同主要体现在解除权行使期限的规定上，主要表现为以下几点：

第一，《联合国国际货物销售合同公约》在规范解除权的行使期限时，对履行迟延合同解除权的行使和其他违约形态的合同解除权的行使作了区分。债务人履行迟延构成根本违约时，如果债务人履行了给付义务的，通常情况下债权人的合同解除权被排除。而《德国民法典》和我国《民法典》对解除权行使期限的限制并未根据违约形态进行区分。笔者也认为这种区分并不是十分必要。如果在履行迟延根本违约中，债权人因为债务人的履行而丧失合同解除权，反向解释，如果债务人一直未履行，债权人则一直享有合同解除权，合同也一直处于悬而未决的状态〔1〕；此外，在实践中并不罕见的是，履行迟延构成根本违约后，因债权人未通知债务人解除合同，因而对合同履行抱有希望，积极准备给付标的物，而债权人则在债务人准备充分、准备交付之时解除合同，从而增大了债务人的损失范围。〔2〕

第二，与《联合国国际货物销售合同公约》以及《德国民法典》相比，我国《民法典》对合同解除权行使期限的规定更为具体，按照当事人约定→债务人催告→1 年除斥期间的步骤对行使期限进行检视，为司法实践提供了更为具象的准则，从而减少争议，最大限度地保证法的公平和正义。

第三，我国《民法典》构建了合同解除权行使的私力救济和公

〔1〕 Vgl. Schlechtriem/Huber, Art. 49, Rn. 34, 35; Vgl. Ivo Bach, Leistungshindernisse, Mohr Siebeck, Auflage. 1, München 2017, S. 16.

〔2〕 Vgl. H. Honsell/Schnyder/Straub, Art. 49, Rn. 39.

权力介入双体系——债权人直接通知债务人解除合同的通知解除，以及债权人请求人民法院确认合同解除的合同解除确认之诉，为债权人行使合同解除权提供了更多的方式和保障。

综上所述，我国《民法典》对合同解除权的行使主体的规范相对复杂，在司法适用中存在较多解释空间。同时，《民法典》对解除权行使的期限和程序又作了较为科学的和富有逻辑性的规定，体现了我国司法工作者的智慧，也展现出我国《民法典》的科学性和务实性。

第二节 解除权行使的法律效果

一、权利义务终止

当债权人解除合同的通知到达债务人之时，合同解除生效，无论是债权人还是债务人都无须再继续履行合同。对于未履行的义务不再履行毫无争议，问题是，解除合同的效果是否溯及地消灭已经履行的合同关系。对此问题有两种观点：第一种，合同解除导致合同消灭，就像合同从未成立过（*ex tunc*）。[1] 根据此种观点，合同一旦解除，不仅未履行的合同义务无须履行，已经履行的，也归于消灭。第二种，合同解除只终止未履行的权利义务关系，已经履行的部分的效力不受影响（*ex nunc*）。[2] 学界之所以孜孜不倦地讨论解除权行使的效果，主要是因为不同的观点直接关系着合同解除后的返还、损害赔偿等问题不同的请求权基础的适用。如果采直接效果说，合同解除后的给付返还选择的请求权基础应为物

---

〔1〕 Vgl. Honnold/Flechtner, Art. 81, Rn. 444.

〔2〕 Vgl. Staudiger/Magnus, Art. 81, Rn. 2; Vgl. Herber / Czerwenka, Art. 81, Rn. 7.

的返还、占有返还或者不当得利的返还；采间接效果说，合同解除后的给付返还的请求权基础则是基于合同，就像损害赔偿一样。

(一)《联合国国际货物销售合同公约》

根据《联合国国际货物销售合同公约》第 81 条第 1 款的规定，合同一旦被解除，当事人无须再继续履行合同义务，包括未履行的原合同义务以及次合同义务。[1] 但合同解除后，债权人可向债务人主张损害赔偿请求权。《公约》并未对合同解除是否溯及既往的法律效果作出明确的规定，但从第 81 条的规定来看，合同的解除不影响合同的任何争议解决条款或其他关于解除合同后各方的权利和义务的约定，已经完全履行或部分履行合同的一方可以要求另一方返还根据合同已提供或支付的任何物品或款项。如果双方都有返还义务，它们必须同时履行。可见《公约》采取间接效果说，即合同解除并不消灭已经履行的合同义务。[2]

(二)《德国民法典》

德国采合同解除法律效果无溯及力说，解除仅向未来发生效力，即未履行的不再履行，但是已经履行的继续存在。根据《德国民法典》第 346 条第 1 款的规定，合同解除后未履行的不再履行，已经履行的，必须退还已收到的利益，并交出已经获得的利益。而已经履行的一方要求另一方返还的依据并不是基于物权(dingliche Wirkung)，因为合同的解除并不影响已经存在的债权债务关

---

〔1〕 Vgl. Schlechtriem/Schwenzer/Fountoulakis, Art. 81, R. 5; Vgl. Honnold/Flechtner, Art. 81, Rn. 438.

〔2〕 Vgl. Schlechtriem/Schwenzer/Fountoulakis, Art. 81, R. 10; Vgl. H. Honsell/Weber, Art. 81, Rn. 4.

系，[1]当事人要求返还标的物或者价款则是基于“债务关系的反转”（Rückgewährschuldverhältnis），对当事人双方债权债务关系进行清算。[2]

（三）我国《民法典》

我国《民法典》在第566条第1款规定了合同解除的法律效果，“合同解除后，尚未履行的，终止履行；已经履行的，根据履行情况和合同性质，当事人可以请求恢复原状或者采取其他补救措施，并有权请求赔偿损失”。学界对此条法律规范的解读有两种观点：第一种认为“当事人可以请求恢复原状”是对合同解除有溯及力的肯定，即合同解除溯及既往地消灭已经履行的债权债务关系，就像合同从未缔结过一样，而后半句“或者采取其他补救措施，并有权请求赔偿损失”为例外条款，根据合同的性质，特别是持续性合同，其解除的法律效果不溯及既往。[3]第二种认为合同解除无溯及力，“恢复原状”是指依据合同债权债务关系进入反转，当事人应将已经收到的标的物、价款以及收益和利益等返还。[4]第一种为物的返还请求权，第二种为债的返还请求权。

我国《民法典》合同解除规则来源于对已有合同法的继受和对司法实践中法官智慧的总结，同时法律规范又成为司法实践中当事人的请求权基础。如果选择溯及力肯定说，那么合同解除后一方当事人对已经收到的标的失去物权，返还权利人可以援引物的返还或者占有返还、不当得利返还要求对方返还原物；如果选择溯

---

〔1〕 Vgl. Staud/Kaiser, §346, Rn. 31.

〔2〕 Vgl. Staud/Kaiser, §346, Rn. 31.

〔3〕 参见王利明：《合同法新问题研究》，中国社会科学出版社2003年版，第560页；参见崔建远：《解除效果折衷说之评论》，载《法学研究》2012年第2期。

〔4〕 参见韩世远：《合同法总论》，法律出版社2004年版，第618页。

及力否定说，那么合同解除后受给付方并不失去对收到的标的物的物权，权利人请求返还为债的返还。

在司法实践中，因对“恢复原状”不同的理解，债权人请求权基础适用具有多样性，同时法官在对案件判决时，同类型的解除案所使用的返还的法律依据并不统一。如最高人民法院对“眉山东坡区木子教育咨询有限公司与成都随客科技有限公司计算机软件开发合同纠纷”一案的判决书就出现了这种情形。对于合同解除后的返还，最高院的判决表述为，“合同法第九十七条规定：‘合同解除后，尚未履行的，终止履行；已经履行的，根据履行情况和合同性质，当事人可以要求恢复原状、采取其他补救措施、并有权要求赔偿损失。’合同解除后，对未履行部分应终止履行。对合同解除后的法律效果，双方当事人除终止履行外，主要应当依法处理两个层面的问题：第一是对已经履行部分恢复原状或者采取其他补救措施，其中恢复原状主要是指对于能够恢复原状的已履行部分在物理形态上恢复到订约前的状态，采取其他补救措施主要是指对不能恢复原状的已履行部分进行折价补偿（即在价值形态上恢复到订约前的状态）”，[1]将“恢复原状”解释为“能够恢复原状的已履行部分在物理形态上恢复到订约前的状态”，订约前状态即为溯及效力肯定说中所认为的“合同解除溯及既往地消灭已经履行的合同权利义务，就像合同从未缔结一样”。可见法院在此处的判决意见采用了合同解除效果溯及力肯定说。但在另一个案件“河南领航出行科技有限公司、成都益东成科技有限公司计算机软件开发合同纠纷”一案，最高院认为根据案件性质合同解除并无溯及力，“合同法第九十七条规定，合同解除后，尚未履行的，终止履行；已经履行的，根据履行情况和合同性质，当事人可以要求恢复原状、

---

〔1〕 参见最高人民法院民事判决书，(2022)最高法知民终2308号。

采取其他补救措施,并有权要求赔偿损失。据此,合同解除后,应根据履行情况和合同性质,确定各方当事人的责任。如前所述,益东成公司已按约完成系统软件开发、实施、部署和相关咨询服务,并且使领航公司取得《情况说明函》,其也无领航公司所主张的其他违约行为,故领航公司要求其返还已付合同款项及支付违约金的主张不应得到支持。益东成公司在原审中表示同意退还18 000元,该行为既是其对自身民事权益的合法处分,退还数额也与双方认可的咨询费相当,原审判决予以确认并无不当。"[1]

两个案件都属于软件开发合同,但是最高院在判决书中对合同是否有溯及力采取了不同的观点。细究两个案件的细节,二者最大的区别为,第一个案例返还方的违约行为导致债权人对合同已履行的部分丧失利益,而第二个案件中返还债务人已经履行的义务对返还债权人存在利益,故合同解除效果不溯及既往。所以两个案例中虽然债的类型相似,但是因违约行为的影响范围不同,当事人的合同目的实现的程度不同,法院采取了不同的判决立场和观点。足见我国司法工作者的智慧和对法律的灵活运用的能力。

笔者认为,鉴于我国《民法典》灵活性和适用性强的特点,对合同解除是否发生溯及既往的效力这一问题给予一个肯定的答复反而限制了当事人以及法院在具体案件适用时的请求权基础选择。在司法裁判中,重点并不是解除是否有溯及力,而是根据案件具体情况,如债的性质、债务人的违约类型和违约状况,在衡量当事人双方利益后由法院决定对已经履行的合同是否要进行清算。

[1] 参见最高人民法院民事判决书,(2021)最高法知民终2478号。

二、违约损害赔偿责任

(一)《联合国国际货物销售合同公约》

根据《联合国国际货物销售合同公约》第 81 条第 1 款的规定，当事人并不因合同解除而丧失对违约损害赔偿的请求权。损害主要来源于两个方面：一是因债务人的违约行为债权人丧失合同利益产生的损害，比如履行利益、徒然费用的支出等；[1] 二是在合同解除后，标的物返还之时产生的损害。[2] 例如，甲解除和乙的瓷器买卖合同，在退回瓷器时，因为甲的疏忽导致瓷器受到损害，此时合同解除的债权人甲为返还义务人，债务人乙为返还权利人，乙可请求甲承担损害赔偿责任。如果采解除效果溯及力肯定说，甲承担的为侵权损害赔偿责任；如果采解除效果溯及力否定说，甲承担的为违约损害赔偿责任。

(二)《德国民法典》

在《德国民法典》中，合同解除并不排除债权人的违约损害赔偿请求权。虽然在债法改革中《德国民法典》引入了"违反义务"作为履行障碍的统一概念，并且在第 323 条统一规定了合同解除权，但是在规范违约损害赔偿，却根据违约形态的不同设置了不同的请求权基础。瑕疵给付损害赔偿请求权基础为第 280 条第 1 款，迟延履行损害赔偿请求权基础为第 280 条第 1 款、第 2 款和第 286 条，履行不能的损害赔偿请求权基础为第 280 条第 1 款、第 3 款以及第 283 条。除违反原给付义务产生的债权人损害赔偿请求权，根据第 346 条第 4 款的规定，合同解除后如果一方当事人违反了返

---

[1] Vgl. H. Honsell/Weber, Art. 81, Rn. 9; Cisg - online, 417.

[2] Vgl. Herber/Czerwenka, Art. 81, Rn. 14.

还义务，也产生违约损害赔偿责任，如违约损害赔偿的规定一样，返还权利人可根据返还义务人违约的类型选择可适用的请求权基础。德国损害赔偿制度依旧坚持了主观归责要素，这同样适用于合同解除后返还给付物产生的损害赔偿——根据第 280 条第 1 款，如果返还义务人可证明其起到了审慎的注意义务且采取了合理的措施进行给付物的返还，非因其过错致返还物损毁的，其不承担损害赔偿责任。[1] 当然，无论是因违约产生的损害赔偿请求权还是因返还产生的损害赔偿请求权，债权人可提出赔偿请求的时间点都在合同解除声明作出之后，因为在合同解除后才能对双方的债权债务关系进行彻底地清算从而合理地确定损害赔偿的范围。[2]

（三）我国《民法典》

我国《民法典》在第 566 条规定了合同解除后的损害赔偿责任，这意味着和《联合国国际货物销售合同公约》以及《德国民法典》一样，我国也采取了合同解除和违约损害赔偿并存的立法范式。

但是第 566 条规定的“损害赔偿”的范围以及该条和第 577 条违约损害赔偿的关系在学界存在争议。有学者认为基于合同解除效果的溯及力肯定说，合同解除溯及既往地消灭已经履行的合同关系，那就产生和合同撤销一样的法律效果，即合同恢复原状，就像从未缔结过，那么损害赔偿的范围也应参考合同撤销赔偿的范围，以债权人基于对合同履行的信赖所做的支出以及丧失的机会利益为损害赔偿的请求范围。[3] 也有学者认为损害赔偿的范围以

---

〔1〕 Vgl. MK – Gaier, § 3476, Rn. 62.

〔2〕 Vgl. Lorenz, NJW 24/2015, S. 1727; Vgl. Derleder, NJW 2003, S. 998.

〔3〕 参见李永军：《合同法案例教程》，知识产权出版社 2001 年版，第 115 页。

履行利益为限,因为损害是由违约行为引起的,合同解除后的恢复原状在很多情形下并不能弥补债权人因债务人违约所遭受的损害,所以损害赔偿的范围为合同解除后尚不能弥补的当事人的履行利益。[1]

笔者认为,第566条的"损害赔偿"有两层含义:第一层为因违约产生的损害赔偿,主请求权基础为第577条,此处,合同解除的返还义务为返还从另一方当事人处获得的给付或者利益,并不影响债权人对合同履行利益要求损害赔偿;第二层为合同解除后,一方当事人违反了返还义务对另一方当事人造成的损害进行赔偿,例如返还标的物损坏的,返还权人承担违约损害赔偿责任或侵权责任。

合同解除也不影响债权人向债务人主张固有利益的损害赔偿责任,这多适用于债务人对附随义务的侵害。除此之外,当当事人订立合同的目的不是追求经济利益,或者经济损失难以判断之时,债权人也可向债务人主张徒然费用的偿还,徒然费用的偿还和违约损害赔偿为互斥的关系,不可同时请求。

三、返还

(一)《联合国国际货物销售合同公约》

当债权人合同解除的通知到达债务人之时,合同得以解除,同时,合同解除立即触发给付物返还程序。[2] 根据《公约》第81条第2款的规定,一方当事人履行了全部或者部分给付义务的,可以要求另一方当事人返还,如果双方当事人都履行义务的,可以同时要求对方返还,返还的标的为当事人实际履行的给付。例如,合同

---

〔1〕 参见韩世远:《合同法总论》,法律出版社2004年版,第629页。

〔2〕 Vgl. Mankowski/Ferrari/Kieninger/Mankowski u. a. , Art. 64, Rn. 58.

解除后买方应该将卖方给付的商品按照收到时的样子返还给卖方,而不是返还合同标的的替代物。[1] 需要注意的是,卖方返还给买方价款的,需要支付合理的利息,利息的计算起始点为买方给付价款之时,而不是合同解除之时。[2]

根据第 81 条的规定,合同解除后当事人应该返还另一方当事人原物,但是,如果原物不存在了,如货物已经灭失、被损害、被消费、被加工或被转让给第三人而无法以实物返还之时,返还权利人是否可主张因给付物的消灭而排除债权人的合同解除权?

《公约》在第 82 条第 1 款给了肯定的答案。根据此款规定,如果返还义务人,也就是合同的解除主体陷入返还不能的,其解除合同的权利被排除。此处的返还不能是真正的不能,比如标的物被灭失、毁损或者丢失。[3] 当然,这不是绝对的,第 82 条第 2 款规定了例外情形:(a) 如果买方不能返还货物,或者货物返还时的实质状态与其接收货物时不同的,原因不是由于买方的行为或疏忽;(b) 如果根据第 38 条规定的检查导致货物或部分货物毁坏或恶化;(c) 如果货物或部分货物在买方发现或应该发现其不符合合同约定前已经被以正常商业方式销售、使用或转化。在以上三种情形中,都非因返还义务人过错导致标的物不能返还,若因此剥夺债权人合同解除的权利,对债权人有失公平,因此《公约》在第 82 条第 2 款平衡了当事人双方的合法利益,既能促进债权人积极地履行返还义务,又未对债务人造成不利。[4]

此外,合同解除的原则之一是任何当事人都不得从合同解除中获利,这在公约中体现在第 84 条第 1 款和第 2 款。根据《公约》

---

〔1〕 Vgl. Schlechteriem/Schwenzer/Fountoulakis, Art. 81, Rn. 17.

〔2〕 Vgl. Staudinger/Magnus, Art. 84, Rn. 8.

〔3〕 Vgl. Schlechteriem/Schwenzer/Hornung/Fountoulakis, Art. 82, Rz. 10.

〔4〕 Vgl. Schlechtriem, Internationales UN – Kaufrecht, Rn. 323.

第 84 条第 1 款的规定，卖方不仅要返还买方支付的所有价款，还需要返还价款产生的利息，利息的计算方式按照当地准据法的规定计算。同样的，买方根据第 84 条第 2 款也需要返还从卖方给付的标的物所获得的利益。[1]

如果买方无法返卖方给付的商品，但根据第 82 条第 2 款未丧失合同解除权的，买方需要根据货物的价值进行赔偿。如果货物不是毁损或是灭失，而是因标的物的种类需要立刻销售给第三方的，第三方购买的价格≥市场价格的，买方扣除必要的销售费用后应返还全部所得。[2] 如果买方转卖的价格 < 市场价格的，卖方不仅可以要求买方返还转卖所得，还可以请求其承担损害赔偿责任。

值得探讨的是，如果买方利用其特有的技能以远高于市场价的价格转卖卖方给付的商品，卖方是否有权利要求买方返还所有的转卖价款。《公约》对此并无特别规定，但是根据利益平衡原则，应对买方获得的高于市场价格的利润在当事人之间合理分配。此种处理方法可促进买方积极履行转卖义务，不仅增加了买方的经济收益，从侧面也保护了卖方的合法利益。[3]

(二)《德国民法典》

根据《德国民法典》第 346 条第 1 款的规定，合同解除后当事人可要求对方当事人返还已经取得的标的和获得的利益。返还义务人应原物返还，就像它们被给付之时一样。返还是合同解除后当事人的主要请求。[4] 在本节第一部分已经探讨，《德国民法典》

---

〔1〕 Vgl. Herber/Czerwenka, Art. 84, Rn. 5.

〔2〕 Vgl. Honsell/Weber, Art. 84, Rn. 21.

〔3〕 Vgl. Schlechteriem/Schwenzer/Fountoulakis, Art. 84, Rn. 37; Vgl. Leser, Vertragsaufhebung und Rückabwicklung, S. 250.

〔4〕 Vgl. Soergel / Lobinger, Art. 346 BGB, Rn. 1.

采合同解除无溯及力学说,因此合同的解除不影响返还义务人对返还物的物权,返还是基于对合同债权债务关系的清算引起的债权债务的反转。[1] 根据《民法典》第348条,当事人双方都负有返还义务的,应同时进行(Zug um Zug)。

在返还之时,返还义务人需要承担返还物灭失的风险。[2] 但是,并不是所有的标的物都适合返还。第346条第2款规定了标的物无法返还的情形:第一,由于所获之物的性质不允许返还或交还;第二,返还义务人已经消耗、出售、抵押、加工或改变了所收到的物品;第三,所收到的物品已经损坏或丧失,但正常使用所导致的损坏除外。

在标的物不适用返还的情况下,返还义务人应进行价值补偿,其解除权并未被排除,这是《德国民法典》的规定与《联合国国际货物销售合同公约》不同的地方。而且根据第346条第3款的规定,返还义务人的折价补偿义务可进一步被免除:第一,当导致解除权的瑕疵在物品加工或改变的过程中才显现时;第二,因可归责于返还权利人的原因导致物品损坏或丧失的情况下,或者如果同样的损害也会在返还权利人身上发生;第三,在法定解除权的情况下,如果损坏或丧失是在有资格行使解除权的一方身上发生的,尽管他已经采取了在自己事务中通常采取的谨慎措施。此条款采取主客观相结合的规范方式,只要返还义务人尽了审慎义务,返还标的因自身性质或者可归责于返还权利人的原因损毁、灭失的,返还义务人不仅不丧失合同解除权,也无须承担返还原物或者对返还权利人价值补偿的义务。第343条返还条款的主要目的不是违约赔

---

[1] Vgl. MüKoBGB/Ernst, vor § 346 BGB, Rn. 26.

[2] Vgl. MüKoBGB/Gaier, § 346 BGB, Rn. 26.

偿,而是分担返还风险以及为各方当事人丧失的利益提供补偿。[1]因此,在计算补偿价值之时,应根据给付的标的物的实际的市场价值进行估算,且在商品有瑕疵的情形下,无须返还此商品全价。[2]

《德国民法典》在第 347 条提出了“经济管理规则获益理论”。第 347 条第 1 款的规定,“如果债务人未依照合理经济管理的规则获得利益,尽管他本来有可能这样做,那么他有责任向债权人支付相应的价值补偿。在法定解除权的情况下,有资格行使解除权的一方只需对于所获得的利益承担在自己事务中通常采取的谨慎措施。”此款涉及债务人,即返还义务人未从给付获得利益,但是根据合理经济管理规则,一个理性的第三人在同样情形下都会获利益的,需要给予返还权利人补偿。此条款符合经济效率规则,很好地平衡了法律效率和法律公平原则,可促使返还义务人以审慎的态度积极管理返还标的物,[3]无论是对双方当事人,还是对于社会经济的发展都起着积极的推动作用。

(三)我国《民法典》

我国《民法典》仅在第 566 条较为抽象性地规定了合同解除的法律效果,概括为恢复原状、其他补救措施和损害赔偿,返还应属于恢复原状的最主要的措施。但是如果原物灭失或者毁损的,债权人是否丧失所有权,还是“采取其他补救促使”,这些问题都需要进行法律解释。

有学者提出应该参考《全国法院民商事审判工作会议纪要》第

---

〔1〕 Vgl. Reischl, JuS 2003, S. 672.

〔2〕 Vgl. Lorenz, JuS 2011, S. 871, 872; Vgl. Medicus, Schuldrecht AT, S. 183.

〔3〕 Vgl. Soergel/Lobinger, § 347, Rn. 10; Vgl. Bamberger/Roth – Grothe, § 347, Rn. 2.

33 条和第 34 条,统一司法实践中的返还规则。[1] 笔者也认为应该对“返还”义务作统一的法律解释,因为这对于合同解除后当事人之间的利益平衡至关重要。参考国外的立法经验,以及我国《全国法院民商事审判工作会议纪要》第 33 条和第 34 条的规定,笔者作出以下浅陋建议,以此抛砖引玉:

第一,返还的标的应当以返还权利人给付的原物为原则,返还的标的和性质应该与权利人给付是一样。当事人都取得给付的,双方应当同时返还。除返还标的外,还需返还因给付获得的利益(参考《全国法院民商事审判工作会议纪要》第 34 条)。

第二,如果标的毁损、灭失或者出现其他无法返还的情形的,权利人仍要求义务人返还原物的,法院不予准许(参考《全国法院民商事审判工作会议纪要》第 33 条中“在标的物已经灭失、转售他人或者其他无法返还的情况下,当事人主张返还原物的,人民法院不予支持”)。

第三,如果返还不能的,权利人要求折价补偿的,人民法院应该允许,折价时,应当以当事人交易时约定的价款为基础,同时考虑当事人在标的物灭失或者转售时的获益情况综合确定补偿标准。标的物灭失时当事人获得的保险金或者其他赔偿金,转售时取得的对价,均属于当事人因标的物而获得的利益(参考《全国法院民商事审判工作会议纪要》第 33 条规定的折价标准)。如果返还不能是因可归责于权利人的原因引起的,返还义务人减轻或者免除补偿责任。

第四,返还义务人有义务按照合理的经济管理原则管理返还标的物。标的物灭失时当事人获得的保险金或者其他赔偿金,转售时取得的对价,均属于当事人因标的物而获得的利益。对获益

---

〔1〕 参见朱虎:《解除权的行使和行使效果》,载《比较法研究》2020 年第 5 期。

高于或者低于价款的部分,也应当在当事人之间合理分配或者分担(参考《全国法院民商事审判工作会议纪要》第33条)。

四、法律比较和小结

当一个合同被解除时,当事人之间未履行的债务不再履行,即原给付义务消灭,这在国际上,包括《联合国国际货物销售合同公约》、《德国民法典》和我国《民法典》已经达成共识。而争议点在于,合同解除的效果是否对已经履行的合同有溯及既往的效果。在《公约》以及《德国民法典》中,立法者们都采取了溯及力否定说,认为合同解除后已经履行的债权债务关系并不消灭,而是发生了权利义务的反转。与之相比我国立法者在此问题上并未采取一个明确的立场,学界对这两种学说都有支持者。鉴于我国《民法典》的实用性,明确一种立场会影响法律适用的灵活性,因此可将请求权基础的选择权交给当事人,法院行使自由裁量权,根据案件具体情况,如债的性质、债务人的违约类型和违约状况,在衡量当事人双方利益后由法院作出判决。

商业合同的纠纷争议最终都会回到损害赔偿。《公约》和《德国民法典》将损害赔偿分为违约损害赔偿和返还义务违反损害赔偿,我国《民法典》只在第566条规定了"赔偿损失",未对其作系统性划分。在法律解释中,我们可借鉴另外两部法律规范对损害赔偿的划分方式。

这三部法律最大的区别在于合同解除后的返还。合同解除之时需对债权债务关系进行清算,此时最为重要就是对已获得的给付和利益的返还。[1] 原则上返还的标的应该为另一方当事人的给付,但问题是,标的物毁损、灭失、被转卖等现象并不少见,此时返

---

〔1〕 Siehe BGH, Urteil vom 24. September 2014, NJW 2015, 867 für BGHZ.

还义务人陷入返还不能。对这一问题的解决,《公约》和《德国民法典》以及我国《民法典》截然不同。根据《公约》第 82 条第 1 款的规定,买方因返还不能而丧失合同解除权,而根据《德国民法典》和我国《民法典》的规定,如果债权人返还不能的,并不影响其解除合同的权利。此外,与《公约》和我国《民法典》相比,《德国民法典》构建了一个更为完整的、系统性的合同解除返还规则,返还包括"给付物返还"和"获利返还"两种。给付物返还又分给付原物→折价补偿→免除折价补偿三步走;"获利返还"引入合理"经济管理规则获益理论"。

我国《民法典》可在坚持自己独有的灵活性和适用性的基础上,在法律适用时,借鉴《公约》以及《德国民法典》的合理规则,对第 566 条"经履行的,根据履行情况和合同性质,当事人可以请求恢复原状或者采取其他补救措施,并有权请求赔偿损失"进行系统的、有逻辑的法律解释,为司法实务提供更为具体的指导准则。

第六章　总　　结

时至今日，对合同解除权制度的构建在比较法文献中逐渐趋同，从开始的各自为营发展到今天合同解除权制度的融合统一，法律比较功不可没。本书主要采取法律比较方法和案例分析方法，研究和发现我国《民法典》的合同解除权制度与《联合国国际货物销售合同公约》以及《德国民法典》的异同，总结合同解除制度的法律本质、一般原理和发展趋势，为我国合同解除制度的法律适用、法律解释提供一定的理论支持。笔者将在此处对本书的主要观点进行归纳总结：

第一，合同解除权的主要立法范式。目前对合同解除权的立法范式主要有两种，都属于混合模式：一种是以根本违约为合同解除的实际连接点，以指定宽限期为补充；另一种是以指定宽限期为主要模式，以无须宽限期、立即解除为例外。这两种模式其实并不存在本质的差别——如果债务人的违约行为致使债权人的合同目的已经不能实现的，当事人可立即解除合同（根本违约或无须指定宽限期解除）；如果违约行为严重，但是时间条件允许，则应为债务人指定合理的再履行期限，为其提供纠正违约行为的最后的机会（根本违约制度下的指定合理期间或指定宽限期模式下的指定合理期间）。由此可见二者立法范式本质上已经趋同，在两种模式中，合同是否因违约解除的关键在于违约行为是否使当事人合同目的不能再实现、解除合同是否具有必要性和迫切性。

第二，根本违约是否以不可预见性作为构成要件。与《联合国国际货物销售合同公约》不同的是，我国根本违约的构成要件并不包括不可预见这一主观因素。无论债务人是否可预见其违约行为的类型和后果，都不影响债权人合同目的不能实现这一事实，那么合同的继续存在对债权人都已没有利益，如果合同不能解除，最终的结果就是合同陷入履行僵局，处于悬而未决的状态。此外，对商业合同的当事人来讲，合同的解除不是目的，违约损害赔偿才是。因此在违约损害赔偿规范设置可预见性规则不会给债务人带来不利，完全符合法的公平和诚实信用原则。我国根本违约制度未采取不可预见规则，而是将其设置在违约损害赔偿中，是合理、科学的选择。

第三，合同解除权的法律定位为对守约方的救济，这在国际上并没有什么大的争议。在我国，合同解除权的行使主体也应该限定于守约方。守约方可通过单方面发出解约通知，通知到达违约方后合同解除；或者守约方也可提起合同解除确认之诉，通过公权力机构确认其合同解除权。而违约方只有在合同履行陷入僵局之时才有申请合同解除的诉权。

第四，瑕疵违约一般不导致合同的立即解除，债权人需从修复和更换的补救方式选择一种，此选择必须是合理的、对债务人未显失公平的。只有在债务人拒绝再履行，或者再履行失败的，或者对债权人来说再履行不可期待时，合同才得以解除。《德国民法典》提出尝试修复两次失败视为再履行失败的规范在我国司法实践中可以借鉴。

第五，合同解除是否具有溯及力。是否有溯及力关系着当事人是否因合同解除对其已经获得的给付物失去物权，从而适用不同的返还请求权基础规范。《联合国国际货物销售合同公约》和

《德国民法典》的立场是合同解除不具有溯及力。我国《民法典》的规定是按照合同的性质等因素进行界定。笔者认为无须选择某一立场,可根据债务的性质、违约行为和程度等因素交由法院进行判断。

第六,合同解除的返还。返还的标的应当以返还权利人给付的原物为原则,返还标的物灭失或者毁损、转卖给第三人的,返还义务人是合同解除的债权人的,不丧失合同解除权,但应折价补偿。在返还标的物之前,债权人应该按照合理的经济管理原则管理返还标的物,对获益高于或者低于价款的部分,也应当在当事人之间合理分配或者分担。

他山之石,可以攻玉。在比较分析三部法律对合同解除权制度构建上的异同时,笔者清晰地感受到了法律融合的力量,也进一步感受到了不同文化和背景孕育出来的民法制度的区别——《联合国国际货物销售合同公约》简洁精练,《德国民法典》规定系统且富含逻辑,而我国《民法典》具有很强的灵活性和适用性,但是一些规则在适用之时留有一定的法律解释的空间。笔者进行法律比较的落脚点在于为我国合同解除权制度在司法适用中的解释提供一定的建议和理论支持,以期能为我国合同解除权制度的完善锦上添花,贡献一份微薄之力。

参 考 文 献

一、中文文献

1. 蔡睿:《吸收还是摒弃:违约方合同解除权之反思——基于相关裁判案例的实证研究》,载《现代法学》2019 年第 3 期。

2. 曹志勋:《论我国法上确认之诉的认定》,载《法学》2018 年第 11 期。

3. 陈韵希:《论效率减损视角下的不履约风险救济——兼谈〈民法典〉预期违约和不安抗辩权的解释适用》,载《暨南大学学报(哲学社会科学版)》2023 年第 6 期。

4. 陈韵希:《合同预期不履行的救济及其法理基础——再论〈合同法〉不安抗辩权和预期违约的界分》,载《比较法研究》2017 年第 6 期。

5. 陈自强:《不当得利法体系之再构成——围绕〈民法典〉展开》,载《北方法学》2020 年第 5 期。

6. 崔建远:《完善合同解除制度的立法建议》,载《武汉大学学报(哲学社会科学版)》2018 年第 2 期。

7. 崔建远、陈进:《债法总论》,法律出版社 2021 年版。

8. 崔建远:《论为第三人利益的合同》,载《吉林大学社会科学学报》2022 年第 1 期。

9. 崔建远:《合同法总论》(中卷),中国人民大学出版社 2016

年版。

10. 崔建远:《解除效果折衷说之评论》,载《法学研究》2012 年第 2 期。

11. 崔建远主编:《合同法》,法律出版社 2010 年版。

12. 崔建远、龙俊:《委托合同的任意解除权及其限制——“上海盘起诉盘起工业案”判决的评释》,载《法学研究》2008 年第 6 期。

13. 崔建远:《解除权问题的疑问与释答》,载《政治与法律》2005 年第 3 期。

14. 杜景林:《合同解除的体系建构》,载《法商研究》2020 年第 3 期。

15. 韩世远:《合同法的现代化:为何及如何》,载《法治研究》2019 年第 6 期。

16. 韩世远:《合同法总论》,法律出版社 2018 年版。

17. 韩世远:《中国合同法与 CISG》,载《暨南大学学报(哲学社会科学版)》2011 年第 2 期。

18. 韩世远:《合同法总论》,法律出版社 2004 年版。

19. 韩世远:《履行迟延的理论问题》,载《清华大学学报(哲学社会科学版)》2002 年第 4 期。

20. 贺剑:《合同解除异议制度研究》,载《中外法学》2013 年第 3 期。

21. 郝丽燕:《走出违约方解除权的误区》,载《南大法学》2020 年第 3 期。

22. 黄薇:《中华人民共和国民法典合同编解读》,中国法制出版社 2020 年版。

23. 江平主编:《〈中华人民共和国合同法〉精解》,中国政法大学出版社 1999 年版。

24. 金健:《国际商事合同履行法律问题比较研究》,武汉出版社2001年版。

25. 蓝承烈:《预期违约与不安抗辩的再思考》,载《中国法学》2002年第3期。

26. 李昊、刘磊:《〈民法典〉中不可抗力的体系构造》,载《财经法学》2020年第5期。

27. 李辉:《形成权诉讼与形成之诉关系辨析》,载《法学论坛》2016年第1期。

28. 李建伟:《分期付款的股权转让合同解除权的特殊性——兼评最高人民法院第67号指导性案例的约束性规范》,载《清华法学》2019年第1期。

29. 李建星:《〈民法典〉第528条(不安抗辩权的效力)评注》,载梁慧星主编:《民商法论丛》第72卷,社会科学文献出版社2022年版。

30. 李琪:《以起诉方式解除合同解除时间的确定》,载《民事审判指导与参考》2017年第4期。

31. 李伟:《不安抗辩权、给付拒绝和预期违约关系的思考——以德国法为中心的考察》,载《比较法研究》2005年第4期。

32. 李永军:《合同法案例教程》,知识产权出版社2001年版。

33. 李永军:《合同法》,中国人民大学出版社2021年版。

34. 刘凯湘、聂孝红:《论〈合同法〉预期违约制度适用范围上的缺陷》,载《法学杂志》2000年第1期。

35. 梁慧星:《中国民法典草案建议稿附理由:合同编》,法律出版社2013年版。

36. 刘亚东:《〈民法典〉中给付型返还法效果的内外体系与规范适用》,载《清华法学》2023年第2期。

37. 刘承韪:《民法典合同编的立法建议》,载《法学杂志》2019

年第 3 期。

38. 刘凯湘:《民法典合同解除制度评析与完善建议》,载《清华法学》2020 年第 3 期。

39. 刘承韪:《论演艺经纪合同的解除》,载《清华法学》2019 年第 4 期。

40. 刘哲玮:《普通形成权诉讼类型考辨——以合同解除权为例》,载《中外法学》2014 年第 5 期。

41. 陆青:《违约精神损害赔偿问题研究》,载《清华法学》2011 年第 5 期。

42. 陆青:《合同解除论》,法律出版社 2022 年版。

43. 邱聪智:《民法研究》(一),中国人民大学出版社 2002 年版。

44. 冉克平:《论违约解除后的责任承担》,载《法律科学(西北政法大学学报)》2013 年第 5 期。

45. 石佳友、高郦梅:《违约方申请解除合同权:争议与回应》,载《比较法研究》2019 年第 6 期。

46. 宋晓明、张勇健、王闯:《〈关于审理买卖合同纠纷案件适用法律问题的解释〉的理解与适用》,载《人民司法》2012 年第 15 期。

47. 孙良国:《违约方合同解除的理论争议、司法实践与路径设计》,载《法学》2019 年第 7 期。

48. 孙良国:《违约方的合同解除权及其界限》,载《当代法学》2016 年第 5 期。

49. 孙维飞:《〈民法典〉第 584 条(违约损害赔偿范围)评注》,载《交大法学》2022 年第 1 期。

50. 汤文平:《法律行为解消清算规则之体系统合》,载《中国法学》2016 年第 5 期。

51. 王洪亮:《〈民法典〉中得利返还请求权基础的体系与适

用》,载《法学家》2021 年第 3 期。

52. 王洪亮:《债法总论》,北京大学出版社 2016 年版。

53. 吴国喆:《〈民法典〉不当得利制度的返还规则续造》,载《法律科学(西北政法大学学报)》2023 年第 2 期。

54. 王利明主编:《中国民法典释评 · 合同编通则》,中国人民大学出版社 2020 年版。

55. 王利明:《合同法新问题研究》,中国社会科学出版社 2003 年版。

56. 王利明:《合同法研究》(第 2 卷),中国人民大学出版社 2015 年版。

57. 王利明:《合同法研究》(第 2 卷),中国人民大学出版社 2011 年版。

58. 王利明:《论合同僵局中违约方申请解约》,载《法学评论》2020 年第 1 期。

59. 王俐智、孙学致:《论违约方解除合同的条件——兼评〈民法典各分编(草案)· 合同编〉第 353 条第 3 款》,载《交大法学》2020 年第 1 期。

60. 王文军:《论继续性合同的解除》,载《法商研究》2019 年第 2 期。

61. 王泽鉴:《损害赔偿》,北京大学出版社 2017 年版。

62. 王泽鉴:《不当得利类型论与不当得利法的发展——建构一个可操作的规范模式(上)》,载《甘肃政法学院学报》2015 年第 5 期。

63. 武腾:《委托合同任意解除与违约责任》,载《现代法学》2020 年第 2 期。

64. 伍治良:《根本违约判定标准功能之回归研究——兼评我国合同法相关规定之不足》,载《法律科学(西北政法学院学报)》2002 年第 3 期。

65. 吴奕锋:《论不定期继续性合同随时终止制度——兼评〈民法典合同编(二审稿)〉的规定》,载《中外法学》2019 年第 2 期。

66. 吴至诚:《违法无效合同不当得利返还的比例分担:以股权代持为中心》,载《中外法学》2021 年第 3 期。

67. 谢鸿飞、朱广新主编:《民法典评注·合同编·典型合同与准合同》,中国法制出版社 2020 年版。

68. 肖建国、宋史超:《〈民法典〉合同司法解除规则的程序法解读》,载《浙江社会科学》2020 年第 12 期。

69. 徐博翰:《论违约方解除权的教义学构造》,载《南大法学》2021 年第 1 期。

70. 叶名怡:《民法典第 157 条(法律行为无效之法律后果)评注》,载《法学家》2022 年第 1 期。

71. 叶名怡:《折价补偿与不当得利》,载《清华法学》2022 年第 3 期。

72. 叶名怡:《不当得利法的希尔伯特问题》,载《中外法学》2022 年第 4 期。

73. 杨代雄:《法律行为制度中的积极信赖保护:兼谈我国民法典总则制定中的几个问题》,载《中外法学》2015 年第 5 期。

74. 姚明斌:《〈合同法〉第 113 条第 1 款(违约损害赔偿的范围)评注》,载《法学家》2020 年第 3 期。

75. 姚辉:《民法学方法论研究》,中国人民大学出版社 2020 年版。

76. 解亘主编:《南京大学法律评论》2019 年秋季卷,南京大学出版社 2020 年版。

77. 张海燕:《合同解除之诉的解释论展开》,载《环球法律评论》2022 年第 5 期。

78. 张家勇:《论统一民事责任制度的建构——基于责任融合

的“后果模式”》,载《中国社会科学》2015 年第 8 期。

79. 张金海:《论双务合同中给付义务的牵连性》,载《法律科学(西北政法大学学报)》2013 年第 2 期。

80. 张俊浩主编:《民法学原理》,中国政法大学出版社 2000 年版。

81. 赵文杰:《〈合同法〉第 94 条(法定解除)评注》,载《法学家》2019 年第 4 期。

82. 赵文杰:《论法定解除权的内外体系——以〈民法典〉第 563 条第 1 款中“合同目的不能实现”为切入点》,载《华东政法大学学报》2020 年第 3 期。

83. 赵文杰:《论不当得利与法定解除中的价值偿还——以〈合同法〉第 58 条和第 97 条后段为中心》,载《中外法学》2015 年第 5 期。

84. 朱虎:《解除权的行使和行使效果》,载《比较法研究》2020 年第 5 期。

85. 朱广新、谢鸿飞主编:《民法典评注 · 合同编通则》,中国法制出版社 2020 年版。

86. 周友军:《论出卖人的物的瑕疵担保责任》,载《法学论坛》2014 年第 1 期。

87. 朱广新:《合同法总则研究》(下),中国人民大学出版社 2018 年版。

88. 朱晓喆:《瑕疵担保、加害给付与请求权竞合——债法总则给付障碍中的固有利益损害赔偿》,载《中外法学》2015 年第 5 期。

89. 赵秀举:《论确认之诉的程序价值》,载《法学家》2017 年第 6 期。

90. 王杏飞、王安冉:《论〈民法典〉中的形成权及其诉讼实现》,载《广西社会科学》2021 年第 10 期。

二、外文文献

Altmeppen, *Holger*, Schadensersatz wegen Pflichtverletzung-Ein Beispiel für die Überhastung der Schuldrechtsreform, DB 2001, S. 1131 ff.

Appel, *Ivo*, Zur Aktualität der Kodifikationsidee. Anmerkungen am Beispiel des Umweltgesetzbuchs als Dauerprojekt, in: Arndt Koch/Matthias Rossi (Hrsg.), Kodifikation in Europa, Frankfurt 2012, S. 1 bis 37. (Zitiert: Ivo Appel)

Babiak, *Andrew*, Defining Fundamental Breach, in: Temple International and Comparative Law Journal 1992, S. 113 – 143. (Zitiert: Andrew Babiak)

Bach, *Ivo*, Leistungshindernisse, Mohr Siebeck, Auflage. 1, München 2017. (Zitiert: Ivo Bach, Leistungshindernisse)

Bammarny, *Bawar*: Treu und Glauben und UN – Kaufrecht (CISG), Heidelbeg 2010. (Zitiert: Bawar Bammarny)

Von Bar, *Christian/Clive*, *Eric*, Principles, Definitions and Model Rules of European Private Law: Draft Common Frame of Reference (DCFR), Full Edition, Volume I, sellier. European law publishers 2009. (Zitiert: von Bar, Principles, Definitions and Model Rules of European Private Law)

Basedow, *Jürgen*, Über Privatrechtsangleichung und Marktintegration, in: Immenga/Möschel/Reuter, FS für Mestmäcker, Baden Baden 1996, S. 347 ff. (Zitiert: Basedow, Über Privatrechtsangleichung und Marktintegration)

Beinert, *Dieter*, Wesentliche Vertragsverletzung und Rücktrirr, Bonn 1979.

Billen, *Gerd*, Suchen die Verbraucherschützer nur das Haar in der

Suppe?, in: Gemeinsames Europäisches Kaufrecht, hrsg. von Jörg – Uwe Hahn, München 2012, S. 63 – 68. (Zitiert: Gerd Billen)

Blüm, *Martin*, Das gemeinsame europäischen Kaufrecht als wesentlicher Zwischenschritt zu einem kodifizierten europäischen Vertragsrecht?, Jena 2015. (Zitiert: Martin Blüm)

Botzenhardt, *Bertrand*, Die Auslegung des Begriffs der wesentlichen Vertragsverletzung im UN – Kaufrecht, Augsburg 1997. (Zitiert: Bertrand Botzenhardt)

Bruaneder, *Wihelm*, Europäische Privatgeschichte, Auflage 1, 2013, S. 75. (Zitiert: Bruaneder)

Brüggemeier, *Gert*: Zur Reform des deutschen Kaufrechts – Herausforderungen durch die EG – Verbrauchsgüterkaufrichtlinie, in: JZ 2000, 529 – 538. (Zitiert: Brüggermeier, in: JZ 2000)

Brox, *Hans/ Walker*, *Wolf – Dietrich*, Allgemeines Schuldrecht, München 2015. (Zitiert: Brox/Walker, Allgemeines Schuldrecht)

Canaris, *Claus – Wilhelm*, Die Reform des Rechts der Leistungsstörungen, in: JZ 10/2001, München S. 499 – 524. (Zitiert: Claus – Wilhelm)

Claas Kiene, *Sörren*, Vertragsaufhebung und Rücktritt des Käufers im UN – Kaufrecht und BGB – Eine rechtsvergleichende Untersuchung, Münster 2010. (Zitiert: Class Kiene)

Coing, *Helmut*, Europäische Grundlagen des modernen Privatrechts. Nationale Gesetzgebung und europäische Rechtsdiskussion im 19. Jahrhundert, Innsbruck 1993. (Zitiert: Coning, Europäische Grundlagen des modernen Privatrechts)

Coning, *Helmut*, Europäisches Privatrecht Band Ⅰ: Älteres gemeines Recht: (1500 – 1800), München 1985. (Zitiert: Coing,

Europäisches Privatrecht, Band Ⅰ)

Coning, Helmut, Europäisches Privatrecht Band Ⅱ: 19. Jahrhundert: Überblick über die Entwicklung des Privatrechts in den ehemals gemeinrechtlichen Ländern, München 1989. (Zitiert: Coing, Europäisches Privatrecht, Band Ⅱ)

Coing, Helmut / Honsell, Hinreich, in J. von Staudingers Kommentar zum Bürgerlichen Gesetzbuch 2004, Rn. 48. (Zitiert: Staudinger/Coing / Honsell, Rn. 48)

DIHK, Schuldrechtreform – Auswirkungen für den Außenhandel, Berlin 2003. (Zitiert: DIHK, Schuldrechtreform – Auswirkungen für den Außenhandel)

Drobnig, Ulrich, Ein Vertragsrecht für Europa, in: FS für Steindorf, Berlin 1990, S. 1141 – 1154. (Zitiert: Drobnig, Ein Vertragsrecht für Europa)

Eidenmüller, Horst/Jansen, Nils/Kieninger, Eva – Maria/Zimmermann, Walter, Der Vorschlag für eine Verordnung über ein Gemeinsames Europäisches Kaufrecht, in: Juristenzeitung, 2012, S. 269 – 289. (Zitiert: Eidenmüller/Jansen/Kieninger/Wagner/Zimmermann)

Faust, Florian, Leistungsstörungsrecht, in: Remien/Herrler/Limmer (Hrsg.), Gemeinsames Europäisches Kaufrecht für die EU?, Analyse des Vorschlags der Europäischen Kommission für ein optionales Europäisches Vertragsrecht vom 11. Oktober 2011, München 2012. (Zitiert: Florian Faust, Leistungsstörungsrecht)

Fehrenbach, Markus, Die Abhilfen des Verkäufers nach Artt. 131 – 139, in: Remien/Herrler/Limmer (Hrsg.), Gemeinsames Europäisches Kaufrecht für die EU?, Analyse des Vorschlags der

Europäischen Kommission für ein optionales Europäisches Vertragsrecht vom 11. Oktober 2011, München 2012, S. 460 ff. (Zitiert: Markus Fehrenbach, Die Abhilfen des Verkäufers nach Artt. 131 – 139)

Ferrari, *Franco*, Wesentliche Vertragsverletzung nach UN – Kaufrecht – 25 Jahre Artikel 25 CISG, in: IHR 2005, S. 1 – 9. Ferrari. (Zitiert: IHR 2005)

Freiburg, *Nina*, Das Recht auf Vertragsaufhebung im UN – Kaufrecht : unter besonderer Berücksichtigung der Ausschlußgründe. Münsterische Beiträge zur Rechtswissenschaft, Berlin 2001. (Zitiert: Freiburg, Das Recht auf Vertragsaufhebung im UN – Kaufrecht)

Howells, *Geraint G/Reiner Schulze*, Modernising and Harmonising consumer contract law, Munich 2009. (Zitiert: Howells)

Gesell, *Beate*, Augsburg Redaktionelle Urteilsanmerkung zu BGH, 28. 09. 2001 – VZR 139/06, in: ZJS 1/2008, Hamburg, S. 84 – 85. (Zitiert: Gesell, ZJS 1/2008)

Gesell, *Beate*, BGH, Urt. v. 28. 9. 2007 – V ZR 139/06, ZJS 1/2008, Ausburg, S. 84 – 86. (Zitiert: Gesell, ZJS 1/2008)

Gildeggen, *Rainer/Willburger*, *Andreas*, Internationale Handelsgeschäfte, Vahlen 2005, Auflage. 2. (Zitiert: Rainer Gildeggen/Andreas Willburger)

Grädler, *Thomas /Köchel*, *Manuel*, Das kaufrechtliche Abhilfenrecht, in: Martin Schmidt – Kessel (hrsg.), Ein einheitliches europäisches Kaufrecht?, München 2012, S. 347 – 370. (Zitiert: Thomas Grädler/Manuel Köchel)

Grundmann, *Stephan/Bianca*, Cesare Massimo, EU – Kaufrechts-Richtlinie Kommentar, Köln 2002. (Zitiert: Stephan Grundmann/Cesare Massimo Bianca)

Guo, Ruiming/Fang, Shaokun, Grundsätze des Vertragsrechts, Gaodengjiaoyuchubanshe, Beijing 2010. (Zitiert: Ruiming Guo / Shaokun Fang)

Guest, A. G., Anson's Law and Contract, in: Alur, S. S, Journal of the Indian Law Institute, Vol. 29, No. 2, New Delhi 1987, S. 280 – 282. (Zitiert: A. G. Guest, Anson's Law and Contract)

Güllemann, Dirk, Internaionales Vertragsrecht – Internationales Privatrecht, UN – Kaufrecht und Internationales Zivilverfahrensrecht, 1. Auflage, Vahlen 2011. (Zitiert: Dirk Güllemann, Internaionales Vertragsrecht)

Haedicke, Jan, Die Mängelbeseitigungspflicht des Verkäufers fehlerhafter Montageanleitung, ZGS 2006, S. 55 – 61. (Zitiert: Haedicke, ZGS 2006)

Hellwege, Phillip, Die Geltungsbereiche des UN – Kaufrechts und des Gemeinsamen Europäischen Kaufrechts im Vergleich, IHR 5/2012, Band 12, Heft 5, S. 180 – 186. (Zitiert: Phillip Hellwege, IHR 5/2012)

Heutger, Viola, Ein gemeineuropäisches Kaufrecht Vision oder nahe Zukunft?, Peter Lang GmbH, Internationaler Verlag der Wissenschaften, 2007. (Zitiert: Viola Heutger, ein gemeineuropäisches Kaufrecht)

Heilmann, Jan, Mängelgewährleistung im UN-Kaufrecht, Voraussetzungen und Rechtsfolgen im Vergleich zum deutschen internen Kaufrecht und zu den Haager Einheitlichen Kaufgesetzen, in: Schriften zum Internationalen Recht (SIR), Band 67, 1994. S. 190 ff. (Zitiert: Heilmann, Mängelgewährleistung im UN – Kaufrecht)

Hermann Seiler, *Hans*,Geschichte und Gegenwart im Zivilrecht, Auflage. 1, Heymanns, Carl 2005. (Zitiert: H. Seiler, Geschichte und Gegenwart im Zivilrecht)

Honsell, *Heinrich*, Kommentar zum UN – Kaufrecht, 1. Auflage, Berlin 1997. (Zitiert: Honsell/Bearbeiter)

Von Hoff, *Wichard*, Der Uniform Cimmercial Code in den USA im Vergleich zur Vereinheitlichung des europäischen Privatrechts, Hamburg 2008. (Zitiert: Wichard von Hoff)

Howell, *Micklitz*, The General Clause on Unfair Practices, in: Howells/Schulze, Modernising and Harmonising Consumer Contract Law, Munich 2009, S. 57 – 60. (Zitiert: Micklitz, in: Howells/Schulze)

Howell, *Geraint /Schulze*, *Reine*, Overview of the proposed Consumer Rights Directive, in: Howells/Schulze, Modernising and Harmonising Consumer Contract Law, 2009. (Zitiert: Howells/Schulze)

Huber, *Peter/Mullis*, *Alastair*,The CISG, Sellier European Law Publishers, 2007. (Zitiert: P. Huber/Mullis/P. Huber)

Huber, *Ulrich*, Leistungsstörungen, in: Gernhuber, Joachim [hrsg.] Schuldrechts, Tübingen 1999. (Zitiert: Ulrich Huber, Leistungsstörungen)

Hütte, *Felix/Helbron*, *Marlena*, Schudrecht Allgemeiner Teil, 5. Auflage 2008. (Zitiert: Felix Hütte / Marlena Hütte, Schuldrecht AT)

Jansen, *Nils*: Traditionsbegründung im europäischen Privatrecht, in: JZ 2006, S. 536 – 546. (Zitiert: Jansen, JZ 2006)

Jerzy Pisuliński, *Kraków*, Die Entwicklung des europäischen

Zivilrechts, in: GPR 5/2013, S. 254 – 258. (Zitiert: Jerzy Pisuliński)

Jud, *Brigitta/Wendehorst*, *Christiane*, Neuordnung des Verbraucherprivatrecchts in Europa? —Zum Vorschlag einer Richtlinie über Rechte der Verbraucher, Wien 2009. (Zitiert: Brigitta Jud/ Christiane Wendehorst)

Jung, *Peter*, Differenzierte Integration im Gemeinschaftsprivatrecht-Eine Einführung in die Thematik, in: Peter Jung / Christian Baldus, Differenzierte Integration im Gemeinschaftsprivatrecht, Sellier European Law Publisher 2007. (Zitiert: Peter Jung, Differenzierte Integration im Gemeinschaftsprivatrecht)

Kim, *Hwa*, Die Nacherfüllung als Rechtsbehelf des Käufers nach CISG, Deutschem und Koreanischem Recht, München 2014. (Zitiert: Hwa Kim)

Kindler, *Peter*, in : Arnd Koch / Matthias Rossi, Kodifikation in Europa, Bern 2012, S. 83. (Zitiert: Peter Kindler in : Arnd Koch / Matthias Rossi)

Kiikeri, *Markku*, Comparative Legal Reasoning and European Law, 2001. (Zitiert: Markku Kükeri)

Kock, *Annette*, Nebenpflichten im UN – Kaufrecht, Roderer Verlag, Regensburg 1995. (Zitiert: Annette Kock)

Kong, *Qingming*, Die Geschichte des Chinesischen Zivilrechts, Jilindaxuechubanshe, Jilin 1996. (Zitiert: *Qingming Kong*)

Korth, *Ulrich*, Minderung beim Kauf, Auflage. 1, München 2011. (Zitiert: Ulrich Korth, Minderung beim Kauf)

Kötz, *Hein*, Europäisches Vertragsrecht, Mohr Siebeck, Auflage. 2, 2015. (Zitiert: Kötz, Europäisches Vertragsrecht)

Kroll, *Stefan/Mistelis*, *Loukas/ Perales Viscasillas*, *Pila* (*Hrsg.*), UN Convention on Contracts for the International Sale of Goods – Commtary, München 2011. (Zitiert: kröll / Misteilis / Perales Viscasillas)

Kummer, *Maximilian*, Sprachprobleme und Sprachrisiken: Lösungsansätze des Draft Common Frame of Reference (Studien zum ausländischen und internationalen Privatrecht), München 2016. (Zitiert: Maximilian Kummer, Sprachprobleme und Sprachrisiken)

La réforme du droit des contracts: Projekt et perspectives (Actes du colloque du 25 Octobre 2005).

Lan, *Chenglie*, Neue Gedanken um die Antizipierte Pflichtveretzung und System auf Einwand, in: Zhongguofaxue, Beijing 2002 (3), S. 96 ff. (Zitiert: Chenglie Lan, Neue Gedanken um die Antizipierte Pflichtveretzung und System auf Einwand)

Lando, *Ole*, Principles of european law, RabelsZ 56 (1992), S. 265.

Lando, *Ole*, Does the European Union need a Civil Code?, in: RIW 2003. (Zitiert: Lando, RiW 2003)

Lando, *Ole*, Gewährleistungsrecht im Gemeinsamen Europäischen Kaufrecht, in: Remien/Herrler/Limmer (Hrsg.), Gemeinsames Europäisches Kaufrecht für die EU?, Analyse des Vorschlags der Europäischen Kommission für ein optionales Europäisches Vertragsrecht vom 11. Oktober 2011, München 2012, S. 129 – 136. (Zitiert: Lando, Gewährleistungsrecht im Gemeinsamen Europäischen Kaufrecht)

Lando, *Ole*, CESL or CISG? Should the proposed Regulation on a common European sales law replace the United Nations Convention on international sales?, in: Remien/Herrler/Limmer (Hrsg.), Gemeinsames Europäisches Kaufrecht für die EU?, Analyse des Vorschlags der Europäischen Kommission für ein optionales Europäisches Vertragsrecht vom 11. Oktober 2011, C. H. beck 2012. (Zitiert: Lando, CESL or CISG?)

Langen, *E.*, Transnational Commercial Law, Leiden, Sijthoff, 1973, Langen. (Zitiert: Transnational Commercial Law)

Leible, *Stefan*, Der räumlich – persönliche Anwendungsbereich des Gemeinsamen Europäischen Kaufrechts, in: Remien/Herrler/Limmer (Hrsg.), Gemeinsames Europäisches Kaufrecht für die EU?, München 2012, S. 21 – 33. (Zitiert: Stefan Leible)

Lein, *Eva*, Die Verzögerung der Leistung im Europäischen Vertragsrecht Leser, Vertragsaufhebung und Rückabwicklung, München 2015. (Zitiert: Eva Lein)

Lerche, *Holger*, Konkurrenz von Einheitsrecht und nationalem Privatrecht – Perspektiven für ein Europäisches Zivilgesetzbuch, Hamburg 2007. (Zitiert: Lerche, Konkurrenz von Einheitsrecht und nationalem Privatrecht)

Looschelders, *Dirk*, Schuldrecht Allgemeiner Teil, 12. Auflage, München 2014. (Zitiert: Looschelders, Schuldrecht AT)

Lorenz, *Stephan*, Das Kaufrecht und die damit verbundenen Dienstverträge im Common European Sales Law, AcP212 (2012), S. 702 ff. [Zitiert: Stephan Lorenz, AcP(2012)]

Lorenz, *Stephan*, Schadensersatz wegen Pflichtverletzung-ein Beispiel für die Überhastung der Kritik an der Schuldrechtsreform, in: JZ 2001, S. 742 ff. (Zitiert: Stephan Lorenz, JZ 2001)

Lorenz, *Egon*, Zur Abgrenzung von Teilleistung, teilweiser

Unmöglichkeit und teilweiser Schlechtleistung im neuen Schuldrecht, in: NJW 2003, 3097 ff. (Zitiert: Lorenz, NJW 2003)

Lorenz, Stephan, Das "Zurückspringen" der Gefahr auf den Verkäufer und seine Folgen, NJW 24/2015, S. 1725 – 1728. (Zitiert: Lorenz, NJW 24/2015)

Lorenz, Stephan/Riehm, Thomas, Lehrbuch zum neuen Schuldrecht, München 2002. (Zitiert: Lorenz/ Riehm)

Löwisch, Manfred, Neues Schuldrecht in Deutschland, München 2003. (Zitiert: Manfred Löwisch)

Falvkexue, Nr. 1, Xian 2006, S. 85 ff. (Zitiert: Zhan Lu / Jinglin Du)

Lu, Zhan/Du, Jinglin, Über den Pfad des Leistungsstörungsrechtssystems des Schuldrechts AT, in: Falvkexue, Xian 2006 (1). (Zitiert: Zhan Lu/Jinglin Du)

Lurger, Brigitta, Die wesentliche Vertragsverletzung nach Art. 25 CISG, in: IHR 2001, S. 91 – 102. (Zitiert: Lurger, IHR 2001)

M. Bron, Christian, Rechtsangleichung des Privatrechts auf Ebene der Europäischen Union, Baden – Baden 2011. (Zitiert: Christian M. Bron)

Magnus, Ulrich, in: von Staudinger Wiener UN – Kaufrecht (CISG), Kommentar Sellier – de Gruyter 2005, Artt. 1 – 6. (Zitiert: Staudinger /Magnus)

Magnus, Ulrich / Lüsing, Jan, CISG und INCOTERMS, Leistungsverzug und Fixgeschft in: IHR 1/2007, S. 1 – 12. (Zitiert: Ulrich Magnus/Jan Lüsing)

Markesinis, Basil/Unberth, Hannes, Markesinis and Unberath's German Law of Torts: Fifth Edition 5th Edition, Hart Publishing

2017. (Zitiert: Markesinis /Unberath)

Martens, *Sebastian*, Europaische zeitschrift für wirtschatsrecht, in: EUZW, Vol. 21, Nr. 14, 2010, S. 527 – 530. (Zitiert: Martens, EuZW 14/2010)

Martinek, *Michael* (*hrsg.*), J. von Staudingers Kommentar zum Bürgerlichen Gesetzbuch mit Einführungsgesetz und Nebengesetzen. Ergänzungsband, Berlin 2014. (Zitiert: Martinek, Eckpfeiler des Zivilrechts)

Maultzsch, *Felix*: Einführung: Steht das BGB vor seiner Ablösung?, in: Gemeinsames Europäisches Kaufrecht, hrsg. von Jörg-Uwe Hahn, München 2012, S. 9 – 23. (Zitiert: Felix Maultzsch)

Maultzsch, *Felix*, Einführung: Steht das BGB vor seiner Ablösung?, in: Jörg Uwe Hahn, Gemeinsames europäisches Kaufrecht, S. 9 – 25. (Zitiert: Felix Maultzsch, Einführung: Steht das BGB vor seiner Ablösung)

Mazeaud, *Denis/ Revet*, *Thierry/ Filiberti*, *Emmanuelle*, La reéforme du droit des contrats : projet et perspectives : actes du colloque du 25 octobre 2005, Paris 2006. (Zitiert: Mazeaud / Revet / Filiberti, La réforme du droit des contracts)

Mcgregor, *Harvey*, Mcgregor on damages, 18th., Beijing, Commercial Press, 2013. (Zitiert: Harvey Mcgregor)

Meder, *Stephan*, Rechtsgeschichte: Eine Einführung, Auflage. 6, Wien 2017. (Zitiert: Stephan Meder, Rechtsgeschichte)

Medicus, *Dieter*, Gesetzliche Schuldverhätnisse, München 2003. (Zitiert: Medicus, Gesetzliche Schuldverhätnisse)

Medicus, *Dieter/Lorenz Stephan*, Schuldrecht Ⅰ, Allgemeiner

Teil, 20. Auflage, München 2012. (Zitiert: Medicus/Lorenz, Schuldrecht AT)

Metzler-Müller, *Karin*, Schuldrecht AT, 12. Auflage, München 2015. (Zitiert: Metzler – Müller, Schuldrecht AT)

Meyer, *Justus*, BB – Europareport: Auf dem Weg zu einem Europäischen Zivilgesetzbuch, in: BB 2004, S. 1285 – 1293. (Zitiert: Meyer, BB 2004)

Mittbaynot (Die MittBayNot ist die Praktikerzeitschrift für das Notariat), 1999, 325 (334).

Mitzkait, *Anika*, Leistungsstörungen und Haftungsbefreiung – Ein Vergleich der Grundregeln des Europäischen Vertragsrechts mit dem reformierten deutschen Recht, Tübingen 2008. (Zitiert: Anika Mitzkait)

Moser, *Claudia*, Der Kommissionsvorschlag für eine Verordnung über ein Gemeinsames Europäisches Kaufrecht, in: Gemeinsames Europäisches Kaufrecht für die EU? —Analyse des Vorschlages der Europäischen Kommission für ein optionales Vertragsrecht vom 11. Oktober 2011, Würzburg 2012, S. 7 – 15. (Zitiert: Claudia Moser)

Mosiek-Urbahn, *M.*, Rechtsvereinheitlichung durch europäisches Privatrecht, ZRP 2000, S. 297 ff. (Zitiert: Mosiek – Urbahn, ZRP 2000)

Nettesheim, *Martin* / *Diggelmann*, *Oliver* / *Lege*, *Joachim*, Der Schutzauftrag des Rechts in: Veröffentlichungen der Vereinigung der Deutschen Staatsrechtslehrer, Band 70, Höfling (Red.), Berlin, New York, 2011. (Zitiert: Claudia Moser)

Nölke, *Schulte*, Ein Vertragsgesetzbuch für Europa?, in: JZ 2001, S. 917 – 920. (Zitiert: Nölke, Ein Vertragsgesetzbuch für Europa?)

Olechowski, Thomas, Rechtsgeschichte, Auflage. 7, 2015. (Zitiert: Olechowski, Rechtsgeschichte)

Paschke, Marian/Husmann, Peter, Gemischte Harmonisierung des Verbraucherprivatrechts-Königsweg zwischen Mindest – und Vollharmonisierung, in: GPR 2010, S. 262 – 268. (Zitiert: Paschke/Husmann)

Peter Vogg, Dominic – Alexander, Die Leistungsstörungsrechte des BGB, der CISG, der Principles und des DCFR im Vergleich, Hamburg 2011. (Zitiert: Peter Vogg)

Pfeiffer, Thomas, Die Generalklausel auf der Agenda der europäischen Privatrechtsangleichung, in: Baldus, Christian/Müller – Graff, Peter-Christian (Hrsg.), Die Generalklausel im Europäischen Privatrecht, Kempten 2006. (Zitiert: Thomas Pfeiffer)

Pfeiffer, Thomas, Gemeinsames Kaufrecht in der EU – Anwendungsbereich: Vertragsparteien und Vertragsgegenstand, in: Oliver Remien/Norbert Herrler/Peter Limmer (Hrsg.), München 2012. (Zitiert: Thomas Pfeiffer, Gemeinsames Kaufrecht in der EU)

Pier – Eiling, Kathrin, Das Nacherfüllungsrecht des Verkäufers aus Art. 48 CISG: unter besonderer Berücksichtigung seines Verhältnisses zu den Rechtsbehelfen des Käufers, Berlin 2003. (Zitiert: Pier – Eiling)

Rabel, Ernst, Recht des Warenkaufs, Bd. 1, de Gruyter 1964. (Zitiert: Ernst Rabel)

Rebmann, Kurt/ Säcker, Franz Jürgen/Rixecker, Roland, Münchener Kommentar zum Bürgerlichen Gesetzbuch, Band 2, Schuldrecht, Allgemeiner Teil, 4 Auflage München 2001. (Zitiert:

MüKoBGB/Bearbeiter)

Rebmann, Kurt/ Säcker, Franz Jürgen/Rixecker, Roland, Münchener Kommentar zum Bürgerlichen Gesetzbuch, Band 3, Wiener Übereinkommen über Verträge über den internationalen Warenkauf (§ § 1 – 101 CISG), 4 Auflage München 2001. (Zitiert: MüKoBGB/Bearbeiter)

Reding, Viviane, Das optionale gemeinsame europäische Kaufrecht in: Die politische Diskussion in Gemeinsame europäische Kaufrecht – Moderner Ansatz oder praxisferne Vision?, 2014. (Zitiert: Viviane Reding)

Reding, Viviane, The next steps towards a European Contract Law, in: Reiner Schulze, Jules Stuyck (edi.), Towards a European Contract Law, sellier european law publishers 2011. (Zitiert: Reding, in Schulze/Stuyck)

Reding, Viviane, Warum Europa ein optionales Europäisches Vertragsrecht benötigt, ZEuP 2011, S. 1 – 6. (Zitiert: Reding, ZEuP 2011)

Riehm, Thomas, 25 Jahre Produkthaftungsrichtlinie – Ein Lehrstück zur Vollharmonisierung, in: Europaische zeitschrift für wirtschatsrecht (EUZW) 2010, S. 567 – 571. (Zitiert: Riehm)

Riehm, Thomas, Der Grundsatz der Naturalerfüllung, München 2015. (Zitiert: Thomas Riehm)

Riesenhuber, Karl, Information über die Verwendung des Gemeinsamen Europäischen Kaufrechts-Gedanken zum Harmonisierungskonzept, in: GPR 1/2012, S. 1 ff. (Zitiert: Karl Riesenhuber)

Rumpf – Rometsch, Egbert, Die Fälle. BGB AT: 58 Fälle mit Lösungsskizzen und Formulierungsvorschlägen, Fall – Fallag 2017,

Auflage. 6. (Zitiert: Rumpf – Rometsch, Die Fälle. BGB AT)

Sandrock, *Otto*, Das Privatrecht am Ausgang des 20. Jahrhunderts: Deutschland-Europa-und die Welt, in: JZ 1996, S. 1ff. (Zitiert: Sandrock, JZ 1996)

Sauthoff, *Elisabeth*, Lieferverzug als wesentliche Vertragsverletzung bei Vereinbarung sofortiger Lieferung und wirksame Einbeziehung fremdsprachiger AGB-zugleich Anmerkung zum Urteil des OLG Düsseldorf vom 21.4.2004, in: IHR 1/2005, 2004, S. 21 ff. (Zitiert: Elisabeth Sauthoff, IHR 1/2005)

Schiedermair, *Gerhard/W Bosch*, *Friedrich W/Hans J Abraham*, Wesentliche Vertragsverletzung und Rücktritt, Bielefeld 1986. (Zitiert: Schiedermair/Bosch/Abraham)

Schlechtriem, *Peter*, Abstandnahme vom Vertrag, in: Jürgen Basedow (hrsg.), Europäische Vertragsrechtsvereinheitlichung und deutsches Recht, Tübingen 2000, S. 159 – 177. (Zitiert: Schlechtriem, Abstandnahme vom Vertrag)

Schlechtriem, *Peter*, Internationales UN – Kaufrecht: Ein Studien-und Erläuterungsbuch zum Übereinkommen der Vereinten Nationen über Verträge über den internationalen Wareneinkauf (CISG), 4. Aufl. Mohr Siebeck 2007. (Zitiert: Schlechtriem/Bearbeiter)

Schlechtriem, *Peter/Schroeter*, *Urrich G*, Internationales UN – Kaufrecht: Ein Studien – und Erläuterungsbuch zum Übereinkommen der Vereinten Nationen über Verträge über den internationalen Wareneinkauf (CISG), Mohr Siebeck 2013, Auflage. 5. (Zitiert: Schlechtriem/Schroeter/Bearbeiter)

Schlechtriem, *Peter/Schwenzer*, Ingeborg, Kommentar zum Einheitlichen UN – Kaufrecht CISG, 5. Auflage, München, 2008. (Zitiert: Schlechtriem/Schroeter/Bearbeiter)

Schlosser, *Hans*, Grundzüge der Neueren Privatrechtsgeschichte, Auflage 9, Karlsruhe 2001. (Zitiert: Hans Schlosser)

Schmidt, *Alpmann*, Schuldrecht AT 1, 20. Auflage, Münster 2013. (Zitiert: Alpmann Schmidt, Schuldrecht AT)

Schmidt – Kessel, *Martin/Silkens*, *Eva*, Breach of Contract, in: European Perspectives on the Commen European Sales Law, Vol. 4, 2014, S. 111 – 135. (Zitiert: Schmidt – Kessel/Silkens)

Schmidt – Ahrendts, *Nils*, Das Verhältnis von Erfüllung, Schadensersatz und Vertragsaufhebung In der CISG, München 2007. (Zitiert: Schmidt – Ahrendts)

Schmidt – Räntsch, *Jürgen*, Zehn Jahre Schuldrechtsreform, in: Zeitschrift für das Juristische Studium – www. zjs – online. com, S. 301 ff. (Zitiert: Schmidt – Räntsch, Zehn Jahre Schuldrechtsreform)

Schmidt – Räntsch, *Jürgen*, Der Entwurf eines Schuldrechtsmodernisierungsgesetzes, in: ZIP 2000, S. 1639 ff. (Zitiert: Schmidt – Räntsch, ZIP 2000)

Schmidt, *Rolf*, Schuldrecht Allgemeiner Teil, 9 Auflage, Graßberg 2014. (Zitiert: Rolf Schmidt, Schuldrecht AT)

Schopper, *Alexander*, Verpflichtungen und Abhilfen der Parteien eines Kaufvertrags oder Vertrags über die Bereitstellung digitaler Inhalte, in: Am Vorabend eines Gemeinsamen Europäischen Kaufrechts, Wien 2012, S. 107 – 147. (Zitiert: Alexander Schopper)

Schröder, *Martin*, Der Unternehmerregress beim Verbrauchsgüterkauf im Falle von grenzüberschreitenden Handelskäufen, Würzburg 2016. (Zitiert: Martin Schröter)

Schulze, *Götz*, Grundfragen zum Umgang mit modernisiertem

Schuldrecht – Wandel oder Umbruch im Methodenverständnis?, in: Helms, Tobias/Neumann, Daniela/Caspers, Georg/Sailer, Rita/Schmidt – Kessel, Martin, Jahrbuch Junger Zivilrechtswissenschaftler 2001, Das neue Schuldrecht, Freiburg, 2001, 167 ff. Schulze, Reiner, Auf dem Weg zu einem europäischen Zivilgesetzbuch?, in: NJW 1997, 2742ff. (Zitiert: Schulze, Auf dem Weg zu einem europäischen Zivilgesetzbuch?)

Schultz, Michael, Leistungsstörungsrecht, in: Westermann, Harm Peter (Hrsg.), Das Schuldrecht 2002: eine systematische Darstellung, Stuttgart 2002, S. 17 ff. (Zitiert: Schulze, Leistungsstörungsrecht)

Schulze, Reiner, Ein fakultatives europäisches Kaufrechtsystem-Wahlfreiheit als Alternative zur Vollharmonisierung? in: Jörg – Uwe Hahn, Gemeinsames Europäisches Kaufrecht: Moderner Ansatz oder praxisferne Vision?, C. H. Beck 2012. (Zitiert: Reiner Schulze)

Schwabe, Winfried / Kleinhenz, Holger, Lernen mit Fällen Schuldrecht I Allgemeiner Teil und vertragliche Schuldverhältnisse: Materielles Recht & Klausurenlehre Musterlösungen im Gutachtenstil, Richard Boorberg Verlag, Auflage. 11, 2018. (Zitiert: Winfried Schwabe/Holger Kleinhenz)

Schwarze, Roland, Das Recht der Leistungsstörungen, Auflage. 1, Berlin 2008. (Zitiert: Roland Schwarze, Das Recht der Leistungsstörungen)

Schwarze, Roland, Das Recht der Leistungsstörungen, Auflage. 2, Hannover 2016.

Schwenzer, Ingeborg, in: Alexander Bruns/Christoph Kern/Jochum Münch/Andreas Piekenbrock/Astrid Stadler/Dimitrios Tsikri-

kas, Internationales, Europäisches und Ausländisches Recht, Mohr 2017. (Zitiert: Ingeborg Schwenzer, in: Internationales, Europäisches und Ausländisches Recht)

Stadler, *Astrid*, Anwendungsvoraussetzungen und Anwendungsbereich des Common European Sales Law, Archiv für die civilistische Praxis (AcP) 2012, S. 473 – 501. (Zitiert: Astrid Stadler)

Staudenmayer, *Dirk* , Vorschlag für eine Verordnung des Europäischen Parlaments und des Rates über ein gemeinsames Europäisches Kaufrecht, Baden – Baden 2012. (Zitiert: Dirk Staudenmayer)

Stiel, *Peter*, Leistungsstörungen bei Lizenverträgen aus Sicht des europäischen Rechts, München 2009. (Zitiert: Peter Stiel)

Storme, *Heirbaut*, The historical evolution of european private law, in: The Cambridge companion to European Union privat law, Edited by Christian Twigg – Flesner, University of Hull, 2010. (Zitiert: Heirbaut Storme)

Stöber, *Michael*, Beschaffenheitsgarantien des Verkäufers, Marburg 2005. (Zitiert: Michael Stöber)

Sturm, *Fritz*, Der Entwurf eines Europäischen Vertragsgesetzbuches, in: JZ 2001, S. 1097ff. (Zitiert: Sturm, Der Entwurf eines Europäischen Vertragsgesetzbuchs)

Stürner, *Michael*, Das Verhältnis des Gemeinsamen Europäischen Kaufrechts zum Richtlinienrecht, in: Schulte – Nölke, Hans / Zoll, Fryderyk / Jansen, Nils / Schulze, Reiner (hrsg.), Der Entwurf für ein optionales europäisches Kaufrecht, Köln 2012, S. 47 – 84. (Zitiert: Michael Stürner)

Sonnentag, *Michael*, Rückgewährschuldverhältnis, München

2016. (Zitiert: Michael Sonnentag)

Tamm, *Marina/Tonner*, *Claus*, Verbraucherrecht, 1. Auflage, Baden – Baden, 2012. (Zitiert: Tamm/Tonner, Verbraucherrecht)

Tonner, *Klaus*, Das Grünbuch der Kommission zum Europäischen Vertragsrecht für Verbraucher und Unternehmer? Zur Rolle des Verbrauchervertragsrechts im europäischen Vertragsrecht, Vol. 21, Nr. 20, 2010, S. 767 – 771. (Zitiert: Tonner, EuZW 2010)

Trommler, *Andreas*, Die Auslegung des Begriffs wesentliche Vertragsverletzung in Art. 25 CISG, Peter Lang 2002. (Zitiert: Andreas Trommler)

Twigg – Flesner, *Christian*, Introduction: Key Features of European Union Private Law, in: Cambridge companion to european union private law, C. Twigg – Flesner, ed., Cambrige University Press, 2010. (Zitiert: Christian Twigg – Flesner, Introdichtion: key features of European Union privat law)

Verweyen, *Urs*, Die Käuferrechtsbehelfe des UN – Kaufrechts im Vergleich zu denen des neuen internen deutschen Handelskaufrechts aus Sicht eines deutschen Warenexporteurs, Pieterlen und Bern 2005. (Zitiert: Urs Verweyen)

Wagner, *Eric*, Studien zum Recht der Unmöglichkeit – Eine Untersuchung der Besonderheiten des Römischen Rechts und des BGB vor und nach der Schuldrechtsmodernisierung, S*tuttgart* 2006. (*Zitiert*: *Eric Wagner*, *Studien zum Recht der Unmöglichkeit*).

Wagner, *Gerhard/Zimmermann*, *Reinhard*, Vorwort: Sondertagung der Zivilrechtslehrervereinigung zum Vorschlag für ein Common European Sales Law, in: Archiv für die civilistische Praxis (AcP),

2012, Heft 4 –5, S. 467 –472. (Zitiert: Gerhard Wagner/ Reinhard Zimmermann)

Wenzel, *Henning/Wilken*, *Christiane*, Schuldrecht Besonderer Teil I, Grasberg 2015. (Zitiert: Wenzel/Wilken)

von Westphalen, *Friedrich Graf*, Auswirkungen auf den Verbraucherschutz-ein Integrationsaufschlag für den Verbraucher?, in: Jörg – Uwe Hahn, Gemeinsames europäisches Kaufrecht, 2012, S. 69 ff. (Zitiert: von Westphalen)

Whittaker, *Steven Gordon*, The Draft Commen Frame of Referenz" —An Assessment Commissioned by the ministry of Justice", Oxford 2008. (Zitiert: Whittaker)

Wilhelm, *Charlotte*, Rechtsbehelfe des Käufers bei Nichterfüllung nach dem neuen Europäischen Kaufrecht, IHR 6/2011, S. 225 –235. (Zitiert: Charlotte Wilhelm, IHR 6/2011)

Weber, *Rolf H*, Vertragsverletzungsfolgen, Schadensersatz, Rückabwicklung, vertragliche Gestaltungsmöglichkeiten, in: Wiener Kaufrecht, Berner Tagung für die juristische Praxis, Bern 1991, S. 165 ff. (Zitiert: Weber, Vertragsverletzungsfolgen)

Wenzel, *Henning / Wilken*, *Christiane*, Schuldrecht Besonderer Teil I, Grasberg, 2009. (Zitiert: Wenzel / Wilken, Schuldrecht BT)

Wilhelm, *Charlotte*, Die Rechtsbehelfe des Käufers bei Nichterfüllung nach dem Vorschlag der Europäischen Kommission für eine Verordnung über ein Gemeinsames Europäisches KaufrechtIHR 6/ 2011.

William, *Füller*, The Reliance Interest in contract damages, in: Yale Law Journal, 1936(46), S. 52 –96. (Zitiert: Füller William, The Reliance Interest in contract damages)

Zerres, *Thomas*, Die Bedeutung der Verbrauchsgüterkaufrichtlinie für die Europäisierung des Vertragsrechts：Eine rechtsvergleichende Untersuchung am Beispiel des deutschen und englischen Kaufrechts, sellier european law publishers 2006.（Zitiert：Zerres）

Ziegel, *J*, Harmonization of Private Laws in Federal Systems of Government：Canada, the USA and Australia, Oxford 1997.（Zitiert：Ziegel, Harmonization of Private Laws）

Ziegler, *Ulrich*, Leistungsstörungsrecht nach dem UN – Kaufrecht, Baden – Baden 1995.（Zitiert：Leistungsstörungsrecht）

Zimmermann, *Reinhard*, Perspektiven des künftigen österreichischen und europäischen Zivilrechts, in：JBI 2012, S. 2 – 22.（Zitiert：Zimmermann JBl 2012）

Zimmermann, Walter, Das Römisch-Kononische ius commune als Grundlage europäischer Rechtseinheit, in：JZ 1992, S. 8.（Zitiert：Zimmermann, JZ 1992）

Zöchling – Jud, *Brigitta*, Rechtsbehelfe des Käufers im Entwurf eines Gemeinsamen Europäischen Kaufrechts, in：Remien/Herrler/Limmer（Hrsg.）, Gemeinsames Europäisches Kaufrecht für die EU?, Analyse des Vorschlags der Europäischen Kommission für ein optionales Europäisches Vertragsrecht vom 11. Oktober 2011, München 2012. S. 327 – 346.（Zitiert：Zöchling – Jud）